站位苏南

创新引领 优化发展

2017 年镇江发展研究报告

主编 潘法强

江苏大学出版社
JIANGSU UNIVERSITY PRESS

镇 江

图书在版编目(CIP)数据

站位苏南 创新引领 优化发展：2017年镇江发展研究报告 / 潘法强主编. —镇江：江苏大学出版社，2017.12
ISBN 978-7-5684-0745-8

Ⅰ.①站… Ⅱ.①潘… Ⅲ.①地方经济－经济发展－镇江－文集 Ⅳ.①F127.533-53

中国版本图书馆 CIP 数据核字(2017)第 326659 号

站位苏南 创新引领 优化发展：
2017 年镇江发展研究报告
Zhanwei Sunan Chuangxin Yinling Youhua Fazhan：
2017 Nian Zhenjiang Fazhan Yanjiu Baogao

主 编/潘法强
责任编辑/柳 艳
出版发行/江苏大学出版社
地 址/江苏省镇江市梦溪园巷 30 号(邮编：212003)
电 话/0511-84446464(传真)
网 址/http：//press. ujs. edu. cn
排 版/镇江文苑制版印刷有限公司
印 刷/句容市排印厂
开 本/718 mm×1 000 mm 1/16
印 张/20
字 数/320 千字
版 次/2017 年 12 月第 1 版 2017 年 12 月第 1 次印刷
书 号/ISBN 978-7-5684-0745-8
定 价/58.00 元

如有印装质量问题请与本社营销部联系(电话：0511-84440882)

高点站位　砥砺前行
不断争创社科工作新业绩
（代序）

　　2017 年，镇江市社科理论界在市委、市政府的领导下，紧紧围绕学习宣传贯彻落实党的十九大精神这条主线，在习近平新时代中国特色社会主义思想指引下，紧贴市委、市政府中心工作，创先争优，创新实干，勇于担当，敢于突破，干出新亮点，创出新特色，取得新成效，全市社科理论工作迈上新台阶。2018 年是贯彻落实党的十九大精神的开局之年，是改革开放第 40 年，是决胜全面建成小康社会、实施"十三五"规划承上启下的关键一年。这"开局之年"和"关键一年"，也是社科理论工作的"大年"，给社科理论界带来新的机遇。全市社科理论工作者要围绕发展总目标总任务，聚焦重大理论、重大现实问题、重大实践经验，深入开展理论研究和应用研究，充分发挥地方智库作用，为地方经济和社会事业发展做出新贡献。

一、围绕学习宣传贯彻党的十九大精神这条主线，当好主力军

　　学习宣传贯彻党的十九大精神，是当前和今后一个时期社科战线的重要职责。如何发挥好主力军作用，深入推进党的十九大精神学习宣传贯彻，把全市干部群众思想和行动高度统一到十九大的部署要求上来，这是社科

战线的首要任务。

首先，必须学懂弄通做实。"要给别人一碗水，自己就要有一桶水"，社科理论工作者责无旁贷是思想理论界的"教员"，要想当好这个"教员"，就必须先学一步、学深一层。特别对习近平新时代中国特色社会主义思想的丰富内涵、科学体系、创新观点、实践要求等方面的重大课题，对举什么旗，走什么路，以什么样的精神状态，担负什么样的历史使命，实现什么样的目标等方面的重大问题，更要深入理解、深刻领会，还要在实践中融会贯通，这样才能真正做到以先进理论指导实践，真正地学以致用。

其次，要深入研究阐释。党的十九大精神博大精深、内涵丰富，对社科理论工作者来说，不仅要在学习宣传贯彻上下功夫，更要在理论解读、研究阐释上下功夫。一方面，要讲好"普通话"，围绕重大主题做好阐释。组织力量积极参与习近平新时代中国特色社会主义思想、新时代中国共产党的历史使命等重大课题研究，力争形成一批有新意、有影响的原创性成果；另一方面，要讲好"镇江话"，结合镇江实际情况开展研究。围绕党的十九大提出的重大观点、任务和举措，组织专家结合镇江本地实践深入研究，推出一批应用性理论成果，为全市深度对标苏南、深化改革创新提供理论支持。

最后，要加强宣传普及。党的十九大精神要宣传到各层各级、各个群体，让广大干部群众真正入脑入心，离不开面对面的理论宣传和宣讲交流。社科理论界要发挥自身优势，精心组织理论宣传，精准做好理论宣讲，通过大专家写小文章、小切口讲大道理的方式，以通俗易懂、喜闻乐见的方式宣传好、传播好党的十九大精神。不仅要讲清楚、讲明白，还要注意释疑解惑、回应关切，多听基层群众的想法和要求，引导好社会情绪。同时，还要利用镇江智库论坛等对外交流平台，积极发出社科声音，讲好镇江故事。

二、围绕服务全市经济社会发展这个中心，干出新作为

2017年底，市委七届六次全会和市"两会"对2018年的工作进行了部署安排。市委惠建林书记在全会上的讲话和市政府张叶飞市长所做的《政府工作报告》反映时代要求、立足镇江实际、敢于直面问题，既确定了方向目标，也指出了干什么、怎么干。社科理论战线是市委、市政府的思想库、智囊团，一定要围绕中心工作找准定位，为全市经济社会发展和实现全年目标任务贡献自己的力量。

首先，要紧盯大局做研究。**要围绕新时代镇江的创新实践开展研究**。比如：当前，全国经济形势已由高速增长阶段转向高质量发展阶段，在这个阶段，镇江如何转变发展方式、优化经济结构、转换增长动力？如何充分利用宁镇扬一体化加速推进机遇，更好地集聚发展要素，推动镇江形成新的增长动能？在聚焦实体经济发展的同时，如何适应新一轮产业变革，积极发展人工智能等战略性新兴产业？这些课题，都很值得社科理论界深入研究。**要围绕市委、市政府确定的战略任务开展研究**。市委、市政府提出的对标苏南、产业强市、改革创新和担当作为等方面的要求，确定的重要决策部署、重点工作项目、重大主题活动，都是社科界应该研究的方向和重点。**要围绕镇江在新一轮发展中需要解决的矛盾开展研究**。对全市经济结构调整、社会转型时期出现的新情况、新问题，以及干部群众对城市发展的困惑、疑问，要及时做出回答，把"理论之思"与"现实之问"有机对接，增强发展信心，凝聚发展力量，为全市改革发展提供强有力智力支持。

其次，要千方百计解好题。**重点要更突出**。在现有人才、资金等资源要素条件下，要"有所不为方能有所作为"，突出重点开展研究，力求在重点领域开花结果。**眼界要更开阔**。镇江发展中遇到的问题，有些也是在全国各地都存在的共性问题，研究时要力求"上接天线、下接地气"，小切口研究大命题，将地方问题放到全省乃至全国大局中来加以考察和研究，力

求研究成果在更高层面上产生影响。**力量要更集中**。根据地方社科理论工作需要，市社科联要集聚党政部门研究机构、党校行政学院、驻镇高校、部队院校、科研院所等单位研究力量，统筹发挥好社科队伍"五路大军"的作用，齐心协力进行课题攻关。

最后，要做好成果转化工作。2017年有一大批社科研究成果在省市级层面上得到及时转化应用。如《江苏推动金融支持实体经济的障碍与突破对策研究》《镇江文化产业发展（2017—2020）行动计划》等一批成果，已经转化成省市政策性文件。2018年要更加重视社科应用研究成果转化，综合运用好智库论坛这些平台和载体，把社科研究成果及时报送给党委和政府，力争为全市性的战略举措贡献智慧；要打通与各部委办局、各辖市区的沟通渠道，加强协作联动，让社科研究成果及时转化为各有关方面的决策成果；要进一步完善产学研用一体化转化机制，推动全市社科应用研究机制进一步创新。

三、围绕推动意识形态工作责任制硬落实这个大命题，再出新成效

社科理论界处于意识形态领域的最前沿，必须肩负起意识形态工作"两个巩固"的责任，做到守土有责、守土负责、守土尽责。

首先，要坚定使命担当。市社科联要严格落实意识形态工作责任制，把加强社科理论界的政治建设放在首位，牢牢把握意识形态工作主动权。要切实守好社科阵地，加强对报告会、研讨会、论坛、讲坛等的管理，坚决不给错误思想和言论提供传播渠道。全市社科理论工作者必须始终保持清醒头脑、坚定立场、行动自觉，强化维护意识形态安全的责任担当，毫不动摇坚守"主阵地"、躬身不辍种好"责任田"，在任何时候、任何情况下，都要旗帜鲜明地坚持马克思主义在社科领域的指导地位。

其次，要敢于主动"亮剑"。当前，在不断推进改革发展的进程中，各种社会思潮空前活跃，一些错误的思想观念与理论主张，如意识形态"虚假论""淡化论""终结论"等论调，不断渗透、消解和严重破坏着意识形

态领域建设。这些绝不是小问题，而是大是大非的立场问题，社科理论界一定要对这些错误言论旗帜鲜明地反对，决不能含含糊糊、被动应付。同时，要运用好社科理论阵地和理论宣传普及渠道，大张旗鼓地弘扬正能量、唱响主旋律。

最后，要加强自身建设。社科战线要坚定政治立场，坚决维护以习近平同志为核心的党中央权威和集中统一领导，把政治建设摆在首位。要扎实开展"不忘初心，牢记使命"主题教育，深入推进"两学一做"学习教育制度化、常态化，坚定理想信念，强化理论思维，把马克思主义作为看家本领，切实提高运用马克思主义分析和解决实际问题的能力。要抓好全面从严治党这个关键，认真落实全面从严治党要求，筑牢思想防线，严明纪律底线，切实把"严"字贯穿在思想建设、制度执行、工作开展等各个方面。要进一步加强学会建设，不断增强学会发展活力，促进学会规范发展。各级党委政府要高度重视社科工作，加强对社科工作的组织领导，为社科事业发展提供必需的硬件保障。

目前，社科工作面临前所未有的机遇，也面临着重大而艰巨的任务。我们要以习近平新时代中国特色社会主义思想为指导，紧紧围绕学习宣传贯彻党的十九大精神这条主线，紧紧围绕市委、市政府中心大局，锐意进取、创新作为，为奋力开创新时代镇江发展新局面贡献智慧和力量。

目录

一、经济发展篇

二、社会发展篇

一、经济发展篇

抢抓机遇 乘势而上
创建国家碳纤维创新中心对策研究①

| 夏锦文 陆介平 潘法强 |

国家制造业创新中心建设是国家发改委、工业和信息化部、科技部、财政部为落实《中国制造 2025》的战略目标，是为加快我国制造业创新体系建设而实施的重大战略举措，到 2020 年，重点建设 15 家左右国家制造业创新中心，力争到 2025 年形成 40 家左右。国家制造业创新中心建设，具有资金扶持力度大、产业集聚度高的特点。创建国家制造业创新中心不仅意味着能够获得中央财政的巨大扶持，同时也为城市先进制造业的创新发展提供了战略机遇，因此受到了全国各地政府及科技界、产业界的高度重视。

一、制造业创新中心的建设背景

美国率先实施制造业创新中心建设，成效显著。制造业创新中心是美国为加快科技成果转化和大规模商业化应用、重塑美国制造业全球竞争力所启动的国家制造业创新网络计划，目前已在全美成立了 9 家国家制造业创新中心。制造业创新中心汇聚所在领域的优秀人才、科技成果，通过产学研协同创新解决所处领域关键、共性技术问题，加速了科技成果转化和技术转移，吸引了大量社会资本的投入，为产业高端发展提供了有力支撑。

---

① 本文于 2017 年 6 月由江苏省社科院《决策咨询专报》第 15 期刊发。

国家实施制造业强国战略，全力推进创新中心建设。2015年5月8日，国务院印发了《中国制造2025》，针对全球制造业格局面临重大调整、我国经济发展环境发生重大变化等现状，提出了建设制造强国的战略目标。将制造业创新中心（工业技术研究基地）建设工程作为重点任务，围绕重点行业转型升级和新一代信息技术、智能制造、增材制造、新材料、生物医药等领域创新发展的重大共性需求，形成一批制造业创新中心，重点开展行业基础和共性关键技术研发、成果产业化、人才培训等工作，并为此制定了完善制造业创新中心遴选、考核、管理的标准和程序。

二、我国制造业创新中心建设情况

2015年5月以来，工业和信息化部积极组织力量，推动制造业创新中心建设，开展"建立和完善我国制造业创新体系研究"重大软课题研究。2016年1月，国家成立了制造业创新中心专家组；同月，李克强总理主持召开国务院常务会议，提出"加快建设制造业创新中心"。2016年4月，国家发改委、工业和信息化部、科技部、财政部等四部委联合发布了《制造业创新中心建设工程实施指南（2015—2020年）》，明确了制造业创新中心的建设思路、功能定位、组建方式、管理运行等方面的内容，并确定了首批两家国家制造业创新中心，分别是国家动力电池创新中心（北京）和国家增材制造创新中心（西安），另有一批制造业创新中心申报、论证工作正在进行之中。

据悉，中央财政对国家制造业创新中心建设的支持力度为每家中心10亿元，首批两家中心已分别获得首次3.5亿元的拨款支持，省级地方政府给予了一定的配套，未来以制造业创新中心为平台，还将在科技项目上给予持续支持。

为了推进制造业创新中心建设，一些制造业比较发达的省份也启动了省级制造业创新中心建设，工业和信息化部发布了《关于推进制造业创新中心建设，完善国家制造业创新体系的指导意见》，北京市、江苏省、湖北省和广东省已经在重点领域开展省级制造业创新中心的培育工作。

江苏省于 2015 年 12 月发布《关于开展江苏省制造业创新中心（第一批）试点的通知》，开始建设省级创新中心，探索以企业创新中心、院所型创新中心、校企联办型创新中心、专业检测机构型创新中心等四类形式组建。目前，江苏省已确定培育 12 家省级制造业创新中心，根据《关于培育省制造业创新中心的通知》，下一步将按照"省制造业创新中心建设方案八有要求"，特别是省级创新中心的依托主体，必须是多方出资的独立企业法人，对培育对象逐个进行分析研判和对接指导，达到条件的省级创新中心将批复试点。

三、镇江市具备创建国家碳纤维创新中心的基础和条件

建设国家碳纤维创新中心，可以奠定镇江市碳纤维产业在全国的领军地位，集聚以产业为核心的技术、人才、资本及科技成果等要素资源，形成从研发、生产、应用、设备制造到配套的碳纤维产业链，同时对镇江市产业转型升级、发展创新型经济，特别是对镇江市先进制造业的发展有着极其重要的意义。

对照国家发改委等四部委联合印发的《制造业创新中心建设工程实施指南（2015—2020 年）》，结合镇江市先进制造业产业发展态势，镇江市以江苏恒神股份有限公司为核心的碳纤维产业，已具备了争创国家制造业创新中心的基础和条件。

1. 中央领导和国家部委高度重视

2016 年 10 月 19 日，在北京举办的第二届全国军民融合发展高新技术成果展上，习近平总书记参观了具有代表意义的 10 家企业展位，参观的第一家即为江苏恒神股份有限公司的展位，习近平总书记和中央政治局常委详细听取了企业主要负责人钱云宝的汇报。国务院总理温家宝、副总理马凯、中央军委副主席许其亮等领导也曾多次到企业考察勉励。马凯高度评价恒神：把国产碳纤维的研发生产，当成关乎国家利益和民族未来的事业锲

而不舍地干，体现了高度的历史责任感和民族使命感。解放军总装备部、工业和信息化部等中央部委从经费和项目上都给予了大力支持。

2. 工业和信息化部专家高度认可

2017 年 5 月，工业和信息化部所属中国电子信息科技研究院（赛迪智库）工业科技研究所（专业从事制造业创新中心研究与服务）副所长张义忠教授一行，赴江苏恒神股份有限公司考察，认为该企业无论是规模还是产业基础，都具备了争创国家制造业创新中心的基础和条件，与其他正在申报的制造业创新中心比，条件更好，更符合国家制造业创新中心的战略思路。张教授还透露，中国工程院副院长、著名材料专家、建设材料强国的积极推动者干勇院士在中央和工信部召开的数次会议中都专门介绍了江苏恒神股份有限公司的情况，认为依托江苏恒神股份有限公司建设国家碳纤维创新中心，可以促进我国碳纤维产业的快速发展，解决我国碳纤维产业面临的诸多共性技术问题。

3. 产业规模符合要求

江苏恒神股份有限公司全力发展创新型经济，实施技术大集群、人才大集聚、产业大发展战略，大力加强科技创新。经过 10 年的不懈努力，已建成了全国行业内规模最大、技术团队最优、产业链最全的企业。公司承担了国家和省级科技计划 16 项、军方重大装备配套项目 14 项，参与 863 计划 2 项、国家重点新产品 1 项。该企业目前占地 1600 亩，持续投入近 46 亿元，设计年产碳纤维 4500 吨、增强增韧树脂产能 1200 吨、织物产能 500 万平方米、预浸料产能 1000 万平方米、复合材料制品产能 5000 吨。产品从 T300 至 T1000 形成系列，国内无一家企业能够与之比肩。

4. 碳纤维产业链完整

一方面，江苏恒神股份有限公司拥有碳纤维、上浆剂、树脂、织物、预浸料、复合材料应用服务完整产业链，建有 5 条单线千吨级碳纤维生产线，是目前国内规模最大、产业链最完整的碳纤维产业基地。另一方面，产品研发涉及的产业领域广、质量高、品种全，已开发出涵盖高、中、低温的碳纤维及复合材料制品，它们适用于预浸料和各类成型工艺的六大系列、68 种树脂体系，面向国家重大装备、轨道交通、海洋工程及其他国民经济领域，这是国内其他碳纤维企业所不具备的。

5. 企业创新研发能力强

作为我国规模最大的碳纤维制造企业，江苏恒神股份有限公司不仅集聚了国内大批碳纤维高端人才，积极与国内相关高等院校、科研院所开展协同攻关，而且还通过国外人才的引进，在英国、澳大利亚设立了碳纤维研发中心，不断提高了企业的创新能力，累计申请涉及碳纤维核心技术的发明专利100多件，有较强的技术储备能力。

四、镇江争创国家碳纤维创新中心建设的建议

江苏恒神股份有限公司具备了创建国家碳纤维创新中心的基础和条件，为镇江市以江苏恒神股份有限公司为依托，建设国家碳纤维创新中心奠定了坚实基础。但是，国家制造业创新中心重点解决的是产业领域共性技术创新问题，并不以服务一家企业为目标，作为单一企业无法申报，需要通过地方政府有效组织和全力推进。为此，我们有如下几点建议：

1. 切实加强组织领导，聚力推进争创工作

建议由镇江市委、市政府主要领导挂帅，成立由市经信委、市发改委、市科技局、市财政局、丹阳市政府及企业共同组成的市争创工作领导小组。一是明确具体创建目标，强化部门职责，细化创建任务，把各项创建任务落实到各相关部门，挂图作战，逐一加以推进。二是将创建国家碳纤维创新中心纳入镇江市先进制造业重点发展规划，作为重点产业创新发展战略加以实施，带动产业的创新发展。

2. 组建争创国家碳纤维创新中心的专家团队

遴选国内著名的材料专家、制造业创新中心建设专家、知识产权专家，组成镇江市创建国家碳纤维创新中心的专家团队，为创建工作提供强大的智力支撑。

3. 不断夯实创建工作的基础和条件

创建国家碳纤维创新中心，一是要在建设思路、功能定位、组建方式、

管理运行等方面提前进行设计和研究，编制实施方案，组建共性技术研发的协同创新体系。二是要对国内碳纤维产业学科建设、科技创新资源、知识产权资源及产业分布状况进行分析。三是要尽快组建中国碳纤维产业创新与知识产权联盟，通过联盟载体加快推进中心建设。

4. 全力争取省经信委的支持

国家制造业创新中心数量极少，到 2020 年，才重点建设 15 家左右国家制造业创新中心，全国各省市都在全力争取。镇江争取创建国家碳纤维创新中心，对全省战略性新兴产业发展具有极其重要意义，需要在省政府的领导下，得到省相关部门的鼎力支持，由省经信委向国家工业和信息化部全力申报。因此，一方面，需要积极争取省政府对创建国家碳纤维创新中心的领导，将它纳入省级制造业创新中心培育计划；另一方面，要全力争取省经信委等部门对创建工作的支持，在省经信委具体指导下，完善各项申报手续，尽早向工业和信息化部进行申报。

（作者：夏锦文，江苏省社科院党委书记、院长。

陆介平，国家专利导航试点工程（江苏）研究基地主任。

潘法强，镇江市社科院院长。）

关于推进镇江市创建国家军民融合创新示范区的研究①

| 刘旺洪　潘法强　孙克强　方维慰　王德华　肖　平　巩保成　房利华　刘　念 |

党的十八大以来，党中央从党和国家事业发展全局出发，把军民融合发展上升为国家战略，加强顶层设计，强化规划引领，整体推进，加快管理体制机制创新，推进重点改革，军民融合发展势头较好。2017年1月22日中共中央政治局召开会议，决定设立中央军民融合发展委员会，作为中央层面军民融合发展重大问题的决策和议事协调机构，统一领导军民融合深度发展，由习近平总书记亲自担任主任。2017年6月20日，习总书记在主持召开中央军民融合发展委员会第一次全体会议时指出，把军民融合发展上升为国家战略，是长期探索经济建设和国防建设协调发展规律的重大成果，是从国家发展和安全全局出发做出的重大决策，是应对复杂安全威胁、赢得国家战略优势的重大举措。要加强集中统一领导，贯彻落实总体国家安全观和新形势下军事战略方针，突出问题导向，强化顶层设计，加强需求统合，统筹增量存量，同步推进体制和机制改革、体系和要素融合、制度和标准建设，加快形成全要素、多领域、高效益的军民融合深度发展格局，逐步构建军民一体化的国家战略体系和能力。

以习近平总书记为核心的党中央高度重视军民融合创新示范区建设工作，国家各相关部门全面落实中央战略部署，全力推进军民融合创新示范区建设，国家发改委在2016年出台了《国家军民融合创新示范区建设总体

---

① 本文于2017年9月由江苏省社科院《决策咨询专报》（区域现代化研究）第14期刊发。

方案》，提出将在全国设立 10 个左右的"国家军民融合创新示范区"。全国各省市迅速行动起来，积极争创国家级军民融合创新示范区。

一、镇江市创建国家军民融合创新示范区是深入实施国家战略的重要举措

军民融合发展的重大意义在于通过军队建设和地方发展的深度融合，以产业为载体推动地方加快实现转型发展。而其中最关键的环节在于促进军民融合的产业化，建设军民融合创新示范区，探索如何使技术等资源要素在军队和地方合理流动与配置，促使社会力量更广泛地参与军队建设，让地方经济发展获得新的发展动能，最终形成可复制、可推广的经验。

镇江市推进军民融合创新示范区建设是贯彻落实中央军民融合发展战略的重大举措，是深入推进军事斗争准备的重要途径，是推动区域经济转型升级的重要引擎。镇江主动融入军民融合发展大格局，把握"民参军"的特色优势，坚持需求牵引、市场运作，不断创新融合形式，提升融合层次，倾力打造军民深度融合发展创新示范区，为全市经济社会加速发展注入新的动力，让镇江市的经济社会发展焕发出新的青春活力和时代风采。

目前，全省有南京市、苏州市、无锡市和镇江市申报创建国家级军民融合创新示范区。与三市相比，镇江市在产业基础、产业规模等方面有比较大的差距，但综合各方面因素，镇江市在促进军民融合发展的产业特色、技术储备等方面具有较明显的优势，省委、省政府如果给予重视和必要的扶持，制定和实施有效措施，镇江市创建国家级军民融合发展创新示范区是有较好基础的。

二、镇江市创建国家级军民融合创新示范区的优势分析

1. 镇江营造了良好的军民融合创新发展的环境

市委、市政府高度重视军民融合产业发展，抢抓军民融合发展机遇，将军民融合产业作为打造全市现代化产业体系的重要组成部分。在政策支持、资金扶持、载体平台建设等方面不断加大支持力度，积极推进军民融合向深度发展。在全省率先出台《关于加快推进军民融合深度发展的意见》《关于加快推进镇江军民融合产业发展示范区建设的实施意见》等文件，统筹谋划，扎实推进。对取得武器装备科研保密资格认证的单位进行奖励扶持，大力支持"民参军"企业发展。积极组织相关企业申报军品配套科研项目，赴国防科工局争取列入国家专项。组织镇江市数十家企业与航天科工、航天科技、中国电科、中船重工等军工大院大所进行现场交流与对接。

2. 镇江具有扎实的军民融合创新示范区创建基础

军民融合发展是国家战略，关乎国家安全和发展全局。近年来镇江市基本形成了军民融合产业规模化、集聚化、特色化发展的格局，构建了全要素、多领域、高效益的军民融合发展格局。丹阳军民结合产业基地已成功创建全省首家"国家级军民结合产业示范基地"，镇江新区成功创建"省级军民结合产业示范基地"，全市已经形成五大军民融合发展特色产业链：以通用航空和无人机为特色的航空航天产业链，以碳纤维、高温合金材料及航空部件为特色的新材料产业链，以特种船舶为特色的船舶与海洋工程产业链，以特种电子元器件和自动控制系统为特色的新一代信息技术产业链，以特种车辆制造为特色的特种汽车及其零部件产业链。

3. 镇江拥有适合军民融合创新示范的产业基础

镇江的产业发展有三大明显特点：一是支柱产业与优势产业是高端装备制造和新材料产业，以航天航空产业等为代表的军工装备产业占有一定比重，军工装备产业的产业链长、发展空间大，有利于形成爆发式增长；涉航产业带动能力强，可以带动高端装备制造，乃至整个制造业的发展；

新材料产业覆盖面大、产品适用范围广。二是镇江经济的主体、财税贡献的主力和就业的主渠道是民营经济，民营经济充满活力，镇江企业家饱含家国情怀，民间自发的发展动力充足。三是镇江虽然现有产业基础较弱，但未来发展空间巨大。一则源自现有支柱产业发展周期较长，可能在近期达到爆发增长期，二则产业基础弱利于形成效果更加显著的军民融合、国防建设与经济建设融合发展的示范效应。

4. 镇江初具军民融合技术研发与创新应用的经验

镇江多年来致力于军民融合。2017 年 6 月，全省首家军民融合产业联盟在镇江成立，由军工企业和院校机构发起设立，为非营利性民间组织，意在提升镇江企业自主创新能力，增加军民融合产业的竞争力。据不完全统计，军民融合发展的航空航天产业中，已有 200 多项技术创新成果填补国内空白，30 多项技术达到国际先进水平，拥有省首台（套）重大装备及关键部件涉航产品 8 个，适航产品 51 个。30 多家企业参与了国产大飞机 C919 首架机、运 20、蛟龙 600、ARJ21、AC313 等国家重大工程的研制配套，其中有 11 家跻身中国商飞 C919 协作配套供应商行列。由王礼恒院士等 14 位院士组成了全国唯一的"航空航天产业院士顾问组"，建设了全省唯一的"航空产业产学研联合创新平台"。建成全省首家航空类专业高职院校江苏航空职业技术学院，2016 年实现首批新生入学。重点涉航企业中，建有省级以上"三站三中心"企业研发机构 36 个。近 7 成企业与中国科学院、上海交通大学、西北工业大学、北京航空航天大学、南京航空航天大学、美国橡树岭实验室等国内外科研院所建立紧密产学研合作关系。

5. 镇江的企业家队伍特点鲜明，利于释放军民融合创新的巨大潜能

镇江的企业家形成了独特又优秀的企业家精神，满怀民族家国情怀和奉献精神，勇于担当、不畏风险、不惧挑战，富于行动力、决断力和长远眼光，他们有的立志并真正做出好产品，有的倾尽一生的身心家产投入碳纤维研发生产。大多数企业家不为房地产高额利润所吸引，专心发展实体经济，潜心制造业，他们时常带领团队放弃一切节假日，平均每天工作15 ~ 20 个小时。只要给予良好的发展空间，结合军民融合发展的大好时机，他们必将成为镇江、江苏乃至全国经济发展的最核心动力，这也符合

以企业为主体推进创新的改革要求。

三、镇江创建军民融合创新示范区的对策

2018 年 3 月 2 日，习近平总书记主持召开的十九届中央军民融合发展委员会第一次全体会议，审议通过了《国家军民融合创新示范区建设实施方案》。会议指出国家军民融合创新示范区是推动军民融合深度发展的"试验田"，会议强调要以制度创新为重点任务，以破解影响和制约军民融合发展的体制性障碍、结构性矛盾、政策性问题为主攻方向，探索新路径新模式，形成可复制能推广的经验做法。要坚持顶层统筹推进和地方主动探索相结合，高起点谋划、高标准实施、高质量建设、高效率推进，着力在体制机制创新、政策制度创新、发展模式创新等方面树立标杆。军地相关部门要加强资源统合、力量整合、政策集成。会议还要求各级地方党委和政府要主动作为，推动军民融合创新示范区创建取得实实在在的成效。

镇江按照中央战略部署，紧紧围绕"四个全面"战略布局，以"创新、协调、绿色、开放、共享"五大理念为指导，把军民融合发展确立为加快经济发展方式转变的重要途径，全力推进创建国家军民融合创新示范区。创建国家军民融合创新示范区，不仅是镇江实现高端化发展和跨越式发展的有效路径，提升扬子江城市群建设水平和国际竞争能力，更是探索军民深度融合发展模式，为长三角区域乃至全国军民融合发展提供示范效应。必须参考先进省市创建国家军民融合创新示范区建设的成功经验，借鉴外地推进军民融合示范区建设的基本做法，按照园区统筹、创新驱动、基地承载、板块联动、平台支撑的创建思路，以创新驱动为动力源泉，以产业化发展为核心与着力点，全面推进经济、科技、教育和人才等各个领域的融合，在发展军民融合特色产业、提升城市水平和功能、完善基础设施建设等层面上实现全价值链体系特征的"军转民"和"民参军"模式，实现国防建设与经济发展的全方位全领域的深度融合。在促进镇江市创建国家军民融合创新示范区的过程中，省级层面应该出台相关政策，允许镇江在

体制机制、产业融合发展、科技协同创新等重点领域开展改革创新和先行先试，积极探索构建可复制能推广、以市场化运作为基础、技术转移服务与资本运作相结合的"镇江模式"。

1. 加强领导强化保障

军民融合创新示范区建设是国家战略，军民融合产业发展涉及军地两大领域的多个层级、各个方面，推进过程中难免出现许多新情况新问题，必须加强领导，强化组织保障，进行系统性的顶层设计。首先，要建立顶层协调机制。发挥省军民融合发展联席会议的引领作用和省军民融合工作办公室的牵头作用，省市协同，上下配合，共同发力，完善机制，统筹协调军地各领域、各部门、各层级。由省发改委牵头，会同财政、经信委、科技等省级部门，建立省级军民融合产业发展协调机构，支持镇江加快军民融合创新示范区的创建。其次，要建立省级军民融合产业专家库。成立由相关职能部门、高等院校、科研机构、龙头企业等组成的咨询委员会，就军民融合产业发展过程中的重大问题进行系统研究和科学论证，为军民融合产业发展提供支持。再次，涉及军民融合产业发展的重大事项决策要科学有据。由省军民融合工作办公室组织力量对全省城市发展布局进行深入研究，并主动联系对接军地上级有关部门，尽快明确示范区的功能定位和区域划分。各辖市、区应建立相应组织和议事机构，对接省市军民融合产业发展工作。

2. 深化军民融合互动

军民融合发展，建立并深化双方互信，畅通双方信息渠道是基础。一是省市两级定期召开高层军地联席会议，军地双方领导"兼职对挂"，从军地高层沟通协调良性互动，到产业合作和具体项目对接，促进军民融合的各领域全方位深度对接。二是成立省级军民两用技术交易中心，以政府主导、社会参与、市场化运营的方式，形成集技术评估、拍卖、交易、服务为一体的专业化交易平台。以交易平台为载体，整合军地科技资源，构建互动转化平台，打通"军转民""民参军"渠道，完善交易服务功能，促进技术转移转化，实现军民深度融合。三是省市两级出台专项政策，对参军的民营企业进行重点扶持，助力企业发展。

3. 加大财政扶持力度

积极引导地方政府和企业申报国家级的军民融合发展基金项目及省军民融合引导资金项目，成立省级和市级军民融合产业专项发展基金，并发挥各级政府产业基金作用，支持军民融合产业发展。适度扩大财政投入规模，按照"整合存量、适当增加、统筹安排"原则，扩大省市两级财政对军民融合产业发展的投入规模，并带动银行贷款和社会投资共同支持产业发展。在省级财政分配下达的相关专项资金中，将军民融合产业发展情况作为一个重要因素给予考虑，引导市县支持军民融合产业发展。对具有产业化前景的在孵项目给予适当资金、贷款贴息等补助，对军工技术成果转化为有市场竞争力的民用产品给予一次性补助等。加大对产业化项目和参军民企的信贷支持力度，优先给予融资额度和利率优惠支持，并通过加强风险补偿鼓励银行和担保公司扩大贷款和担保业务，对项目建设固定资产投资贷款予以贴息扶持。积极构建与军民融合产业相适应的地方金融组织体系和金融服务体系，引导更多的资本投向军民融合创新示范区。

4. 强化产业促进政策

创建国家军民融合创新示范区，对于发挥产业集群效应，拉长产业链、提升价值链具有十分重要的意义。针对军民融合产业集群发展特点，依托有一定基础和条件的镇江航空航天等特色产业基地，制定省级军民融合产业集群发展规划和实施措施。省市两级政府加快梳理涉军优势产业和重点企业，寻找与军工集团合作的契合点，对各地军民融合产业集群的发展方向、路径和特色进行明确定位，形成区域错位发展，实现江苏区域布局优化和产业结构升级。在省级军民融合产业集群发展规划基础上，镇江出台具体的军民融合产业专项行动计划，如航空航天产业；积极引进军工先进技术，对军民融合重点项目在审批上予以支持，提高"军工四证"审批效率。加大对军工技术知识产权的保护力度，加快推进军民融合产业园建设，培育国家军民融合产业示范基地。在促进军民融合产业发展过程中，加强镇江的基础设施与生活配套建设，强化产业服务、消费服务和公共服务协同发展，提升城市的综合服务功能。

5. 完善协同创新机制

建立省市两级军民协同创新支撑服务体系，完善"产学研政用"五位一体和"政策链—创新链—产业链—资金链—服务链"五链闭合的体制机制。鼓励地方政府以军民融合产业未来发展需求为目标，以产业项目为纽带，推进军地部门、院校、科研机构和龙头企业协同创新，积极参加国家新成立的军民融合产业技术创新战略联盟。建立镇江市军民融合产业协同创新中心，联合相关企业与高校、科研机构在基础和前沿技术领域开展协同创新，并在创新基础上发展国家重点实验室、国家工程（技术）研究中心、检测测试平台、省市级开放式实验室，形成实验室—中试—产业基地一条龙科技创业孵化基地。建立全省统一的军工成果转化中心，各设区市以相关产业优势建立分中心，以此推动军工技术在各市的成果转化，实现产业化发展。对镇江而言，主要是推进涉及航空航天的军工技术的成果转化。建立镇江军民融合成果转化基金，为军民融合成果转化提供金融支持。创建产学研合作平台与科技网络体系，逐步构建以政府和市场共同推动、多层次、社会化的科技管理创新平台。

6. 共建共享信息服务平台

加强江苏省军民融合公共服务平台建设，加强军地信息资源共享机制建设，健全信息发布机制和渠道，打破行业封闭，对于涉密程度高或属于核心的信息引入负面清单管理模式。利用信息平台，定期发布《民参军技术与产品推荐目录》《军用技术转民用推广目录》，扩大军转民、民参军技术产品信息和需求信息的征集与发布范围。建立镇江市军民融合信息服务平台，为镇江军民融合产业发展提供全方位的信息服务，不仅包括产业发展所需要的政策信息、技术信息和合作信息等，而且还通过大数据等现代信息技术为企业提供信息服务。

7. 加强"特专高"人才招引

习近平总书记指出："没有人才优势，就不可能有创新优势、科技优势、产业优势。"人才是经济社会发展的第一资源，人才集聚是加快军民融合产业发展的头等大事。党委政府需要全面深化人才发展体制机制改革，以军民融合产业项目为龙头，推进人才体制机制的创新，集聚人才等要素资源，加快引进一批掌握相关军民融合产业技术的具有一定特长的专业高端人才。营造良好的人才发展环境。在涉及人才发展的工资待遇、住房保障、休假制度、子女就学等方面，享受省市有关规定待遇，对于招引入驻镇江的央企等各类企业的科技人才享有本地区科技人员同等待遇。加强人才培养和培训。省市相关职能部门和本地企业加强与相关高等院校、军事院校和科研机构的科技人才交流、培养制度、柔性工作机制建设，强化军民融合产业所需人才的定向培养、继续教育和终身教育。优化人才扶持政策。加大人才政策兑现、重大活动经费投入保障力度，不断提升财政金融对人才项目的保障水平。

8. 加强共享基础设施建设

建立全省统一的基础设施军民兼容标准体系，则既要考虑满足经济发展和百姓日常生活需要，也要考虑未来军事人员和武器装备作战行动需求。加强军民融合的法律法规建设，避免基础设施建设产生利益纠纷、需求矛盾和管理混乱。基础设施建设要通过合理论证，科学量化港口、机场、公路、仓储等设施所需要担负的军事功能指标，以此为据进行相关建设，真正实现有需求、不冗余的军民融合式发展。基础设施建设要以军民融合发展为契机，从提高城市综合竞争力水平着手，实现城市内涵式发展。要考虑军民融合发展的人才工作和安居需求，实现产业与生活服务、后勤保障相配套，为军民融合人才提供良好便利的工作生活环境，解决军民融合人才的后顾之忧。

（作者：刘旺洪，南京审计大学校长。

潘法强，镇江市社科院院长。

孙克强，江苏省社科院财贸研究所所长。

方维慰、王德华、肖　平、巩保成，江苏省社科院财贸研究所研究人员。

房利华、刘　念，镇江市社科联。）

|　一、经济发展篇　| 017

江苏推动金融支持实体经济的障碍与突破对策研究[①]

| 潘法强 钱仁汉 马国建 王崧青 侯 瑞 潘志昂

潘新亚 薛玉刚 姜琴芳 刘 念 许 霞 |

习近平总书记指出："金融是现代经济的核心，保持经济平稳健康发展，一定要把金融搞好。"当前国内经济企稳向好，但在实体经济下行压力依然较大的情况下，金融也面临一定风险和挑战。省委、省政府围绕金融服务实体经济积极推动金融改革，实施金融政策调整，加快制造业和小微企业发展，取得积极成效。但实体经济发展基础依然脆弱，转型升级面临重重压力，金融支持实体经济发展存在诸多障碍，亟待剖析深层次原因，找到破解良策。

一、江苏金融支持实体经济发展成效显著

江苏金融体系、金融市场、金融监管和调控体系日益完善，江苏已经成为我国金融强省，全省多项金融指标位居全国前列，为把江苏建设成为经济强省提供了强有力的支撑。2016 年社会融资规模增量为 16758 亿元，比上年多 5364 亿元，位居全国第二，占全国新增量的 10.06%，占比较之

[①] 本文于 2017 年 6 月由江苏省委研究室《调查与研究》第 47 期刊发。

于 2015 年提高了 2.25 个百分点。其中，2016 年金融机构对实体经济发放人民币贷款位居全国第二，非金融企业发行各类企业债券比 2015 年增加 1119 亿元，位居全国第三；非金融企业境内股票融资规模比 2015 年增加 614 亿元，位居全国第四。全省直接融资占社会融资规模比重达 28.99%。

二、江苏推动金融支持实体经济的主要障碍

实体经济融资难、融资慢、融资贵、融资信息不对称等四大问题日益凸显，金融资源投向实体企业尤其是制造业的比重不断下降，金融资源分布不合理的结构性矛盾更为突出。2016 年末，全省金融机构制造业贷款余额为 15263.76 亿元，比 2015 年末减少 572.53 亿元，占全部贷款的比重为 17.41%。存在上述问题的原因错综复杂，涉及政府层面、金融机构、实体企业、金融监管等各方面。

1. 金融政策偏于宽泛，执行效果难如人意

一是支持政策缺少刚性，执行缺乏规范。国务院和有关部委多次下文，强调加大对实体经济的金融支持力度。现行政策多为鼓励支持，缺乏刚性规定，可操作性不强，且缺乏多元化的配套金融引导政策及监管政策，政策短期化、阶段性特征明显，导致执行效果大打折扣。二是企业融资难度加大，相关政策进退维谷。金融支持政策执行情况不尽如人意，如国家为缓解小微企业融资担保难问题，出台的相关政策虽好，但严重受制于地方财力，苏南无锡等市单只基金即达 10 亿元，而有的设区市总量不过数亿元。

2. 金融支持停在文件，供需矛盾更为突出

一是金融创新效益倒置。金融机构落实文件精神往往缺乏全面性，带有选择性，以创新之名开发了大量长链条、跨行业、跨市场、层层嵌套、结构复杂的金融产品，导致各类通道业务盛行致使不少企业对相关优惠政策不了解，难以获取合适的金融产品。二是供需结构性矛盾突出。金融机构过于依赖不动产抵押方式，应收账款、知识产权等新型融资产品推广困难。大量资金投向政府投融资平台、房地产业、与基础设施建设相关联的

行业，而急需融资的企业因无法提供合格抵押品而难以如愿。

3. 实体经济遭遇困境，亟待金融输血扶持

一是实体企业经营困难，投资意愿明显下降。资本逐利性的特点，使大量实体企业资金"脱实向虚"，整体向高利润的非实体经济急速流转，对实体经济的投资意愿和能力频减。二是涉企信息不透明，影响金融机构效率。企业自身经营管理不够规范，对信贷审批重视程度不足，涉企公共信息不透明，获取难度大，影响了银行放贷信心。

4. 金融监管力度不够，金融乱象亟须整治

一是社会信用体系亟待重塑。当前个别地区少数企业失信所带来的危害有蔓延之势，部分企业主以多种形式竞相逃废银行债务，银行等金融机构维权面临司法处置周期长、费用高、执行难等问题，严重削弱对企业放贷信心。二是民间借贷乱象丛生。由于存在金融监管真空，一些企业高息非法集资，少数地方民间借贷活跃，高利贷死灰复燃，由此引发的矛盾和冲突不断发生，严重破坏正常金融秩序。

三、破除金融支持实体经济障碍的对策和建议

习近平总书记强调："金融活，经济活；金融稳，经济稳。"[1] 结合江苏实体经济发展实际，建议在政府层面、金融机构、实体企业、金融监管四个方面，采取"四个强化"对策，协同发力，协同推进金融政策、财政政策、产业政策，打通金融资源向实体经济流动的渠道，真正做到"一提四缓"，即"提振实体经济信心，缓解融资难、融资慢、融资贵、融资信息不对称矛盾"，切实推动资金"脱虚向实"，全面振兴实体经济。

---

① 习近平在中共中央政治局第四十次集体学习时强调：金融活经济活，金融稳经济稳，做好金融工作，维护金融安全。见《人民日报》，2017 年 4 月 27 日。

（一）加强顶层设计，主动创新作为，发力实体经济

1. 加强顶层设计，依法管理，寻求暖企重点突破

针对金融机构反映集中的公共信用信息获取难、金融债权维护难，以及企业反映的融资担保难、税费负担重等难点问题，应坚持问题导向，不断深化金融改革，打破部门利益藩篱，科学地进行顶层设计。对分散在各条口且相互干扰的政策，进行深度整合，出台具有刚性约束力的江苏金融支持实体经济发展的地方性法规，明确各主体支持实体经济的职责、权利、义务，形成政策合力，强化责任，为政策落实提供法律和制度保障。

2. 实施积极财政政策，撬动杠杆，引导资金流向企业

政府应充分发挥财政资金对金融资源、社会资本的杠杆作用和"虹吸效应"，带动更多资金进入实体经济领域。一是切实落实减税降费政策。通过实施阶梯化、差别化、结构化的减税降费财政政策，形成倒逼机制，引导资金从产能过剩企业撤出，加速流向新兴产业，盘活企业资金和信贷资金。二是做大产业投资发展基金。通过市场化手段、股份制形式，吸引社会资本和专业机构参与，建立一定规模的产业投资发展基金。有条件的设区市、县（市）、乡（镇），分别设立 500 亿～1000 亿元级、100 亿元级、10 亿元级的政府产业发展（投资）基金，加以一定的杠杆率，能够募集更多资金投向实体经济。此举不仅可以集聚闲散资金，降低游资对金融市场的冲击，而且对打击非法集资、高利贷，维护金融安全和社会安定等也具有积极意义。三是做强担保机构。国家近期出台文件，鼓励建立政府性担保机构，由政府牵头，银行企参与，"政银企保"风险共担。完善再担保体系，放大财政资金风险分担作用，扩大再担保体系的覆盖面，简化担保及再担保手续，适度增加财政对担保代偿的资金，提高企业信贷可获得率。有条件的辖县（市或开发园区）、乡镇可以分别做到 8 亿～10 亿元级、3 亿～5 亿元级，加以必要的杠杆率，能够缓解实体经济融资难矛盾。

3. 严厉打击逃废金融债务，构建平台，重塑社会信用体系

政府应严厉打击"逃废债"，重塑社会信用体系，遏制企业失信蔓延势头，修复当地金融生态环境。一是建立任职和问责机制。强化各级政府尤其是乡镇政府主要领导第一责任人的责任，分管工业的领导同时分管金融，主动化解重点企业和地区金融债务风险，严厉打击地下钱庄、高利贷、高息揽储等民间非法金融活动，切实防范化解辖区担保圈风险。二是设立金融审判庭，开展打击逃废金融债务专项行动。通过设立金融审判庭，开辟金融案件处置绿色通道，有效解决金融案件司法处置周期长、费用高、执行难等突出问题，提升处置效率，要重点查办一批典型案件，加大媒体公开曝光频率，要将严重恶意失信主体及其法人、主要责任人列为重点监管对象，采取行政性约束和惩戒措施，严控其生存空间，决不能让"一粒老鼠屎坏了一锅粥"还能沾沾自喜。三是严防部分企业利用工商登记制度改革的便利化恶意逃废银行债务。当前部分企业利用注册资本认缴制、"先照后证"和"一址多照"等便利，通过虚假出资、新设企业、换牌经营等手段逃废银行债务，政府应责成工商部门加强核查，对于企业重大变更事项必须征得债权银行同意，对于恶意逃废银行债务的重点企业要依法严惩。四是尽快建立涉企公共信用信息服务平台，将企业融资、用水、用电、纳税、社保缴纳等信息纳入其中，便于查询监测企业经营情况，缓解银企信息不对称矛盾，及时防控企业金融风险。

（二）强化金融担当，全面落实政策，对接实体经济

1. 调整金融资源投向，优化结构，无缝对接实体经济

金融机构要站在金融协调发展的高度，及时校正转型方向，回归本源、专注主业、下沉重心，将银行转型与振兴实体经济相结合，将可用资金直接投入实体经济。同时要强化金融人才培养，提升全员业务素质，防范道德风险。金融机构应针对基层政府、广大小微企业金融知识匮乏现状，开展金融知识培训，及时宣传金融行业政策、最新金融动态、产品特色，增强服务企业的针对性和实效性，帮助企业提高融资成功率。

2. 加快金融精准创新，银企合作，助推企业提质增效

实体经济发展与金融创新相辅相成，金融机构准确把握金融创新的量和度，不搞金融"伪创新"。一是以服务实体经济的传统业务为前提，采取优化业务流程、精简组织机构、改进考核激励等措施，既满足重资产的制造业和固定资产投资的金融服务需求，又为大量轻资产的现代服务业、科

技文化产业、绿色经济产业等行业提供金融服务，缓解新兴产业的"资金荒"。二是加快金融科技发展。根据金融服务对象及资金投向，推出满足各层次客户需求的线上线下的金融产品，提升实体经济融资效率。

3. 规范内部业务流程，强化管理，提升企业融资能力

一是切实解决好企业续贷问题。创新还款和续贷衔接模式，采取提前进行续贷审批、到期无还本续贷、提供循环贷款、实行年度审核制度等措施提高贷款审批效率。二是建立金融资金流向跟踪机制，防止金融资金进一步"脱实向虚"。金融机构不仅要帮助企业融资，也要引导企业用好资金，要完善金融资源投向和资金流向定期跟踪机制，防止资金运用名实不符。三是建立企业主办银行挂钩服务制度。在金融业务咨询、财务规范和银行信贷规则指导等多方面给予企业支持。

（三）强化企业诚信，加快转型升级，提振实体经济

1. 转变发展方式，提质增效，加快企业转型升级

小微企业要遵循市场经济发展规律，对标行业先进水平，强化内部管理，降低生产成本，提升产品档次，大力发展品牌经济，巩固传统市场，拓展新兴市场，获得更高利润。视野决定格局，小微企业要有全球视野，加大技术研发投入，依托科技创新推动企业转型升级。

2. 树立企业诚信形象，建构互信，提高融资成功率

企业要健全内部财务制度，规范资金使用，向债权金融机构公开企业经营信息，树立诚实守信的良好形象，企业要利用产业园和商会等平台，主动对接金融机构的业务推介活动，争取更多融资。积极调整存量信贷结构，保持资产质量稳定，不断改善因重资产过多引起资金链紧张问题。地方政府部门对企业的经营、涉诉等情况进行数据采集，并向金融机构开放，畅通银企双方信息渠道，提高企业融资成功率。

（四）强化金融监管，注重政策落地，力挺实体经济

1. 加强银企对接，强化监管，确保政策落地

监管部门应强化政策落实，确保政策落地。一是联合地方经济主管部

门进一步支持产业结构调整和转型升级，增强银企信息互通，按月开展分镇区、分产业、分行业、分重点板块银企对接活动，督查跟踪对接进程，切实解决相关问题。二是推动金融机构利用互联网、大数据等科技手段，跨部门整合数据，提升融资服务效率。三是督促国有银行切实履行社会责任，大力推进应收账款质押供应链融资，缓解产业链中弱势企业融资难融资贵的问题。

2. 狠抓政策落实，强化考核，提振企业发展信心

"一行三会"驻苏派出机构要充分发挥监管作用。以"三个不低于""提升融资效率""不良贷款处置"等为重点，出台相关配套辅助政策，指导派出机构建立刚性考核评价制度，督促金融机构规范政策执行，兼顾资金投向与效益，对辖内金融机构进行全面监督考核，根据考核情况，督促有关部门追究其相关责任，并加强对政策落实情况的跟踪、监测、考核，提升金融支持的针对性和实效性。

聚焦文化创意产业　做强四大特色品牌

| 王　晨　刘业林　戴楚怡　速　成　潘法强 |

近年来，我国文化产业发展迅速，在国民经济中的地位日益凸显，"十三五"期间，文化产业将成为国家重要支柱产业之一，北京、上海和东部沿海省市文化产业增加值占 GDP 比重已经率先超过 5%。当前，镇江十大文化产业门类全覆盖，发展比较快，处于江苏第一方阵，文化产业增加值占 GDP 比重超过 5.2%，对地方经济发展的贡献率在逐年提高，文创产业在不断的探索和创新中也得到较好发展，文化创意与设计、数字内容服务等具有新业态的占比达到 7% 左右，其中"文化＋科技""文化＋互联网"等新业态发展较快。

对标苏南其他城市，镇江文创产业发展喜中有忧，存在差距。苏南其他城市文创产业发展水平都超过 10%，南京高达 36%，但离江苏省 2020 年文化创意与设计服务业达到 25%、文化创意产业新兴业态占比 60% 的发展目标差距较大。当前镇江文创产业发展面临的主要瓶颈是产业结构不尽合理，2016 年镇江文化产业中文化制造业的增加值占比超过 73%，规模以上企业中前十位皆为工业企业，主要集中在造纸、印刷等传统工业制造门类。镇江文化产业总体呈现文化制造业比重大、文化创意服务业比重小、新兴业态比重低的特点，产业链短且产业融合度低，品牌少且影响力弱，产业特色不鲜明，高端人才数量少，企业融资困难，文创产业企业集聚度不高，带动力不强。亟须进一步明确文创产业定位，明晰产业发展方向和重点，通过特色化、品牌化和集聚化发展，助力产业强市战略。

一、文创产业发展的"他山之石"

1. 以特色文化功能区推动产业融合和特色发展

南京市聚焦 12 个文化功能区，打造数字创意、创意设计、演艺、艺术品交易等特色，通过多个特色产业园区组成的文化功能区，不但凸显特色和品牌，提升产业集聚规模，形成产业集群，而且有力地推动了产业与城市的融合一体发展。

2. 以跨界融合和"专精特新"为抓手推动产业升级

常州市推动文化创意、文化创客的品牌发展，建设了一批示范性文化创意"众创空间"，培育成功一批"专精特新"型文化企业，并依托文化旅游、动漫、数字娱乐等先发优势，抓住智能装备、主题公园等优势产业，进行跨界合作，打造集科技装备、规划设计、运营管理于一体的产业服务能力。无锡市数字影视产业园将原来利税只有 100 万元的老钢厂改造为数字影视特效和后期的产业集聚区，集聚约千家数字影视、游戏和动漫企业，2016 年实现年利税 3.2 亿元。

3. 以会展节庆品牌促进产业集聚和城市发展

二战后，德国汉诺威是典型的工业城市，在城市转型中，依靠举办工业专业展览，成为世界知名的会展中心；韩国光州通过举办国际美术节打造成世界知名创意城市；深圳文博会、苏州创博会是以品牌文化展会促产业发展的典型；不起眼的良渚梦栖小镇，因成为世界工业设计大会永久会址而异军突起，成功打造了 2.96 平方公里的集工业设计、智能制造、金融等功能为一体的世界工业设计联合中心和特色小镇。

4. 以"文化、科技、产业"融合推动智慧城市建设

法国海边旅游小城尼斯与世界著名互联网企业科思合作建设基于物联网、大数据的"互联大道"项目，推进"互联网+旅游""互联网+政务"等，成为世界著名的智慧城市。贵阳市抢抓西部开发机遇，通过国家大数据重点实验室、大数据交易中心、国家旅游数据中心、首个 Wi-Fi 全城互联

和政府大数据开放应用等，搭建首个国家大数据产业集聚区，使得贵阳成为我国西部地区新的经济增长极。

二、聚焦四大行动，重点打造四大文创特色品牌

镇江必须抢抓扬子江城市群建设、宁镇扬一体化等多重叠加的战略机遇，立足地方文化资源和生态资源优势，结合文创产业发展现状，聚焦文创产业四大行动计划，实现重点突破，推动文化创意产业跨越式发展。

（一）实施数字创意引领行动，打造智慧之城品牌

数字创意产业是以文化创意、设计服务为核心，依托数字技术进行创作、生产、传播和服务战略性新兴产业，是文化产业与数字技术相结合的产物，根据 2016 年国务院颁布的《“十三五”国家战略性新兴产业发展规划》和国家发改委 2016 年颁布的《战略性新兴产业重点产品和服务指导目录》，数字创意产业有数字文化创意、设计服务、数字创意与相关产业融合三大面向，包括数字创意技术装备、数字文化创意软件、数字文化创意内容制作、新媒体服务、数字文化创意内容应用服务、工业设计服务、人居环境服务、专业设计服务，以及数字创意在电子商务、旅游、社交、医疗、体育、展览等产业领域的应用等超过 50 个细分的产品和服务，是“十三五”期间重点发展的产值超 10 万亿元级的未来新兴支柱产业。目前，英国数字创意产业占 GDP 的比重达到 8%，全球音乐的 15% 及全球视频游戏的 16% 均来自英国；日本数字创意产业占 GDP 比重为 2.4%，其中动漫制作占全球 60% 的份额；中国数字创意占 GDP 比重为 0.7%，提升空间非常大。[①]发展数字创意产业，政府需要统一认识，建设科学完善的统计体系，整合体制内外的资源形成合力，培育数字创意产品典型、品牌企业典型、示范性项目和示范园区典型。镇江数字创意产业基础较好，有国家级数字出版

---

① 程丽仙：《数字创意成经济增长新动力》，《中国文化报》，2016 年 9 月 30 日。

产业基地，必须把握机遇，依托镇江国家级数字出版基地，以数字出版、大数据为主的数字创意产业为重点，积极创新，全力攻关，做大做强数字创意产业园。一是在数字创意产业的三个重点领域——数字文化创意、设计服务、数字创意与相关产业融合率先实现突破。大力发展绿色印刷、纳米与绿色造纸新技术、移动与互联网增值服务、数字教育、网络直播、网络文学等新兴业态，不断拓展数字出版上下游产业，壮大镇江数字出版产业集群，不断优化产业结构，重点向产业链和价值链的高端发展，打造数字创意产业品牌，做大做强国字号的数字创意产业园。二是进一步做好"大数据+"这篇大文章。重点发展基于云计算和开放式大数据平台的软件开发、系统集成、软件服务外包、下一代互联网、云计算、移动支付、物联网、智能制造、电子商务、社交网络等新兴业态，全面推动镇江智慧城市建设。三是增强数字创意内涵建设，培育游戏、动漫等数字创意内容制作和服务业态。进一步提升镇江游戏产业规模，重点发展网络游戏、页面游戏、手机游戏、社交游戏的软硬件开发和运营，并延伸发展电子竞技、游戏周边产品、游戏展会、游戏培训、动漫等数字娱乐新业态。四是大力提升设计服务业的产业驱动作用。基于大数据、云计算、3D打印、虚拟现实技术的工业设计软件、工具和设计服务发展，发挥设计服务在产品、系统和工艺流程设计中的创新驱动力。五是加强数字创意与镇江产业的融合应用。加强数字创意在旅游、电子商务、电子政务、教育、社交网络、展览等领域的融合和应用，放大数字创意产业的产业辐射力，努力创建智慧镇江的城市品牌。

（二）实施文化旅游提升行动，打造休闲之城品牌

镇江文化底蕴深厚，是文化资源富矿，能够为全市文创产业发展提供源源不断的资源。以三国文化、爱情文化、宗教文化、江河文化等特色鲜明的文化旅游产业功能区建设推动自然资源和历史文化资源的有效开发，以上规模的主题游乐和休闲商业综合体项目有效延长旅游产业链，加快创新"文化旅游+"新模式，把旅游与文博、演艺、会展、休闲娱乐、工艺美术、历史经典等有机结合，开发具有独特魅力的镇江地方旅游特色产品，

实现融合发展，吸引周边城市度假休闲和旅游人群，进而带动休闲娱乐、文博、实景演出、工艺美术、旅游纪念品开发、健康养生等相关文化创意产业融合发展，创造巨大的假日休闲经济和旅游经济效应，打造镇江集"江、岛、山、林"于一体的扬子江休闲之都文化品牌。

（三）实施会展赛事突破行动，打造会展之城品牌

紧抓宁镇扬一体化和扬子江城市群建设战略机遇，明确和强化镇江会展城市的功能定位。应努力培育镇江文创品牌会展节庆活动，立足镇江产业升级，主动承接具有全国和国际影响力的工业、现代服务业、创意农业，以及国家战略新兴产业领域的主题性、专业性的行业展会，积极争取 1 ~ 2 个可常年举办的全国和国际性的重要体育赛事，鼓励各市区开展形式多样、丰富多彩的文化旅游节庆活动，促进会展节庆业与文化旅游业融合发展。

（四）实施文创业态培育行动，打造创意之城品牌

因地制宜，以品牌塑特色，努力培育设计服务、网络游戏、历史经典、影视等镇江具有发展潜力的文化创意产业，打造镇江创意城市品牌。

1. 做强设计服务业，以"文创设计＋"提升产业能级

江苏省内数字创意等新兴业态的规模以上企业大多集中在南京、常州、苏州等地，镇江地处扬子江城市群和宁镇扬经济圈，拥有独特的山水和历史文化资源，但由于定位不明确、投入不足，镇江文化资源开发相对滞后，具有较好发展条件的工艺美术等产业缺少强势品牌，资源优势未能转化为产业优势。要充分发挥工业设计和服务设计促进制造业新产业、新业态、新技术、新模式发展的作用，抓住营改征的税制改革机遇，将研发设计与创意营销部门剥离，重点打造国家级工业设计中心和文创设计中心，聚焦高端装备制造业、新能源、智能制造等战略产业的总体设计、系统集成，形成镇江传统制造向"智能制造"的升级转型的强大驱动力，加强产品和关键性零部件的外观、材料、结构、功能和系统设计，以及智能家居、服装服饰、智能穿戴、包装印刷、养老健康用品和服务等领域的产品创新和品牌建设，形成"文创设计＋"跨界融合，实现工业设计推

动智能制造和产业升级。

2. 讲好镇江经典故事，凸显历史文化名城特色

深入挖掘镇江工艺美术、老字号、历史传说、地方土特产等资源，以"文化创意设计＋"促进产品创新，以"文化旅游＋"促进业态创新，积极推动镇江工艺美术从被动的传承人保护模式向积极的工美品牌化的发展模式转变，鼓励以文化旅游纪念品、实景演艺、游戏、动漫、展览、节庆等丰富多样的形式延伸产业链条，做大做强镇江历史经典产业。

3. 依托文化资源优势，独辟蹊径实现影视业错位竞争

鼓励文广集团、戏剧影视服装企业等骨干企业强强联合，优势互补，联合引进国内外影视投资企业，依托戏剧影视服装品牌特色，打造戏剧影视服装博览会和专业化戏剧影视服装产业园区，打通影视创作、投资、生产、放映、服装道具与器材生产租赁等环节，完善镇江影视产业生态链，有效降低影视投资风险，实现影视业错位发展。

三、落实四大保障措施，支撑文创产业快速崛起

（一）营造发展环境，夯实基础融合发展

1. 营造文创产业良好发展环境

一是全力搞好顶层设计。确立全市一盘棋理念，统一制定全市（含辖市区）文创产业发展总体规划、各级文创产业园区规划、各类专题规划，引导企业科学制定发展战略规划，以产业规划引领产业发展。二是破除地区、部门和行业的行政壁垒。各级政府必须在培育新兴业态和引导传统产业升级、提高新的核心竞争力和完善产业链条、引导梯次发展和区域协同等方面下功夫，着力创新和完善与"文化创意＋"等文创产业相关的投资、人才、财税、土地、知识产权等政策，促进文创产业发展要素在全市范围内自由流动，用宽松的政策、良好的外部环境，来加快各级各类文创产业园建设，推进产业融合发展。三是放大资源优势，争取省级支持。充分利用镇江的区位优势、文化资源优势、完善的基础设施硬件条件，积极争取

省委省政府和相关部门的支持，确立宁镇扬会展业中心的城市定位，协同打造镇江会展节庆品牌项目，并力争列入省文化产业引导资金和省文化投资基金的重点扶持项目。

2. 积极探索管理模式创新

文化创意产业有其自身发展规律，其动力机制主要是以跨界融合方式形成集聚效应和辐射效应，特点是门类多、新业态不断涌现。一是创新管理模式。创新传统的管理重点，既关注规模企业发展，培育成长性高的企业，又不忽视一些初创期的小微文创企业。创新管理方式，转变单一项目管理方式，管理重心向管规划、管资本转变。加大财政资金投入文创产业的力度，推动文创产业新模式、新业态、新产业不断涌现。二是提高服务效率。借鉴外地成功经验，推行"一站式"服务，做好产业融合的加法。应重点围绕四大领域产业行动，对重大项目、重点企业和重要载体，发扬"店小二精神"，从引进、孵化、融资到宣传、推介，实行全程辅导的"一站式"服务。

（二）优化产业布局，推动产业集聚发展

围绕镇江"一中心四区"发展战略，重点建设以数字创意、会展节庆、文化旅游为特色的三大新兴与特色文化产业集聚区，带动文化创意相关产业集群化发展。

1. 以产业园区建设为重点，提升产业集聚度

一是重点建设国家级数字创意产业基地。抢抓宁镇扬一体化发展、扬子江城市群建设等战略机遇，依托国家级数字出版基地，创建国家数字创意基地，促进数字创意产业跨越发展。引进国内外大数据产业领域龙头企业共建大数据产业园区，建立若干以大数据、云计算的集成应用为特色的大数据专业园区，争取国家和省级重大项目和重点企业落户；以数字出版、大数据应用和网络游戏业为特色，以"产城一体化"建设为载体，打造集"产业、商业、娱乐"于一体的数字创意特色小镇，推进智慧城市建设。二是重点建设六大文创产业集聚区。产业进园区集聚发展优势明显，需要按照文创产业发展规律办事，合理规划文创产业集聚区。整体规划建设镇江

三山和西津渡传统历史文化创新集聚区、南山健康文化商务旅游集聚区、茅山和宝华山养生休闲文化旅游度假集聚区、长山创意文化集聚区、世业洲等江岛生态休闲度假集聚区等五大旅游产业集聚区，打造镇江集"江、山、林、岛"于一体的城市品牌。

2. 以会展赛事与节庆项目为抓手，打造城市会展品牌

中心城区定位于文化行政与服务中心，明确中心城区会展功能定位，进一步优化和整合中心城区场馆、会议中心等设施，鼓励社会资本进入，参与建设会展基础设施，举办各类主题会展和节庆赛事活动。重点打造大数据产业论坛与投融资交易会、数字出版产业展会、全国性的动漫游戏展、长江河豚节、长江音乐节、戏剧影视道具服装博览会等会展品牌；积极争取将国家和江苏相关智能制造、绿色能源、机械与机电制造、创意农业等重要行业的专业会展落户镇江；依托镇江传统优势体育竞赛项目和新兴竞技项目，争取每年有 1～2 项重大国际体育赛事在镇江举办，提升镇江的城市影响力。

3. 以建设文创企业联合舰队为抓手，强化产业特色

镇江文创产业门类齐全，但规模较小，必须将小而全的文创产业整合为联合舰队，收拢五指握拳头，形成集聚优势，拉长产业链，做强价值链。一是以特色强品牌，形成专题特色创意园区。鼓励和扶持各类主体，利用自有存量土地，转换老旧厂房、仓库、校区等功能，兴办或改造文化园区集聚区，盘活存量资源。例如：打造全国知名的戏剧影视服装与设备产业园区；建设集传习所、工作室、交易市场、展示中心、高校文创研究中心和人才培养基地等为一体的工艺美术园区；校企联合创建工业设计、产业人才培养和专业会展为一体的特色产业园区。二是发挥文创产业龙头企业的带动作用，拉长产业链，做强价值链。推进国有文化企业跨行业、地区和所有制的资源整合和混合所有制改革，扶持 1～2 家国有骨干文化企业的上市，培育文化旗舰企业；扶持骨干民营文化企业做强，鼓励民间资本投资进入重点文化领域，重点扶持 50 家"专精特新"型的文化企业做强做精，遴选镇江文化企业 30 强，打造镇江文化产业舰队。

（三）拓展融资渠道，金融支撑跨越发展

文化创意产业是高投入、高风险、高回报行业。由于文化创意产业是知识密集型产业，属于轻资产行业，缺少足够的抵押品，因此造成传统金融体系对文化产业的支持力弱，产业融资渠道不畅，中小文化创意企业贷款难，成为制约文化创意产业快速发展瓶颈，亟须破除投融资体制与机制障碍，加大金融机构对文化创意产业的支持力度。

1. 引入社会资本，建立文化创意产业发展基金

政府资金引导，重点骨干企业联合投入，积极吸引风投、私募等社会资本踊跃参与，设立百亿规模的镇江文化创意发展基金，加大对新兴数字创意产业和特色文化创意产业的重点投资。

2. 设立镇江文化金融服务中心

政府相关职能部门牵头，联合银行、保险、信托公司、互联网众筹平台等，设立镇江文化金融服务中心，完善"融资、产权交易、鉴定评估、信息咨询"四位一体的功能，推进信托、众筹、债券、小微贷、创业贷、版权质押或无抵押担保贷款等多种方式扩大融资渠道。

（四）完善人才政策，聚集资源创新发展

文化创意产业发展人才是关键，缺乏高层次、复合型创意人才是制约镇江文化创意产业发展的瓶颈。镇江有一定的高校资源，毗邻高校集聚的南京，必须利用地缘优势，引进数字创意、文创设计、文化管理等复合型人才，集聚各类文化创意人才。

1. 发挥文化企事业单位能动性，推动创新团队建设

依托国家、省级重点产业园区和重点企业，大力推进政府、企业和学校共建重点实验室、工程研究中心、企业研发中心等高端平台，鼓励国内外一流高校和知名文创企业在镇江设立研究院和设计院，扶持这些平台通过"政产学研"合作方式，开展文化科技人才和团队建设，尤其对高层次研发创新团队给予重点资助和补贴。

2. 建设镇江文创设计中心

联合国内外知名高校、文创机构合作建立镇江文创设计中心，集人才

引进、培训、传习和项目孵化于一体，对国内外的高端文创人才，以"不为我有，但为我用"的方针，采取项目制、首席专家等柔性方式引进。要建立文化创意人才服务中心，做好引进人才的服务和保障工作。规划建设若干文创与科技人才公寓，在各产业园区提供创业平台和创客空间，在"金山人才"计划中开辟"文创人才专区"，完善文创人才落户扶持政策，对拥有独立自主知识产权或核心技术，愿意带技术、项目或资金来镇江创业的领军型文化科技企业家和团队，要给予重点扶持。

（作者：王　晨，江苏紫金文创研究院副院长。

刘业林，镇江市社科联副主席。

戴楚怡，江苏科技大学。

速　成，江苏大学。

潘法强，镇江市社科院院长。）

基于产业供给能力分析的
镇江供给侧结构性改革对策研究

│黄雪丽 顾 平 吴 丹 卞 俊│

在 2015 年底召开的中央财经领导小组第十一次会议上，习近平总书记提出了"供给侧结构性改革"概念，强调"在适度扩大总需求的同时，着力加强供给侧结构性改革，着力提高供给体系质量和效率，增强经济持续增长动力"。推进供给侧改革，必须全面掌握地区现有产业供给能力。只有全面掌握地区现有产业供给能力，才可能合理预判产业发展潜力，进而有针对性地提出操作性强的供给侧改革的推进措施。

本文从盘点镇江市现有产业供给规模和供给结构入手，分析自身产业供给能力现状，并与南京、扬州进行对比，在明确镇江市现有产业供给能力的特征和比较优势的基础上，提出推进供给侧改革的建议。

一、镇江供给情况的整体分析

（一）供给规模呈上升趋势

镇江近年来供给规模呈上升趋势，2014 年地区总产值为 3252.4 亿元，2016 年增长到 3833.84 亿元，年均增速为 8.57%，保持了稳定的增长态势。2014 年人均生产总值为 102651 元，2016 年人均生产总值为 120603 元，年均增速为 8.39%。

（二）第三产业供给规模增长最快

镇江近年来重视培育第三产业，使服务业强有力地支撑全市供给规模的稳步提升。2014—2016 年，镇江服务业的供给规模增速领跑三次产业，年均增速为 13.05%。其次是第一产业，同期年均增速为 6.18%。第二产业也保持了增长态势，2014—2016 年，年均增速为 6.07%。

（三）低碳产品供给特色初现

镇江积极开展制度建设，有计划、有步骤地开展低碳城市建设工作。2012 年镇江出台了《镇江市人民政府关于加快推进低碳城市建设的意见》，2013 年出台了《镇江市人民政府办公室关于印发 2013 年镇江低碳城市建设工作计划的通知》。2013—2015 年连续 3 年制定了《镇江低碳城市建设工作计划》。镇江积极开展四碳创新，在"以云平台管理低碳建设、以碳峰值倒逼产业转型、以碳评估研判项目准入、以碳考核推动区域发展"的思路统领下，率先提出 2020 年达到碳峰值的目标和实现路径。第一，镇江在全国首创开发了城市碳排放核算与管理平台，打造上线全国第一朵"生态云"。第二，镇江在全国率先提出达到碳排放峰值的目标。碳峰值的确定形成了镇江低碳发展的倒逼机制。第三，镇江出台了《镇江市固定资产投资项目碳排放影响评估暂行办法》，实施固定资产投资项目碳排放影响评估制度。

在制度保障和倒逼机制的推动下，镇江低碳产业供给特色初现，以传统农业市句容为例，该市产业经济基础弱、底子薄，传统产业在经济中仍扮演着重要角色。但在严格执行了《镇江市固定资产投资项目碳排放影响评估暂行办法》后，产业发展结构越来越轻量化、绿色化。

（四）镇江新区供给潜力巨大

根据 2014 年、2015 年"5 个前 50"（镇江市资产总额前 50 位、工业总产值前 50 位、主营业务收入前 50 位、利税总额前 50 位、利润总额前 50 位）工业企业在镇江四区三市中的分布分析可知：在镇江四区三市中，丹阳市、镇江新区、扬中市的工业企业在全市工业企业中的影响力明显大于其他区、市。其中，镇江新区工业企业的发展潜力最为突出，整体经济发展水平在四区中具有一定优势。镇江新区的发展得力于积极推进"链式招商"思路，引导产业聚集。

二、产业供给结构喜忧参半

本文从"高级化""国际化""趋同度"三个维度入手，分析镇江产业供给的结构特征，并得出以下结论：

1. 供给高级化程度有待提高。在产业高级化方面，"二、三产业平分秋色，供给结构还需优化"；在产品高级化方面，"初级产品占优，升级换代任重道远"。

2. 供给国际化水平不断提升。镇江 2016 年出口商品总额为 69.51 亿美元，较 2012 年的 66.02 亿美元，增长了 5.29%。从绝对数量看，镇江低于南京和扬州两地，说明镇江产品国际化供给能力与周边城市相比并不占优。但从发展趋势看，三地在 2014 年到 2016 年期间，南京和扬州的出口商品总额均呈下降趋势，但镇江不降反升，呈现良好的发展趋势，因此，可以说镇江产品供给的国际化水平呈现不断提升的态势。

3. 供给结构与江苏省、南京市同构趋势明显。与江苏省同构、与南京市同构，必然缺乏错位竞争的优势，而直接与省内其他大市、特别是南京市短兵相接，镇江在人力资源、财务资源、技术资源、基础设施方面并不占优势，甚至还存在较大的差距，在竞争中必然处于劣势。

三、镇江产业供给结构存在的问题

前文分析显示，虽然近年来镇江不断优化产业供给结构，进一步巩固了第二、第三产业共同推动经济增长的格局，但供给结构还未达到较为理想的状态，实现供给结构高级化、均衡化还有较长的道路。

第一，产业结构中现代服务业发展相对滞后，先进制造业发展有待进一步提升。现代服务业发展相对滞后具体表现如下：一是内部结构不合理、升级过慢；二是服务业培育机制缺失；三是服务业外向度不高。与制造业相比，服务业对外开放相对滞后。制造业发展增长方式仍然粗放、产业结构层次较低、资源配置比较集中，先进制造业发展还需进一步推动促进。

第二，产品结构中终端产品比重偏低，产品附加值低，品牌知名度和市场占有率仍然不高。工业的产品结构在总体上呈"中低档产品多，高附加值产品少；中间产品多，最终产品少；生产资料型产品多，日用消费品少；粗加工产品多，深加工产品少"的格局，使得产品整体水平还不高，市场竞争力有所欠缺。

第三，供给结构与周边地区同构明显，特别是与全省、南京同构明显，不利于镇江错位竞争，突出发展优势。

第四，企业结构中虽然规模经济优势突出，但中小企业发展不快，集群效应尚未形成。

四、优化镇江供给结构的对策

（一）以创新为抓手，提高供给高级化水平

长期以来，镇江市的比较优势在于低成本竞争型和低附加值型的传统产业。当前镇江面临要素资源瓶颈、低碳城市转型的双重要求，必须做好转型升级文章。一是产品的转型升级。传统产品要在产品转型、产品升级上下功夫，向智慧产品、低碳产品等方面转变。二是企业的转型升级。传统经营企业要更加注重产业价值链的整体提升，加强管理创新和经营模式创新，加速从单纯的生产加工环节向价值链两端延伸，要向科技型企业、总部型企业、电子商务型企业和具有核心竞争力的跨国型企业等方向转型。三是行业的转型升级。要用高新技术改造提升传统产业，提高产品加工深度，不断延伸产业链条，促进传统产业加快发展。要大力发展以新材料、高端装备制造、新能源、节能环保为代表的战略性新兴产业，使战略性新兴产业成为镇江未来的先导产业和支柱产业。要从传统的制造业企业向服

务型制造企业转型，实现制造价值的有效增值。

1. 大力发展现代农业，使之向有机化、集约化发展

镇江市要充分发挥农业资源优势和交通区位优势，以农民增收为核心，以农业现代化为抓手，大力发展优质粮油、高效园艺、特种养殖、高效林业、观光农业五大特色主导产业。积极扶持培育龙头企业，引导龙头企业发展"市场（公司、基地、农户、消费者）"的产业化模式，加强特色农产品产业带和区域性农产品集散中心建设。着力培育生物育种产业，加强优质、高产增效技术的研发、选育和推广，优化品质结构和生产布局，促进生物农业向有机化、集约化发展。

2. 提升传统制造业的层次，使之向高端化发展

提升机械装备、汽车、石油化工、船舶等镇江经济发展中的传统支柱产业，并使之向高端化发展，是其产业转型升级的重要基础环节。例如，机械装备产业需要重点推进单机生产向柔性化、多功能、复合型装备生产线转变；汽车制造产业应重点发展高档轿车、特种专用车，加快提升客车和商用车的档次和质量，大力开发新能源轿车和客车，推进汽车电子、驱动和控制系统等关键零部件技术升级和突破；低端装备制造向高精、高速、大型、智能、节能环保型装备制造转变，全面提高压力机械、节能环保机械、石油机械、饲料机械等大型成套设备的制造水平和技术含量。

3. 重点培育现代服务业，使之集群式发展

服务业是为生产、交换、流通和消费提供各种服务的行业，是现代产业的重要主体，因此服务业的发展是衡量城市现代化程度的重要标志。

（1）顺应支柱和优势产业结构调整的需求，大力发展面向生产的服务业

首先，依靠科技支撑，加快发展信息服务业。镇江市在"十三五"规划中提到要大力发展十大产业，其中就有信息产业。要紧紧围绕信息服务业、电子产品制造业、软件产业、信息化建设四大领域，加快引进战略投资者，壮大产业规模，促进信息技术应用，努力把科技优势转化为产业优势。实施"数字镇江公共信息平台"和"无线数字城市"建设，完善综合信息服务平台，大力发展电子商务。

其次，在镇江新区加大检验检测行业的建设。依托国家中低压配电设备质量检测中心、气体流量中心和艾科半导体集成电路检测基地等优势资源，面向工程电气、集成电路、航空新材料、碳纤维材料等重点产业领域做足检验检测的文章。

再次，完善市场体系，优先发展金融服务业。金融是现代经济的核心，也是现代服务业的龙头。要注重发展地方性金融机构，引进域外金融机构，提高直接融资比重。加强与证券监管部门、券商、中介机构的联系和合作，大力培植后备上市资源，将镇江市更多的企业推向资本市场。要注重加快推进中小企业信用担保体系建设，大力发展资产评估机构，会计、审计、律师事务所等各种专业化中介服务组织，搭建银企对接平台，进一步改善金融生态环境。

（2）大力发展面向民生的服务业

首先，贴近群众生活，扶持发展社区服务业。作为投资少、收效快、就业容量大、与人民群众生活密切相关的行业，社区服务业在优化经济结构及方便社会生产和群众生活中的重要作用越来越突出。要建立政府扶持、市场运作的现代社区服务发展机制，完善服务设施，健全服务网络。创办服务企业，拓展服务领域，增强服务功能。要坚持以人为本，紧紧围绕便民服务，重点发展家政服务、连锁配送、文化娱乐、体育健身、医疗保健、信息咨询、法律援助、养老托幼等社区服务，同时要尽快规范发展物业管理，建设方便、快捷、优质、人性化的社区生活服务圈。

其次，突出镇江特色，大力发展旅游业。一是要进行区域统筹。根据镇江市出台的《镇江市创建国家全域旅游示范区三年（2017—2019年）行动计划》和《镇江市关于推进旅游业供给侧结构性改革，促进旅游投资和消费的实施意见》两个征求意见稿，开展顶层设计、统筹规划，加强零散的景点、分散景区之间的联动性管理，使全域旅游真正落地。二是优化主打旅游产品。目前镇江旅游产品的同质化现象比较突出，虽然目前全市有2个AAAAA级景区、6个AAAA级景区，但能代表镇江形象、具有远程号召力的品牌不多，还没有真正实现从观光旅游、传统旅游向休闲旅游转变。三是增强旅游市场活力。近几年实施的旅游项目主要还是靠政府平台投资，民间资本、社会资本参与度不够。旅行社等市场主体块头小、实力弱，全省30强旅行社中，镇江仅有中国旅行社入围，排名第18位；全省87家五星级饭店中，镇江市仅3家。四是增强大旅游整体合力。在人才培养、资源整合等方面，形成部门之间、条块之间的联动，真正将镇江"建成国内一流的旅游目的地、长三角地区重要的休闲度假胜地"。

4. 重视节能减排，发展低碳经济

重视开发推广高效节能减排低碳的技术装备及产品，推动建设市场化节能环保服务体系，建立废旧商品回收利用体系，从而提高资源循环再生水平，发展低碳循环经济。

（二）培育中小企业崛起，形成供给梯队

应加强制度推进、政策落实，进一步激发中小企业良好预期和发展信心。

首先，应大力支持中小企业技术创新。中小型企业数量庞大，也是最有经济活力、最具创新精神的群体。因此，政府部门要积极为企业营造创新环境，分担企业创新风险，激活中小型企业创新活力，加快中小型企业崛起，在促进大型企业创新带动和提升中小型企业科技创新能力上做好平衡。其次，要进一步强化融资服务，既要加大现有融资服务工作力度，又要积极探索创新融资服务方式，推动形成金融支持中小企业发展的合力。再次，要在中小企业发展中进一步推动转型升级，切实发挥规划引领作用，推进"小升规"企业培育，支持产业集群发展壮大，不断提升中小企业发展的能力和水平。在大型企业的带领下，形成"有领航、有护卫、有跟随"的供给梯队。

（三）统筹产业规划布局，在差异中发展优势

镇江新区有很强的供给潜力，把新区建设成全市产业的聚集区、人才的汇集区、开放的先行区、创新的试验区，成为引领全市经济社会发展的龙头，是镇江在差异中发展优势的必由之路。统筹新区的产业规划布局，一要坚持规划先行。发挥科学规划的引领作用，坚持高起点规划，高标准

建设，高效能管理，高质量发展，严格按照规划实施园区的建设和发展。二要推进产业集群发展。引导产业项目向园区集中，促进产业集群化发展。引导和支持园区围绕镇江市或周边地区支柱和主导产业引进配套企业，加速产业裂变，延长产业链。三要创新招商理念。以园区为重点，放大集群效应，不断提升软环境，重点培养产业链；实现全市合力招商，市级招商部门统筹安排，充分发挥园区的载体、区位和政策优势。

镇江战略性新兴产业发展路径研究

｜钱 伟 阚 为｜

一、镇江战略性新兴产业发展现状及制约因素分析

（一）镇江市战略性新兴产业发展现状

1. 经济结构不断优化，发展格局良好

2013 年以来，镇江市战略性新兴产业发展势头良好，产业总量快速增长，贡献份额不断提高，经济效益领先增长，形成了新材料、高端装备制造、新能源、航空航天制造、生物技术与新医药、新一代信息技术六大战略性新兴产业。2013—2016 年镇江市六大战略性新兴产业销售收入如表 1 所示。

表 1　2013—2016 年镇江市六大战略性新兴产业销售收入情况

亿元

项　目	2013 年	2014 年	2015 年	2016 年
战略性新兴产业销售收入	3002.0	3556.9	3927.25	4089.95
其中：新材料	816.6	1002.3	1100.40	1310.78
高端装备制造	985.1	1063.1	1185.90	1212.87
新能源	394.1	485.8	562.30	580.89
航空航天制造	249.1	265.6	248.30	253.41
生物技术与新医药	226.5	289.8	308.05	241.03
新一代信息技术	330.6	450.3	522.30	490.97

2016 年战略性新兴产业销售收入为 4089.95 亿元，比 2013 年的 3002 亿元增长 36.24%，对全市工业的增长贡献率超过 1/3；新兴产业项目持续推进。

2. 科技创新能力有所增强

镇江 2016 年全年高新技术产业实现产值 4451.5 亿元，比 2015 年增长 8.2%，占规模以上工业产值比重 49.1%，比 2015 年提高 0.5 个百分点。2016 年末拥有国家高新技术企业数 619 家，当年新认定 134 家；拥有省级以上高新技术产品 2969 项，当年新认定 294 项。4 家孵化器成功获批国家级孵化器。新增入选国家级众创空间 2 家，入选省级众创空间 11 家。全市科技进步贡献率达 61%，比 2015 年提高 0.5 个百分点。每万劳动力中研发人员数为 140 人年，比 2015 年提高 5 人年。

3. 地方政府陆续出台政策支持战略性新兴产业发展

2017 年 5 月，镇江市委、市政府出台"1 + 6"政策文件，要求镇江制造业注重特色高端，到 2020 年，全市规模以上工业销售突破 1.3 万亿元，规模以上工业增加值力争达 3000 亿元；梯次培育 9 个销售收入百亿元以上优势产业集群，其中千亿元级以上产业集群 2 个，500 亿元级以上产业集群 5 个；高新技术产业产值占比达 50% 以上。重点打造高端装备制造、新材料两大支柱产业，加快发展新能源、新一代信息技术、生物技术与新医药三大新兴产业。

（二）镇江市发展战略性新兴产业制约因素

1. 企业科技投入不足，缺乏核心技术竞争力

2016 年全市规模以上工业企业 R&D 经费内部投入比上年增长 0.04%，占 GDP 的比重为 2.59%，与苏南五市平均水平相比有一定差距。在专利申请方面，专利申请以实用新型居多，并且以二次开发为主，原创性发明比重不高，高技术含量、高附加值的专利申请不多，缺乏竞争优势。2016 年，全市专利授权量为 13836 件，其中发明专利为 2942 件，仅占授权量的 21.26%。可以说，发展战略性新兴产业必备的前瞻性技术储备，特别是拥有自主知识产权的创新成果较少。根据《2015 年江苏省科技进步统计监测

结果与科技统计公报》，2015 年镇江市科技投入排名全省第 6，居苏南五市末位，具体如表 2 所示。

表 2　2015 年江苏省各市科技、人力、财力投入情况

地区	科技投入		人力投入		财力投入	
	得分	排名	得分	排名	得分	排名
南京市	27.58	3	10.20	7	17.38	3
无锡市	30.17	1	11.90	1	18.27	1
徐州市	21.97	11	9.49	8	12.48	10
常州市	28.67	2	11.58	3	17.08	4
苏州市	26.56	5	8.81	10	17.74	2
南通市	26.98	4	11.38	4	15.61	5
连云港市	22.76	8	10.86	6	11.90	11
淮安市	19.27	13	7.74	13	11.53	12
盐城市	25.63	7	11.82	2	13.81	8
扬州市	22.41	9	8.16	12	14.25	7
镇江市	26.36	6	10.95	5	15.41	6
泰州市	22.17	10	8.38	11	13.79	9
宿迁市	20.27	12	9.00	9	11.27	13

2. 人才成为发展最大瓶颈

经济竞争归根到底是人才的竞争，特别是高端人才的竞争。要实现经济发展的大跨越，人才作为智力支撑、技术支持是关键。目前，镇江市新兴产业中高端领军人才明显不足，人才结构性矛盾突出，集聚效应偏低。人才难觅、人才难留，"引得进"和"留得住"成为困扰企业发展的"两难"瓶颈。

3. 龙头企业较少，产业水平总体较低

推进战略性新兴产业的发展必须以一批实力强、技术创新高的龙头企业为依托。镇江缺乏带动性强、国际竞争力强的大企业，现有企业的品牌张力不突出、品牌附加值小，难以发挥品牌效应。在中国制造企业协会最新发布的《2017 年中国制造企业 500 强发展报告》中，江苏有 56 家企业上榜，其中镇江市仅有 1 家，可见镇江规模企业偏少，销售总量、规模企业数量有待进一步增加。

4. 产业链不健全，产业集群效应不明显

战略性新兴产业是低能耗、污染少的高端产业，必须向集聚化、集约化发展。从目前情况看，镇江战略性新兴产业发展规模不大，区域布局仍不够集中，产业集群化水平还比较低。作为发展新兴产业核心载体的工业园区，由于规划不合理、资源配置不当等原因，工业园区没有充分发挥集群效应。近两年来，镇江个别大型企业成长迅速，在一定程度上强化了产业链的完善，但由于镇江新兴产业中真正具有控制力及拥有国际竞争力的大企业数量太少，导致战略性新兴产业链的上游发展还不完善。

二、镇江市发展战略性新兴产业面临的机遇及挑战

（一）镇江市发展战略性新兴产业面临的机遇

1. 国家及江苏大力支持产业升级、经济结构调整

近年来，国家相继出台了《"十三五"国家战略性新兴产业发展规划》等文件。江苏省委、省政府在全国率先出台了六大新兴产业发展规划，又出台了《江苏省战略性新兴产业发展指南》等文件。同时，镇江市出台了《关于加快全市新兴产业发展的指导意见》等文件。近两年来，战略性新兴产业已成为镇江市经济发展的新亮点。

2. "长三角城市群"等发展战略为发展新兴产业提供新机遇

镇江在"长三角城市群"，特别是"扬子江城市群"的发展中起至关重要的作用。镇江可以借助长江岸线与苏南各市进行联动，依托苏南及长三角的金融、信息、技术、服务等要素资源；同时，镇江可以借助润扬大桥的连接点，利用相对比较优势，发展面向苏中和苏北的物流业、商贸业和交通运输业，构建南北集市贸易和物流中心，为战略性新兴产业发展提供消费市场和资源。此外，镇江可以借助沪宁高速公路和京沪高速铁路接纳苏

南尤其是上海、南京的经济辐射，自觉融入区域经济循环，对战略性新兴产业发展所需资金和核心技术进行储备。

（二）镇江市发展战略性新兴产业面临的挑战

1. 长三角周边城市竞争激烈

镇江是苏南板块的低谷区，缺乏竞争优势。从 2015 年江苏各省，特别是苏南五市高新技术产业化情况看，镇江市无论是在高新技术产业产值方面，还是在高新技术产业出口交货值占总产值比重方面，都存在不同程度的差距。另外，在新兴产业培育发展方面，无锡已建成有"华东药谷"之称的马山生物医药产业园；南京拥有强大的软件园；苏州纳米材料发展迅速；昆山拥有全国一流的传感器生产化基地。可见，镇江战略性新兴产业将面临更加残酷的市场竞争，经营风险加大。

2. 高端创新型人才流失严重，人才竞争力较弱

镇江虽然拥有几所高校和职业技术类院校，但是培养的人才多、留住的人才少。另外，由于工资待遇水平等因素的差别，近年来镇江引进的高素质经管人才和研发人才也相对较少。《2016 年江苏人才竞争力报告》显示，镇江在 13 市人才竞争力中排名位于苏南五市末位，且落后于南通市。

3. 战略性新兴产业相关政策尚不完善

虽然近年来，镇江市出台了一些政策鼓励、支持战略性新兴产业发展，但战略性新兴产业大多处于发展初期，许多相关政策还不完善。战略性新兴产业的发展还缺乏实质性的政策支持，在发展模式、配套机制等方面还存在很多制约因素，例如在税收、政府采购、人才使用等方面还存在一些制度性缺陷，不能有效支持战略性新兴产业的健康发展。

三、镇江市战略性新兴产业发展路径及对策研究

镇江市战略性新兴产业面临着内生动力不足的问题，为此，其战略性新兴产业的发展应选择"市场培育和政府扶持共同发展战略性新兴产业"

的路径。这种路径是指战略性新兴产业在内生发展不足或者先天缺陷等情况下，政府会适时介入，它就在市场机制和政府政策共同构筑的环境中形成与发展，因此也就继承了市场和政府共同的优点，在很大程度上解决了只依靠以上两种模式的不足，这种模式把两者的长处结合起来，形成一种合力，这种由政府推动和市场拉动共同作用的合力更有利于战略性新兴产业的形成与发展。

1. 推进体制机制创新，完善产业政策环境

一是要完善的产业运作机制。充分发挥市场在资源配置中的基础性作用，建立产业进入和退出的有效机制，推动战略性新兴产业良性发展。要建立新兴产业发展的组织领导、政策引导、利益协调分配等方面的协调推进机制，形成企业、政府、社会共同参与的新兴产业发展的格局。二是要深化重点领域改革，建立健全创新技术、新能源、资源性产品价格形成机制和税费调节机制。在法律、税收等方面对新兴产业的发展加以支持，引导更多的企业和资金进入新兴产业。三是要完善支持政策。在战略性新兴产业的发展过程中，政府应当定位于提供鼓励创新的制度安排，建立激励和约束相结合的体制机制，发挥"看得见"的手的作用。

2. 积极融入"长三角城市群"，错位发展新兴产业

镇江应该抓住国家大力发展战略性新兴产业这一历史机遇，充分利用现有优势及国家、江苏省有利政策的引导，实施错位发展策略。应充分利用其地处长三角城市群，突出连接苏南板块和苏中板块的独特区位优势，抓住扬子江经济区产业转移的机遇，加快自主创新步伐，促进产业聚集，努力提升镇江与苏南及长三角区域经济关联度，依托长三角的技术、服务等要素资源，实现优势互补，努力将上海等地的先进发展模式和国际一流的研发能力带入镇江，使其成为镇江获取产业技术的重要渠道，进而推动镇江战略性新兴产业的发展。

3. 创新校地融合发展，发挥高校人才及技术创新优势

实施校地融合发展发展战略，进一步促进在镇高校与镇江市经济社会发展的深度融合，形成地方扶持高校、高校反哺地方的良性互动格局。一方面，镇江市应进一步加大政策、环境、资金扶持力度，加快提升高校人才培养、科学研究、社会服务的水平和能力，积极支持高校发展；另一方面，高校在服务地方经济社会发展中应充分发挥创新源、人才库和智囊团作用，提升其对经济发展的支撑能力。

4. 加大研发投入，强化企业科技创新能力

一是完善企业投融资体系，突破资金瓶颈。一方面，政府应发挥资金引导作用，扶持重点领域技术研发及改造；另一方面，可引导建立由骨干企业牵头组织、科研机构和高校共同参与实施的有效机制。二是加强新兴产业关键核心技术和前沿技术的研究，集中力量突破一批支撑战略性新兴产业发展的关键共性技术。三是落实人才强国战略和知识产权战略，加大高技能人才队伍建设力度，制定出台灵活多样的人才居留政策。四是推进重大科技成果产业化和产业集聚发展，完善科技成果产业化机制。

镇江市绿色金融发展研究

| 钱仁汉　王崧青　潘志昂 |

随着经济发展，我国环境污染日益严重，为应对环境污染问题，政府部门加大了对环境污染专项治理的资金支持力度，推动包括绿色信贷、碳金融、绿色债券、绿色保险在内的绿色金融体系发展，并在浙江、广东、贵州、江西、新疆五省（区）进行绿色金融改革创新试点，但距完善的绿色金融体系的构建还存在较大差距。2012 年 12 月，镇江市成为国家第二批低碳试点城市，以此为契机，确立了"生态领先、特色发展"的战略路径，将绿色发展、低碳城市建设融入社会经济发展全过程。结合镇江市经济发展情况，推动产业绿色转型升级，重点在于推进绿色信贷、绿色债券、绿色基金等企业融资体系协同发展，但镇江市绿色金融发展仍处于起步阶段，发展过程中凸显的问题还亟待解决。

一、镇江市绿色金融发展情况

（一）镇江市绿色信贷情况

镇江市积极推进绿色信贷，强化绿色信贷流程管理和名单管理，对绿色产品、绿色工厂和绿色园区采取差异化信贷政策，加大对绿色经济、低碳经济、循环经济的支持力度。从节能环保项目及服务贷款情况看，截至 2017 年 6 月末，镇江市银行业金融机构发放绿色农业，绿色林业，工业节能节水环保，自然保护、生态修复及灾害防控，资源循环利用，垃圾处理及污染防治，可再生能源及清洁能源，农村及城市节水，绿色交通运输等九大项目贷款共计105.07亿元，较年初增加15.68亿元，其中，自然保护、生态修复及灾害防控项目贷款金额为31.04亿元，占全部绿色贷款金额的比重为29.54%，绿色贷款金额占镇江市各项贷款的比重为2.75%。从环境信用评价等级企业信贷发放情况看，截至2017年6月末，镇江市各银行共对工业绿色信贷名单企业发放贷款1215户、368.19亿元，分别较年初增加8户、6.01亿元。其中：环保信用绿色企业433户、贷款金额126.53亿元，分别比年初增加16户、7.69亿元；环保信用蓝色企业712户、贷款金额228.0亿元，分别比年初减少3户、4.71亿元；环保信用黄色企业33户、贷款金额7.54亿元，分别比年初减少3户、增加2.15亿元；环保信用红色企业37户、贷款金额6.12亿元，分别比年初减少2户、0.89亿元。

（二）镇江市绿色基金发展情况

2016年6月，市政府与中美建筑节能与绿色发展基金筹备组签署了合作设立"镇江市绿色发展产业基金"的初步意向书；11月的低碳交易会上，市政府与中信银行签订了500亿元"镇江市低碳产业基金"合作框架协议。加快推进相关基金的成立和运营，按照市场化方式进行投资管理，积极对接镇江市绿色低碳项目，引导并撬动更多社会资本进入绿色产业领域，助力镇江市绿色经济发展。目前，镇江市低碳基金项目处于积极组建阶段。

（三）镇江市绿色债券发展情况

镇江市绿色债券目前处于起步阶段，2017年镇江市发行了首只绿色债券。丹阳投资集团有限公司于2017年7月17日发行规模为15亿元的中长期绿色债券，发行期限为7年，其中所筹集10亿元资金用于丹阳市村镇污水治理工程项目，5亿元用于补充营运资金。

二、银行业金融机构推进绿色金融业务的主要举措

（一）认真执行绿色信贷政策

首先，加强统筹规划管理。金融机构对绿色金融普遍较为重视，有的金融机构还确定了绿色金融经营目标和工作规划，并制定具体工作推动措施。其次，制定绿色信贷政策。主要商业银行及部分地方法人金融机构先后制定出台了绿色信贷管理办法或信贷指引。严格绿色信贷准入门槛，逐步控制与清退"两高一剩"行业信贷。

（二）创新金融产品和服务方式

创新金融产品，拓宽信贷抵押品范围。多数银行为加快绿色金融业务发展，积极开发与绿色金融有关的创新的金融产品。此外，进一步完善绿色金融产品服务体系。

（三）推进绿色信贷工作机制建设

首先，强化绿色信贷考核培训。镇江市部分金融机构将绿色信贷业务纳入全行目标任务考核，此外，积极开展绿色信贷政策制度的培训，邀请环保专家开展环保知识讲座。其次，加大组织保障力度。部分金融机构设立绿色金融工作小组，负责推动本机构绿色金融发展战略、政策、目标和发展规划。同时，进一步强化绿色信贷管理服务。

三、镇江市绿色金融发展存在的问题

镇江市绿色金融体系建设虽取得了一定成效，但在发展过程中仍存在以下问题。

（一）相关政策执行力度不够，激励政策不足

从政策执行情况看，绿色金融政策执行力度不够。镇江市政府出台了一系列政策文件推进绿色产业转型升级，但在政策执行过程中，力度不足，相关部门间协调、沟通不畅，使得政策实施效果有限。

（二）绿色金融体系不完善，绿色金融产品单一

绿色金融产品较为单一，仍以绿色信贷为主，融资渠道较少，绿色票据、绿色保险、绿色证券等非信贷融资产品发展缓慢。

（三）绿色信贷机制尚待健全，人才专业化水平有限

部分地方法人金融机构尚未制定绿色信贷管理办法，也缺乏清晰的绿色金融目标和规划，实际操作中主要采取负面清单管理办法。此外，由于银行缺少环境项目的专业人才，对绿色环保项目流程的评估缺乏相应的知识储备，加之环境风险评估技术也相对落后，对环境企业披露的信息识别能力不强，绿色信贷业务的开展、绿色项目技术与风险的评估面临诸多挑战。

（四）绿色金融监管体系缺失，业务开展内生动力不强

从金融管理部门看，尚未出台统一的绿色金融监管指标体系，也未全面开展对金融机构绿色信贷政策执行情况的综合评估。从金融机构方面看，绿色金融旨在实现金融助力环境优化和资源节约的经济可持续发展，而节能减排、环境保护等绿色项目的投融资往往面临期限长、风险大、开发利用成本较高和效益低的问题，同时在限制和退出高耗能高污染行业贷款过程中往往会形成存量贷款风险，经济效益与社会责任之间的矛盾较难权衡，使得部分金融机构开展绿色金融业务的主动性不强、积极性不高。

（五）信息共享机制不完善，制约绿色业务发展

从部门间信息共享机制看，政府相关部门、金融机构、企业及监管部门之间缺乏有效的信息互动和共享机制，环保、节能减排、循环经济等方

面的标准、口径不一，致使相互提供的数据无法可比。

四、推动镇江市绿色金融发展的政策与建议

（一）政府推动，加强政策引导激励

综合采用财政、货币、监管等政策来引导、鼓励金融机构，加大资源节约、环境友好的经济发展方式转型力度，推动经济绿色生态可持续发展。一是财政政策方面，对经环保部门确认的节能减排、循环经济、零排放、低排放项目或企业的银行贷款给予一定的贷款增量奖励、财政贴息和风险分担。此外，完善风险分摊机制，建立绿色信贷担保制度，通过财政资金与银行共建风险资金池，放大银行绿色信贷的投入规模。二是货币政策方面，通过宏观审慎评估、信贷政策导向评估，促进金融机构严格限制向"两高一剩"行业提供贷款，并在信贷资源安排上向绿色项目和企业倾斜。三是实施差异化监管，对开展绿色金融工作取得明显成效的金融机构，在网点设立、业务创新等方面给予政策倾斜，对工作不力的金融机构，通过监管会谈、现场检查、监管评级等形式强化监管约束。

（二）强化引导，健全绿色金融体系

引导银行完善绿色金融客户营销激励机制，将绿色金融业务拓展纳入银行内部绩效考核，奖优惩劣。鼓励银行发行绿色金融债券，为绿色产业发展获取相对稳定的中长期资金。强制推行绿色保险制度，将企业投保环境污染责任险与其各项环境评估结果、获取信贷的资质等挂钩。协调设立绿色产业基金，通过政府财政划拨一部分资金、设立环境税或收取企业排污费等方式筹集绿色产业基金，对绿色企业进行直接投资或投资控股等，提升企业绿色发展意识，降低银行信贷风险。

（三）多方联动，建设绿色信息平台

强化相关政策文件的执行力度，加强发改委、经信委、环保部门、金

融办、金融监管机构及各金融机构的协调沟通，了解金融机构在绿色金融开展过程中面临的障碍，有助于推动绿色金融发展。通过建立金融机构、金融监管、环保、经信等部门之间关于企业绿色信用、污染排放、节能减排等的信息沟通和共享平台，加强企业环保信息披露。建立绿色金融服务机构和绿色项目库，优先将绿色建材、绿色交通、循环经济、工业企业节能减排、清洁能源推广、绿色农业等项目纳入绿色项目库中，定期开展遴选、认定和推荐工作，为促进银企便捷高效对接提供服务。强化绿色信贷信息披露，明确绿色信贷划分标准，合理设置绿色信贷监测评估指标，定期统计并公布各金融机构绿色信贷业务开展情况，促进金融机构扩大绿色信贷投放。培育服务绿色投资的中介机构，提供包括绿色项目咨询、项目融资、投资管理等服务。

（四）创新模式，提升金融服务水平

拓宽绿色企业融资渠道，着重研究和运用适合于 PPP（Public-Private Partnership，政府和社会资本合作）的项目、政府购买服务等新型融资模式。进一步发挥金融机构投、贷、债、租、证等综合金融服务功能，探索开展绿色理财、绿色债务融资工具、绿色信贷资产证券化、节能环保产业基金、投贷联动等产品，满足绿色企业或项目多层次、全方位的资金需求，拓宽环保项目融资渠道，使更多社会资本投入绿色金融领域。对企业客户，要重点培育银行业的绿色信贷服务能力，推动建立包括流动资金贷款、项目贷款、合同能源管理、贸易融资、碳资产和排污权质押贷款等完整的绿色信贷产品体系，满足企业绿色信贷资金需求；对零售客户，要通过绿色车贷、绿色理财、低碳信用卡等产品，为公众打通参与低碳环保事业的便捷渠道，引导绿色消费、绿色投资。

（五）夯实基础，完善绿色信贷机制

支持和引导银行等金融机构建立符合绿色企业和项目特点的信贷管理制度，创新信贷产品，优化授信审批流程，在风险可控的前提下加大对绿色企业和项目的支持力度，取消不合理收费，降低绿色信贷成本。强化组

织保障，设立负责绿色金融业务的部门，提高业务专业化程度，便于业务组织、协调和把控，促进业务拓展、创新和风险管控。建立健全绿色信贷政策制度体系，完善企业绿色等级、信用评级、利率定价等风险管控措施，实行绿色信贷"一票否决"制度，加大对节能减排项目和企业的支持力度，从严控制"两高一剩"行业信贷投放。强化绿色金融人才队伍建设，培养环保技术与金融管理兼备的复合型人才，打造专业化、创新型的绿色金融人才队伍，提高绿色信贷意识，把绿色信贷融入银行的企业愿景、发展战略和信贷文化。

镇江对接扬子江城市群建设路径研究

| 江苏大学产业经济研究院课题组 |

镇江作为扬子江城市群不可或缺的重要组成单元，与其他各市相比，既具有同质化的外在表现，又具备异质化的内在特征，是扬子江城市群内唯一的内核城市、唯一的主城区沿江而建的城市和唯一的人文割据与包容并存的城市。镇江融入扬子江城市群建设，将有利于提高发展定位、发挥比较优势、放大城市特色，力促镇江共享扬子江城市群内基础设施，构筑更加和谐包容的社会人文环境，形成协同发展的产业格局。

在扬子江城市群"一盘棋"建设的框架内，坚持世界的眼光、开放的理念，基于沿江八市经济社会发展的实际，注重顶层设计，打通城市可持续发展的基础设施硬实力和科教文化软实力的"任督"二脉，保持独立和特色，既要防止"嵌而不融"，又要确保"融而不化"，与扬子江其他城市间形成紧密联系、竞争合作、共荣共生的格局，促进镇江向高水平国际化转型。

一、镇江融入扬子江城市群建设的基础条件

首先，拥有铁公水多重交通枢纽交汇的区位比较优势。铁路、公路、水路相互交错，围绕"十字黄金水道"向四面八方延伸而去，溯江而上承接我国中西部内陆货运，顺江而下直接面向出海口，沿河（大运河）南进

杭州湾、北接渤海湾，形成得天独厚的多重交通枢纽交汇的区位比较优势。其次，拥有创新创业人才有效集聚的相对竞争优势。创新创业人才的流动既要考虑工作条件，又要考虑安家置业和子女教育等问题。2016 年，镇江每平方米房价约为月平均工资的 1.29 倍，城市化率为 67.9%，均为苏南五市最低。万人拥有高校 0.016 所，高于苏中三市；万人拥有普通中学 0.387 个，位居苏南五市之首；万人拥有小学数量亦高于无锡和泰州，略低于苏州，丰富的教育资源能够有效解除创新创业人才的后顾之忧。再次，拥有新兴产业空间重新布局的产业后发优势。土地是当前制约苏南经济发展的重要的不可流动资源，从《江苏省主体功能区规划》和《镇江市主体功能区规划》中可以发现，镇江除拥有占本市土地面积 18% 的优化开发区域外，还拥有占本市土地面积 49% 的重点开发区域（南京、苏州、无锡、常州分别为 35.7%，18.1%，38% 和 30%），可利用土地资源占比较高。

二、镇江市融入扬子江城市群建设的战略指向

扬子江城市群是沿江八市经济社会和城市化发展到较高阶段的必然产物，省委、省政府建设扬子江城市群的战略决策既顺应了发展大势，又充分考虑了需要和可能。扬子江城市群的战略定位可以从省内、国内、国际三个维度来定位：第一个维度，在省内是全省经济的"发动机"和增长极。第二个维度，在国内是长三角城市群北翼核心区和长江经济带绿色发展示范区。第三个维度，在国际上是竞争力强、影响力大的重要开放门户和标志性区域。八市主城区沿扬子江两岸依次排开，呈现马鞍形空间形态。依据江苏省关于扬子江城市群发展的战略定位，镇江市在扬子江城市群建设中的战略指向可以概括为以下三点。

1. 宜居宜业宜游的现代化历史文化名城

拥有 3000 年悠久历史和深厚文化底蕴的镇江市，素有"天下第一江山""城市山林"的美誉。在扬子江城市群内，镇江是唯一的主城区沿江而建的城市。流经镇江的长江在高资与大港之间形成了一个巧妙的向北凸起

的圆弧，镇江主城区从圆弧内侧中心点沿长江向两端延伸，长江环绕主城区，呈环抱状，多条连通长江的内河穿城而过，形成了"城在山水中、山水在城中"的优美画卷。可谓"不出城廓而有山水之怡，身居闹市而有林泉之致"。镇江要基于自身"有山有水有故事"的根本特征，"既要绿水青山，又要金山银山"，以大城市格局建设"现代化历史文化名城"，将其打造成扬子江城市群、长三角城市群乃至华东地区的宜居宜业宜游高地。

2. 扬子江城市群港产城融合发展的重要节点城市

从行政区划格局上来看，镇江是扬子江城市群、长江经济带和"一带一路"战略格局中港产城融合发展的重要节点城市。镇江周边分别是泰州（东）、常州（南）、南京（西）、扬州（北），是扬子江城市群内唯一与群外城市没有直接接壤的设区市，是扬子江城市群的"内核"所在。镇江在扬子江城市群内承担着贯穿南北、连通东西的重要作用，特别是承担着省会南京与其他各市衔接的关键职责，亦是宁镇扬经济圈向苏南各市延伸的桥梁。如若该内核"嵌而不融"，则会在扬子江城市群内形成断裂带。因此，要加快促进镇江港产城与其他市域间协同互补，以更加开放包容的视野将镇江打造成扬子江城市群内信息、技术、物流、人才等交汇的节点城市，让镇江的"黄金区位"产生真正的"黄金效益"。

3. 扬子江城市群先进制造业高地

依托江苏大学、江苏科技大学等驻镇高校及周边科教资源优势和产业基础，重点培育智能电气和通用航空飞机及其配套两大高端装备制造业，以及碳纤维新材料产业。按照"创新驱动、市场主导、整机引领、高端攀升"的要求，巩固提升工程及农业机械装备产业优势，打造华东地区智能电气产业基地；增强航空航天产业的自主设计、制造和配套能力，完善特色产业链，打造国家级航空航天产业军民融合示范基地；巩固提升碳纤维及复合材料优势，建设产学研结合紧密、具备较强自主创新能力和可持续发展能力的高性能、轻量化、绿色化的碳纤维及复合材料产业创新体系和标准体系，提升技术含量和可靠性，提高工程化产业化能力，打造国家级碳纤维及复合材料创新中心。

三、镇江市融入扬子江城市群建设的主要路径

1. 融合发展——主动对接、积极作为，以宁镇扬一体化为着力点，参与扬子江城市群建设

（1）率先发力，全面落实宁镇扬一体化的战略部署

宁镇扬地区是扬子江城市群中率先开展区域联动发展的地区之一，要素流动频繁，区域协作紧密，融合态势明显。镇江参与扬子江城市群建设，先发优势在宁镇扬一体化，未来重点也在宁镇扬一体化。要始终保持宁镇扬一体化发展的"热度"，重点推进一批一体化发展的重大基础项目建设，实现主城区对主城区、主枢纽对主枢纽、主景区对主景区的对接，承接省会城市溢出效应。围绕镇江主导产业，提升科技创新能力，强化资源整合和协作配套，力促宁镇扬市民共建共享医疗卫生、教育文化、社会保障和服务平台等公共服务，切实增强老百姓的"获得感"，打造一体化发展"样板区"。

（2）深入研究，制定配套政策，共享扬子江城市群建设政策红利

作为扬子江城市群的重要组成单元，要强化大局意识、机遇意识和协同意识，打破条块分割，内部协调统一，找准发展立足点，增强向心力。从扬子江城市群、长三角城市群、长江经济带的高度深入研究镇江的基础条件、战略指向、功能定位和实施路径。以适度超前的理念、全球化的视野、一体化的格局提出推动扬子江城市群建设和镇江自身发展的政策建议，为江苏省相关政策制定提供参考。与此同时，要率先研究制定对接扬子江城市群建设的配套政策，及早更多分享扬子江城市群建设政策红利。基于镇江三种文化交融碰撞、市民归属感不强的事实，全力打造市内半小时、宁镇扬群内 1.5 小时通勤圈，构筑更加和谐包容的社会环境，化"劣势"为"优势"，力争率先深度融入扬子江城市群，同时又能增强市民对镇江的归属感，塑造既具有苏南基本特征又拥有镇江独特底蕴的文化氛围。

2. 统筹发展——整合资源、调优区划，提升在扬子江城市群中的能级水平

（1）总规引领，全面提升镇江市的区域影响力

坚持全市一盘棋和规划一张图的发展思路，强化多规合一，从战略高度进行统筹协调，建立统一的城市空间规划体系，落实镇江市域规划与扬子江城市群规划的有效对接。通过内部整合、板块置换等形式，切实解决空间碎片化问题，盘活现有基础资源，细化经济、产业、科技、公共服务等专项规划；特别是在交通设施方面，要构建外联内通的现代化综合交通运输体系，加快建成主城区与辖市区之间的快速通道，按照低碳要求实时出台公交优先政策，提高各区域板块、功能板块和城镇组团之间联系的便捷度，促进辖区同城化和城乡发展一体化，提升镇江在扬子江城市群内的影响力。

（2）调优区划，形成"一主三副"的城市空间格局

确立"大镇江"胸怀和协同发展理念，借鉴苏南各市撤县设区的经验，全力推进内部区划调整，实行城乡统一规划管理，减少主城区与丹阳、句容、扬中三个辖区间的内耗。打破行政区划和财政体制界限，提升市域一体化的公共教育、文化、卫生服务水平，各项惠企、惠民政策尽可能覆盖全市；统筹产业空间布局，坚持先进制造业与现代服务业"双轮驱动"，抢占并打造现代产业发展的制高点；打造产业与生态统筹发展的市域一体化格局，按照全市自然地形格局、基本农田保护区和重要生态功能区分布状况，深入统筹推进生态文明先行示范区建设。

3. 特色发展——提升内涵、错位竞合，建设若干特色产业集聚区

（1）提升内涵，切实增强产业核心竞争力和可持续发展能力

依托现有科教资源优势和产业基础，整合现有资源，明确主攻方向，力促内涵发展，集中精力打造华东地区工程及农业机械装备制造业基地、国家级航空航天产业军民融合示范基地和国家级碳纤维及复合材料创新中心。优化存量，提升增量，全力做好相关重点项目招引、新产品开发、新技术转化，对特色重大产业项目用地给予倾斜支持，整合提高土地综合利用效率；整合现有专项资金，推动政策集成，创新资金使用方式，充分发挥

产业引导基金的杠杆和引领作用；在市级层面按照特色产业生产布局要求，整合优质资源，建立科学合理的特色产业统筹规划与布局的制度安排和工作机制，增强特色产业竞争力和可持续发展能力。

（2）错位竞合，打造扬子江城市群内特色产业集聚区

围绕镇江特色产业，依托园区放大产业集聚效应，打造更多基地型、龙头型、带动性强的优势特色产业和项目。积极推动中船船舶与海工配套产业园、镇江航空航天产业园、高性能材料科技产业园区、智能电气科技产业园区等一批特色产业园区建设。有序推进民营企业申请军工保密资格认证、武器装备科研生产许可认证，培育一批省级以上军民融合产业集群。整合现有国家级和省级物流基地，以惠龙易通为重点，全力扶持、做大做强，打造生产资料领域的"阿里巴巴"，全力提升生产性服务业发展比重。

4. 低碳发展——低碳引领、美丽宜居，建成扬子江城市群生态文明示范区

（1）低碳引领，创新"镇江模式"的低碳发展体制机制

全面探索镇江低碳发展的体制机制。按照国际通用标准核算各行业碳排放量，确定鼓励类、限制类、淘汰类产业名录；根据主体功能区定位，兼顾各辖市区的实际排放状况，制定差异化的动态区域碳排放考核目标；运用大数据、云计算和物联网技术，充分整合国土、环境、资源等部门的生态数据，进一步优化全国首朵"生态云"；广泛开展低碳试点工作，重点在低碳产业、低碳生产模式、碳汇建设、低碳建筑、低碳能源、低碳交通、低碳能力建设等领域推进低碳示范项目；落实镇江低碳新城建设规划，分步推进"近零碳"示范区建设，全面推广低碳高校园区、南山创业产业园等低碳载体建设的经验，力促镇江低碳建设由点到面。

（2）美丽宜居，打造人与自然和谐共处的精美城市

以正确的理念引导城市"双修"（生态修复、城市修补），着力构建多层次、多功能、网络化的城市绿地系统。大力发展环城绿化防护林、组团隔离带、城郊结合部楔状绿地、交通干道两侧及交汇点立体绿化等，因地制宜建设完善公园绿地系统；加强城市山体治理，有序推进山体整治和景观环境提升；加强市域河道整治，进一步实施河道清水工程，沟通水系，加大

河流生态补水量；提倡低碳出行方式，加快建设以轨道交通为骨架，多模式、一体化、全覆盖、高品质的公共交通系统，积极推动公交优先示范城市的建设。

5. 创新发展——对标苏杭、因地制宜，打造扬子江城市群内创新创业新高地

（1）对标苏杭，建设具有较大影响力的创新创业人才集聚地

持续实施引才引智工程，适时实施"珠峰计划"，全面落实"金山英才"计划，努力争取国家外专千人计划项目落户镇江，建立国际人才招引网络体系，鼓励柔性引进人才，大力招引海内外高技能人才。重视本土化高端人才培养使用，对标苏杭，尽快推出人才培养工程和专业技术人员知识更新工程的升级版方案；充分利用镇江高校和各类科研院所的科教资源，努力培育本土高层次的科学家、领军人才、创新团队和科技型企业家。鼓励在镇高校优化学科设置，强化需求对接，创新人才培养模式；健全专业技能人才培养培训机制，弘扬"工匠精神"，加快培育专业技能人才队伍。

（2）因地制宜，完善区域产业科技创新体系

优化创新创业空间布局，重点推进建设"312"创新发展带，发挥宝堰、下蜀、高资的区位优势，建设"宝下高创新高地"，构建协同有序、优势互补、科学高效的区域创新格局。建设农业机械、航空航天、碳纤维新材料等特色优势产业的公共基础设施和公共创新设施，构筑完善的产业科技创新链。加快推进镇江市产业技术研究院、中航工业北京航空材料研究院镇江分院、江苏大学北汽新能源汽车产业研究院等新型研发机构落地建设和实体运作。强化企业创新主体地位，鼓励引导企业开展创新活动，促进新兴产业、高新技术企业由生产型向创新型转型，支持企业创建国家及省级工程（技术）研究中心、企业技术中心、重点实验室、工程实验室、博士后工作站，积极承担重大科技专项等科研项目，切实推进产学研融合创新。加快创新成果转化，依托重点骨干企业和公共载体，高水平建设企业苗圃、孵化器、加速器、众创空间等，提升企业孵化育成和成果转化能力。

（课题组成员：胡绪华、陈丽珍、贺丹等）

宁镇扬一体化之镇江特色化发展路径研究

| 葛慧林 |

一、宁镇扬一体化发展的基本现状

宁镇扬一体化是江苏区域发展的一个重要战略，其同城化发展受到了省委、省政府的高度重视。2006 年 11 月，江苏省十一次党代会首次提出打造"宁镇扬经济板块"；2014 年 8 月，江苏省政府在宁召开新闻发布会，正式发布《宁镇扬同城化发展规划》；2017 年 5 月，宁镇扬一体化推进会在镇江举行，目前三城融合、一体发展的宁镇扬大都市总体格局已经基本形成。

（1）交通网络一体化发展基本现状。三地之间铁路、公路、水运、航空等构成了全方位、立体化的交通运输网络，城际通道建设完善，区域性交通设施实现共享，城际、城内交通的一体化做到了无缝对接。

（2）文化教育一体化发展基本现状。促进教育发展水平、人才培养质量及科教竞争力的提升，推进宁镇扬文化体育资源共建共享。

（3）旅游服务一体化发展基本现状。积极推进宁镇扬旅游一体化工作，发挥区域资源整体优势。

（4）产业布局一体化发展基本现状。紧扣产业发展阶段性规律，探索建立科学有效、利益共享、合力推进的产业合作机制。

（5）生态环境一体化发展基本现状。加快生态环境一体化，加强区域生态建设，优化主体功能区布局。

二、镇江特色化发展对于宁镇扬一体化的必要性和重要性

镇江市的特色化发展关乎宁镇扬一体化的大局，镇江市需要根据区域的整体经济目标进行相应的产业结构调整，找准城市自身定位，集中创新资源深厚的优势，加快实施创新驱动发展战略，充分发挥自身特色和优势，全力打造生态领先、特色发展的现代山水花园科技城市，探索镇江特色化发展路径，寻求镇江自己的特色发展。

（1）镇江在宁镇扬一体化中所处的地位

在交通、旅游服务、科教及医疗方面，镇江将逐步与南京、扬州实现一体化。

（2）镇江的特色化发展对于宁镇扬一体化的必要性

从表1、表2、图1可以看出，镇江和南京、扬州特别是扬州的产业结构趋同现象较明显，不利于经济发展，因此镇江要寻求特色化发展。

表1　2016年宁镇扬三市主要经济指标对比表

城市	地区生产总值		工业总产值		固定资产投资完成额		公共财政预算收入	
	数值/亿元	比值/%	数值/亿元	比值/%	数值/亿元	比值/%	数值/亿元	比值/%
南京	10503.02	55.91	13026.90	40.47	5533.56	47.31	1142.60	64.16
镇江	3833.84	20.41	9066.19	28.16	2873.43	24.57	293.01	16.45
扬州	4449.38	23.68	10099.6	31.37	3288.68	28.12	345.30	19.39
合计	18786.24	100	32192.69	100	11695.67	100	1780.91	100

表 2　2016 年宁镇扬三次产业增加值及产业结构比值表

城市	第一产业		第二产业		第三产业	
	绝对数 /亿元	比值 /%	绝对数/亿元	比值/%	绝对数/亿元	比值/%
南京	252.51	2.40	4117.20	39.20	6133.31	58.40
镇江	137.78	3.59	1870.40	48.79	1825.66	47.62
扬州	251.49	5.65	2197.63	49.39	2000.26	44.96

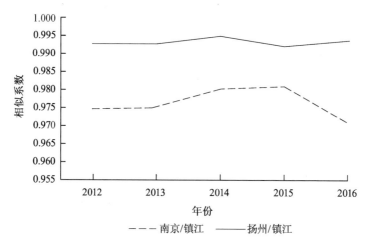

图 1　镇江与南京、扬州的结构相似系数

三、宁镇扬一体化背景下的镇江新兴特色产业发展路线分析

宁镇扬三市的产业结构放在"宁镇扬协同发展"的整体框架中来看，宁镇扬三市都在集中发展先进制造业。统计数据表明，宁镇扬三市产业结构的相似系数超过 0.9，且与 GDP 相关性为负向。这一数据说明，宁镇扬三市的产业同构现象相对严重且不利于经济发展。

1. 镇江新兴特色产业发展重要性

在挑战与机会并存的今天，镇江更应该积极主动融入一体化发展过程中，科学分析和评价镇江市新兴特色产业现状，抓住时机，从而推动镇江的发展。

2. 镇江新兴特色产业发展路线分析及对策

科学分析和评价镇江市新兴特色产业现状，培育大型区域性企业集团，打造特色产业集群；构建梯度分明的城镇化中心体系。建议在三市形成发展重点明确、协同分工清楚、一体化路径与政策清晰的一体创新模式。

（1）扬长避短，制定发展规划

在旅游业方面，三市发展方向应互为补充，连为整体；宁镇扬文化产业区域内部及行业间要进行跨度合作发展，文化产业与区域内科技、资金、人才等要素应相互结合，发展出新兴的文化业态。在建设文化发展载体的同时，为旅游行业注入灵魂，同时还可以带动商贸产业的发展。

（2）科技创新，优化空间布局

依据各类产业园的区位优势和行业特色，通过自上而下的顶层设计，实现跨产业园、跨区域联动协作，同时发挥国家级产业园的技术溢出效应和产业关联效应，完善产业链体系和现代物流体系。以南京和镇江为重点，对接国产大飞机项目，打造沪宁线航空航天装备、先进轨道交通装备、智能数控机床、新型电力装备等智能装备产业集群；宁镇扬三地，可合力共建船舶和海洋工程装备产业集群。

（3）发展现代农业，推广先进技术

推动镇江特色的现代农业高效发展。发展智慧农业是建设现代农业的根本途径，普及和推广物联网技术等先进适用技术是农业主管部门的重要职能，走镇江特色的新兴产业发展之路，应积极鼓励并大力发展新技术、新业态、新模式，主动适应产业组织方式小型化、智能化和专业化的变化，营造充分竞争的市场环境。

四、宁镇扬一体化背景下镇江市生态环保建设路径分析

南京、镇江、扬州，这三个城市从来没有像现在这样被如此紧密地联系着。无论是 2016 年 11 月江苏省第十三次党代会，还是 2017 年的江苏省"两会"，宁镇扬一体化都是大会的关注焦点。

1. 镇江生态环保建设背景

镇江市先后获得国家历史文化名城、中国优秀旅游城市、全国科技进步先进市、国家卫生城市、国家环保模范城市、全国社会治安综合治理优秀城市、国家园林城市等称号。然而，随着城市建设步伐的加快和经济的快速增长，镇江市和其他经济发达地区一样，在生态建设方面遇到了发展瓶颈。

2. 镇江生态发展中存在的问题

（1）生态环境治理手段单一

现在环境治理的主要手段是政府直控下的生态治理，环境治理的资金来源主要是政府筹资、拨款。但由于镇江市的环境特点，生态环境治理需要政府财政的大力投入，而环境治理又具有长期投入性质，势必会给政府带来沉重的财政负担。

（2）城乡空间发展不平衡

近年来，镇江市域由于缺乏相关制度支撑与政策引导，各镇从自身经济利益出发，均未对撤并片区进行集中归并整合处理，反而任其各自拓展，导致开发区分散、无序和低水平竞争的发展格局，城镇空间的整体发展水平难以提升。

（3）城市绿化功能缺乏

政府常常在提高绿地面积、建设绿化景观等"铺绿"和"造景"上下气力，然而对于绿化的最基本作用——生态环保功能的关注明显不够，绿化结构严重失衡，忽略了因地制宜的功能绿化的重要性。

（4）城镇水质污染严重

镇江由于城镇化的加速发展，造成了水源污染、水质恶化。

（5）城市公交系统不完善

智能化不够，专用车道"不专用"等，使得公交车并不能给居民带来很大的便利。公交车的不便利，导致私家车使用量的增多，加重了有害气体的排放，使空气污染更加严重。

3. 镇江市生态环保建设对策

（1）创新生态建设融资方式

创新投融资模式，建立完善的收益分享机制和风险分摊机制，吸引社会资本参与。镇江市可以借鉴发达国家经验，利用市场手段与经济政策结合的方式来实现融资方式的创新。

（2）整合城乡空间，提高功能性

根据区域空间的特征和生态功能要求，构建区域生态网架，作为城市生态系统运行基础。以城镇之间的山林、水体、基本农田、人工防护林作为主骨架，城镇内部的绿地系统作为次骨架，交通走廊和河道绿化带为连接体，构建生态网架，维护区域生态系统安全格局。

（3）提高城市绿化程度

政府可以根据需求因地制宜，进行树种绿化，可以选择莲、芦苇、蒲草等挺水植物和浮萍、菱角等浮水植物去除水体、土壤里的污染物。

（4）治理水污染

治理水污染主要包括加强技术研究及推广应用，加强环保宣传。对于农田的耕种，可以让农民选择更加环保的肥料来替代大量的化肥使用。

（5）完善交通系统

充分利用镇江的山水资源，在城市道路设计时，有意识地引导道路景观与山体景观相结合，因地制宜地为居民提供通勤、休闲、游憩、健身的连续慢行通道，完善城市公共自行车服务。

五、镇江民生和社会建设发展路线分析

民生保障工程是一项复杂系统的工程，涉及面十分广泛。通过项目化管理这一方式，可以将有限的技术、资金、人力和时间等资源投入人民急需的基础性和保障性民生需求领域，提高人民群众的满意度。做好民生项目，增进民生福祉，增强政府的公信力。

1. 引领新型城镇化建设

《宁镇扬同城化发展规划》《苏南现代化建设示范区规划》等都对镇江的城市发展定位提出了要求，必须摆脱"苏南唯一中等城市"的称号，摆脱一味寻求规模的城市粗放发展模式，走精致发展、集约发展的道路。

（1）坚持特色发展，彰显镇江独特城市魅力

保留城市特有的文化特色和建筑风格，彰显历史人文之美。大力发展绿色建筑，加强宁镇扬三市的绿色生态协同，通过践行低碳环保的理念，实现城市品质的提升，彰显绿色低碳之美。

（2）统筹城乡发展，加快城乡一体化建设

按照镇江打造"山水花园城市"的总体要求，以打造温馨精致的花园式城镇和特色美丽乡村为目标，做好新一轮城镇布局规划，科学谋划城镇和村庄布局。重视城乡区域统筹发展，实行城乡统一规划管理。

（3）推进民生城建，坚持城建为民

在宁镇扬一体化等重大战略规划中谋划民生城建，切实推进城市发展，保护百姓福祉。在推进紧贴民生的城建项目计划时，尽量减少对群众生活的影响，增强民众的满意度和获得感，始终把保障和改善民生放在首要位置。

2. 深入推进民生建设

近几年来，镇江政府不断加大民生领域投入，大力推进民生建设，群众生活得到了明显改善。城乡居民人均可支配收入稳步提高，城乡居民养老保险逐步实现统一。

（1）实行精准扶贫，增加民众收入

推进社会保障和社会救助体系建设，大力发展社会救助和社会福利，加大扶危济困力度，切实保障困难群众的生活，维护广大城乡困难群众的基本权益。

（2）优化公共服务，推动民生共建

整合市区医保单位机构，逐步扩大异地就医联网医疗机构的范围，提高参保人员医疗保费水平。扩大提升养老服务，推动养老服务产业快速发展。积极承办各项体育赛事。大力倡导全民阅读，提升市民科学文化素质。

（3）提升管理水平，加强社会管理

调整城市管理行政执法体制，在各辖区设立行政执法局，实行属地管理、两级主体、分级负责。各辖市区要强化属地责任，各级部门要强化监管责任。通过协同监管，调动社会各方力量，增强各辖区的话语权，大幅提高监管效率和管理水平。

3. 大力实施项目化管理

民生保障工程的复杂性，在一定程度上加大了政府提供民生和社会服务的难度。但是近几年来，镇江市委、市政府前瞻性地将"项目化管理"理念嵌入民生保障工程建设之中，推进民生工作实事实办。

（1）提高政府公共治理效率

严格绩效管理，突出责任落实，确保权责一致，这些均对政府在公共产品和服务方面的能力提出了较高的要求。

（2）监控民生建设全过程

可以通过明确清晰的项目量化考核指标来评判职能部门是否尽职尽责，还可以通过合理科学的奖惩机制来保障职能部门全面履职。除此之外，公众也可以比对每一项民生项目的具体量化指标，对职能部门进行社会监督。

（3）精准建设民生保障工程

大力实施项目化管理，就必须充分认识加快推进核心民生项目的必要性和重要性，做到项目进度跟上计划安排，集中精力到项目建设和工程进度上来，抓紧时间节点推进各项工作，切实保障每一个民生项目落地见效。

参考文献：

[1] 连远强：《宁镇扬经济板块产业集群的联动发展研究》，《华东经济管理》，2009 年第 5 期。

[2] 黄春宇：《浅议区域文化对区域旅游市场营销的影响——以宁镇扬区域为例》，《商场现代化》，2010 年第 11 期。

[3] 陆佳，陈伟：《宁镇扬同城化发展研究》，《合作经济与科技》，2016 年第 3 期。

[4] 陈伟，史艳娜，韦金河：《宁镇扬产业结构趋同化与专业化的实证分

析》,《江苏农业科学》,2012 年第 6 期。

[5] 陶宇:《关于"宁镇扬协同发展"的研究与思考》,《决策咨询》,2017
    年第 2 期。

[6] 张叶飞:《镇江:争当扬子江城市群建设的先行区》,《群众》,2017 年
    第 13 期。

[7] 吴福象:《构建宁镇扬同城化的利益共享机制》,《群众》,2017 年第
    4 期。

[8] 蒋华雄:《国外绿色投资基金的发展现状及其对中国的启示》,《兰州商
    学院学报》,2012 年第 10 期。

[9] 姜萍:《民生保障,新理念托起和谐镇江》,《镇江日报》,2016 年 9 月
    19 日。

[10] 董鑫,玉菁,聂超,等:《怎样助推"宁镇扬一体化"实质性进展》,
     《扬州日报》,2017 年 2 月 20 日。

[11] 林兰,王兴宝,任一鸣:《镇江交通项目入选全国民生示范工程》,
     《镇江日报》,2016 年 10 月 30 日。

打造宁镇扬低碳发展示范区研究

| 孙忠英 |

一、打造宁镇扬低碳发展示范区的重要性

2017年3月，江苏省政府就推进宁镇扬一体化发展做出具体部署和要求：牢固树立和践行新发展理念，坚持以供给侧结构性改革为主线，以促进基础设施、产业布局、公共服务、旅游资源开发、生态环境保护一体化为重点，推动宁镇扬一体化发展取得新进展，为推进"两聚一高"、建设"强富美高"新江苏提供有力支撑。2012年《宁镇扬同城化发展规划》发布以来，三市在交通、旅游、产业、养老保险等领域开展诸多合作，一体化发展取得较大成效。相对而言，生态环境保护一体化发展比较缓慢。近几年三市主要围绕大气、水、固体废弃物等环境治理方面展开初步合作，缺乏深层次、广领域、高水平的合作项目。根据近几年镇江低碳城市建设经验，完全可以在宁镇扬区域推广低碳发展模式，以打造宁镇扬低碳发展示范区为抓手，推进宁镇扬生态环境保护一体化发展上新台阶。

二、镇江建设低碳城市的发展模式及其经验

2012 年，镇江获批国家第二批低碳试点城市。短短几年，镇江低碳城市建设取得了可喜的成绩，并走向国际舞台。2015 年，镇江作为中国低碳城市的代表应邀参加了巴黎气候大会。12 月 7 日，镇江市作为唯一一个以城市主题日参加气候大会的城市，向世界展示"低碳镇江"的生态之美，推广镇江"低碳城市"的经验和做法，得到了参会代表的好评。镇江低碳城市建设经验被称作是中国低碳发展的"镇江模式"。2016 年 11 月，镇江以"技术创新、共享低碳"为主题举办了首届国际低碳技术产品交易展示会。2017 年 9 月 26—28 日，国际低碳（镇江）大会在镇江举行。大会以"技术创新·共享低碳"为主题，通过"一会、一展、一路演、一签约"四大板块，为国际低碳技术交流与项目合作提供展示平台。如今，低碳成为镇江市的一张新名片和发展的新动力。其发展模式及其经验主要有以下几个方面：

1. 一个理念：生态领先低碳发展，共建共享美丽镇江

在创建低碳城市过程中，镇江不断提升发展理念，实现城市发展新跨越。2012 年，镇江确立了"生态立市"发展战略。2014 年，镇江市提出"生态领先、特色发展"战略目标。镇江充分利用其丰富的山水资源和良好的生态环境优势，按照国家"五位一体"总体布局，以生态低碳理念为指导，把生态作为镇江的"城市名片"和发展动力，把低碳作为城市发展方向和建设目标，动员全社会积极参与一系列绿色低碳活动，让人们在参与中感受城市变化带来的愉悦和幸福，努力在全社会营造生态领先低碳发展，共建共享美丽镇江的新理念。

2. 两大保障：建立组织机构和制度规划保障体系

（1）组织保障。获批国家低碳试点城市后，镇江市成立了低碳城市建设工作领导小组。由镇江市委、市政府主要领导担任组长，统领低碳城市建设工作。辖市区分别成立了党政主要领导担任组长的低碳城市建设工作

领导小组，明确职责，分工管理。在全市建立党政共同担当，辖市区统一考核的管理体系，形成"横向到边、纵向到底"的工作网络，从领导和组织层面保障低碳城市建设的顺利推进。

（2）制度规划保障。2012年，《镇江市人民政府关于加快推进低碳城市建设的意见》出台。2013年，《镇江市人民政府办公室关于印发2013年镇江低碳城市建设工作计划的通知》出台。近几年，《镇江低碳城市建设工作计划》出台，低碳城市建设工作有计划、有步骤地开展。2012年镇江在全省率先编制了《镇江市主体功能区规划》，并出台了6个配套文件，为推动低碳城市建设提供制度保障。

3. 四碳创新：以云平台管理低碳建设，以碳峰值倒逼产业转型，以碳评估研判项目准入，以碳考核推动区域发展

（1）以云平台管理低碳建设。创新是发展的不竭动力和源泉。为摸清城市碳家底，理清城市碳排放基础状况，预测碳排放发展趋势，寻找减碳方向和路径，镇江在全国首创开发了城市碳排放核算与管理平台。该平台通过采集、核算、管理三大系统，可以直观展现全市碳排放状况，并为现状评估、趋势预测、潜力分析、目标制定与跟踪预警提供科学决策支撑。2015年，在云平台的基础上，镇江进一步整合国土、环境、资源、产业、节能、减排、降碳等数据资源，打造上线全国第一朵"生态云"。

（2）以碳峰值倒逼产业转型。作为全国低碳试点城市，镇江先行先试，在全国率先提出达到碳排放峰值的目标。根据镇江历年能源消耗数据，综合考虑人口、GDP、产业结构、能源结构等因素，运用环境经济学模型进行回归分析，建立了全市碳排放变化趋势模型。确定2020年镇江达到碳排放峰值的目标，比全国提前十年。形成镇江低碳发展的倒逼机制，以碳峰值倒逼企业升级、产业转型。

（3）以碳评估研判项目准入。为如期实现碳峰值达标，镇江创新项目管理方法，实施"碳评估"制度。一是制定碳排放预算管理制度，确定产业发展"负面清单"，明确发展项目和禁止项目，从源头为项目准入把关。二是出台《镇江市固定资产投资项目碳排放影响评估暂行办法》，实施固定资产投资项目碳排放影响评估制度。将项目评估划分为红、黄、绿三个等

级。红灯项目不予通过；黄灯项目强制要求采取低碳减碳技术和措施进行碳补偿，达到准入标准方可通过；绿灯项目，提出进一步减碳低碳优化建议，直接通过。碳评估研判项目准入制度，为镇江产业低碳发展筑起一道"防火墙"，为实现碳峰值达标奠定基础。

（4）以碳考核推动区域发展。镇江实施碳排放"双控"考核制度。运用碳峰值倒逼机制，充分考虑产业结构、能源结构、GDP 占比、人口占比和主体功能区定位等因素，兼顾各地的历史排放量和实际减排能力，制定全市及辖市区差异化的碳排放目标任务，并将任务纳入年度市级机关和辖市区目标管理考核。2014 年开始以县域为单位实施碳排放总量和强度的双控考核。将低碳城市建设工作任务层层分解到区域、重点企业，明确目标责任，强化监管考核。实施碳排放"双控"考核制度，推动县区低碳发展与大市协同发展。

4. 九大行动：实施低碳城市建设具体行动

为创建低碳城市，镇江制定了低碳城市试点实施方案和建设意见，包括优化空间布局、发展低碳产业、构建低碳生产模式、碳汇建设、低碳建筑、低碳能源、低碳交通、低碳能力建设、构建低碳生活方式等九大行动，并细化落实到具体项目，构建立体化的低碳城市建设体系。每年对低碳城市建设划分具体目标和任务。

三、打造宁镇扬低碳发展示范区的现实基础和发展机遇

（一）打造宁镇扬低碳发展示范区的现实基础

从现实情况来看，宁镇扬低碳发展示范区已有前期基础。镇江于 2012 年获批国家第二批低碳试点城市。南京于 2017 年获批第三批低碳试点城市。扬州已把建设低碳城市作为发展方向。2010 年，"运河城市与低碳经济"世界运河名城论坛在扬州举行，标志着扬州市低碳城市建设正式启动，绿色低碳从理念走向行动。2011 年，扬州提出发展低碳经济、促进绿色增长、建设精致扬州，走低碳绿色的精致城市建设之路。扬州先后创成国家森林

城市和国家生态市，为低碳城市建设打下了良好基础。南京重视低碳发展，低碳城市建设走在全国前列。2014 年 11 月，中国科学院上海高等研究院发布的《中国低碳城市建设报告》显示，在全国低碳城市排行榜中，南京排在第三位。2017 年 1 月，南京被国家发改委确定为第三批低碳城市试点。可见，三个城市建设低碳城市具有良好基础。

（二）打造宁镇扬低碳发展示范区发展机遇

2016 年 6 月，《长江三角洲城市群发展规划》发布，这为宁镇扬一体化发展提供了新的契机。该《规划》提出构建"一核五圈四带"的网络化空间格局。而南京都市圈为"五圈"之一，包括南京、镇江、扬州三市。具体要求：加快在六个方面发展定位上实现突破。其中美丽中国建设示范区就是其中之一。据专家分析，宁镇扬将在"十三五"时期扮演重要角色。南京都市圈建设成果将放大。南京集"四个城市"于一身，即"一带一路"节点城市、长江经济带门户城市、长三角区域中心城市、国家创新型城市。南京在区位、产业、科教等方面，都有独特的优势，具备要素集聚、创新引领、产业辐射的功能，有基础有条件建立国家中心城市。连淮扬镇铁路建成后，扬州融入长三角核心区、通达国内主要节点城市的重要快速通道，将彻底改变扬州的经济地理版图。扬州与上海、苏南的产业分工协作，与南京、镇江的同城化发展提速。作为重要港口的镇江对长江区域经济带发展起着举足轻重的作用。镇江位于长江三角洲北翼中心，处于上海经济圈走廊，属于南京都市圈核心层城市，占据长三角城市群有利的地理优势，拥有深厚的历史文化底蕴。镇江将加快运用高新技术改造传统产业，应用先进制造技术提升制造业水平，构建先进制造业基地；充分利用丰富的历史文化遗产和旅游资源，建成以"城市山林"为特色的旅游胜地。2017 年，江苏省委领导多次到宁镇扬调研、召开会议，提出新的要求，推动宁镇扬一体化加快发展。因此，打造宁镇扬低碳发展示范区既有前期基础，又有新的发展机遇。

四、打造宁镇扬低碳发展示范区的构想

（一）理念升级：低碳发展

在新的发展时期，宁镇扬生态环境保护一体化发展理念要与时俱进。目前，国家已经启动了"十三五"低碳发展的重大问题与实施方案研究工作。为确保中国实现 2020 年碳强度比 2005 年下降 40% ~ 45% 的国际承诺，为确保中国实现 2030 年碳排放峰值目标的国际承诺，作为发达地区的宁镇扬三市应责无旁贷，肩负起重任，率先在全国实现碳排放达峰。由于生态保护合作项目没有交通、产业等合作项目见效快，实践中各方合作积极性并不高。对区域内任何一方而言，合作的基础是要对自己有利，否则就会失去合作的动力和积极性。因此，打造宁镇扬低碳发展示范区，要坚持互惠互利、共建共享的原则。打破行政边界，达成低碳发展合作共识。以生态文明理念为指导，运用生态学中协同演进原理，把宁镇扬区域看作一个生态系统，各市作为系统内部的子系统，发挥各子系统协同演进、协调一致的功能，实现整体功能大于部分之和（1 + 1 + 1 > 3）的系统效应，促进区域经济、环境、社会协调发展。

（二）科学规划：精心设计

规划对于未来经济社会发展有重要的引导作用，科学规划则对建设低碳发展示范区尤为重要。规划应包括战略规划和具体实施方案、编制区域温室气体排放清单、制定具体实施细则及区域监测、评估标准等一系列行动过程和制度设计。规划布局要体现低碳发展需求，还要注意区域规划与城市发展总体规划和各个专项规划的有效衔接，做到"多规合一"。宁镇扬低碳发展示范区的核心目标是实现区域低碳发展。要遵照科学性与应用性、系统性与层次性、可测性与可比性等设置原则，考虑区域内经济发展、资源节约、环境保护、可持续发展能力、社会和谐和人民群众的满意度等因素多方面和多维度精心设计指标体系。把握好尺度，既满足区域低碳发展

需求，又能保障经济社会健康发展的平衡状态，而不是通过一味降低居民生活水平来达到低碳发展的目标。在总体目标上，由于镇江已在全国提出2020年率先达到碳峰值，因此，当前应重点研究南京、扬州与镇江一起到2020年达到碳峰值的可行性。至于指标体系名称和具体指标值，还需要三个城市充分调研、科学考量和认真研究。

（三）低碳行动：加减同行

好的理念、好的规划需要付诸行动才能见实效。镇江在创建低碳城市过程中出台并实施的九大行动，可以在宁镇扬区域推广。如在开发区重点实施节能减排、循环利用等技术，以节地、节水和节能为重点，强化优化开发区域重要资源总量利用控制，加快推动资源循环利用，提升资源利用总体效率。以推进园区循环化改造试点和生态工业示范园区建设为载体，实现土地集约高效利用、废弃物交换利用、能量梯级利用、废水循环利用和污染物集中处理。如在生活方面，提倡简约适度、绿色低碳、文明节约的生活方式，引导绿色消费理念，鼓励低碳出行，实行生活垃圾分类等。低碳行动要"加减同行"，做到"两手抓"。做减法就是减少碳源，主要通过调整能源消费结构、加快产业转型升级来减少工业领域碳排放，减少交通领域和建筑领域的碳排放，减少生活和消费领域的碳排放等；做加法就是增加碳汇，主要通过增加林地、绿地，提高森林覆盖率、城区绿化率，想方设法见缝插绿，增加碳汇资源储备吸收碳排放。

（四）未来方向：创新发展

镇江在低碳城市建设方面已经积累了一定经验，并且有一些创新之举，打造宁镇扬低碳发展示范区，还可以在更广泛、更前沿、更高层次的领域进行探索和尝试。一是实施碳排放总量和强度"双控"制度，在宁镇扬区域全面控制碳排放，降低碳排放强度。二是在镇江设立江苏省碳排放权交易中心，实行碳排放权有偿使用制度。结合落实江苏省"263"行动计划，为全省节能减排提供重要支持。二是拓展"生态云"平台。2017年6月，镇江生态文明建设管理与服务云平台在京通过评审验收。可以把镇江的

"生态云"平台拓展到宁镇扬区域，运用大数据、云计算和物联网技术，升级为宁镇扬区域具有数字化、信息化、网络化和可视化等特征的"生态云"管理大平台。三是放大低碳城市品牌效应。基于镇江低碳城市品牌，建议在镇江定期举办国际低碳大会，通过举办高峰论坛，搭建低碳技术和产品的展示平台，采用"路演、招商、签约"等多种形式，促进镇江、江苏，乃至中国与其他国家（地区）之间低碳技术和产品的信息沟通、交流合作、项目推广和成果转化。把镇江打造成中国乃至世界低碳发展的高端平台，使低碳镇江、宁镇扬低碳发展示范区成为推进江苏"两聚一高"和高水平全面建成小康社会的新动力，为全国低碳发展积累经验，发挥示范效应，为中国应对全球气候变化做出新的贡献。

新常态下镇江市低碳经济发展模式研究

| 李　根　冯鑫明　杜晓明　康红霞　骈骞雅　包　宇　李天琦 |

发展低碳经济已成为解决能源短缺与气候变暖问题的重要途径，未来各国的竞争将是低碳产业、技术及规则的竞争。探析镇江低碳经济发展现状及存在的问题，结合中外低碳经济发展模式的特点，进而构建镇江低碳经济发展模式，这对进一步提升镇江低碳经济发展水平具有重要意义。

一、镇江发展低碳经济的必要性

1. 增强可持续发展能力

镇江能源资源十分匮乏，缺煤、少油、乏气，能源需求对外依存度较高。随着社会经济的快速发展，镇江的能源消费总量持续上升。"十二五"期间，全市规模以上工业增加值年均增长约20%，而同期能源总消费量年均增长16%左右。要实现能源可持续供给，不断增强镇江市可持续发展能力，走低碳发展之路，才能大力开发可再生能源和替代新能源，使镇江市经济社会发展逐步摆脱对化石能源的过度依赖。

2. 保护和改善生态环境

随着镇江市工业化、城市化进程的加快，经济总量的不断增大，向外排放的温室气体量远远超出大气本身的自净能力。要切实保护和改善生态环境，迫切要求加快低碳经济发展，逐步提高镇江市清洁能源消费比重，切实减少温室气体排放量，不断增进社会的和谐、文明和进步。

3. 调整产业结构

作为长三角核心区重要城市的镇江，面临转型发展的紧迫任务，经济增长方式亟待转变，资源、能源和环境压力加大；企业自主创新能力仍然不强，产业发展的持续动力不足；产业结构偏重，服务业占比仍偏低；城乡建设和生态保护仍需加强；等等。必须通过发展低碳经济，提高资源、能源的利用效率，降低经济的碳强度，促进镇江经济结构和工业结构优化升级。

4. 实现跨越式发展

未来城市地位、产业发展空间、企业竞争和盈利能力，越来越取决于低碳技术创新能力、低碳产业产值占比、低碳产品出口与对外服务总额等。面对巨大的机遇与挑战，牢牢把握这次"低碳技术革命"的机会，变压力为动力，变挑战为机遇，夯实以低碳为基础的技术和产业基础，变低碳技术优势为竞争优势和经济优势，不断提高镇江市企业和产业的国际竞争力。在"十三五"期间，通过低碳经济为镇江创造新的增长点。

二、镇江市低碳经济的发展现状与问题分析

1. 镇江市低碳经济发展现状分析

（1）新能源产业发展较好

镇江积极主动对接国家、省新能源产业调整和振兴规划，打造长三角重要的新能源产业研发、制造和应用基地。早在 2009 年 8 月，镇江就已出台《镇江市新能源产业发展规划》，使新能源产业成为镇江市新一轮经济发展的战略先导产业和未来经济发展的支柱产业之一。目前，全市已有新能源产业相关企业 100 多家，形成了一定的产业基础和初步的产业链。但也存在一些问题：行业龙头企业或项目不多，载体打造和政策支持不够，引导服务不够等。

（2）环境治理成效显著

近五年来，镇江关闭化工企业 347 家，淘汰落后产能企业 161 家。在环

境保护与建设方面，顺应群众期盼，对污染较重的东部谏壁地区和西南韦岗片区开展环境综合整治，谏壁片区完成重点整治项目93项，西南片区关闭企业141家、治理污染企业32家；水环境保护方面，对"一湖九河"开展水环境综合整治，实施控源截污、清淤疏浚、环境整治、引水活水、生态修复和景观提升等工程，基本消除了水体黑臭现象。

（3）公共交通运输节能减排进展顺利

推动公交优先发展，推行公交0.5元低票价政策，鼓励市民搭乘公共交通出行。推动公交车、长途车、船舶等使用清洁能源。累计投放500余辆LNG（液化天然气）公交车，CNG（压缩天然气）出租车实现全覆盖。在全市投放1万余辆公共自行车，建设站点386个，形成公共自行车服务系统。平均每辆车单日使用近6次，全市累计借车突破1540万次，骑行总时间达3300万小时左右，其中借车次数最多的市民已使用达5000多次。每年可为镇江减耗汽油318万升，减排二氧化碳6624吨左右。

（4）低碳能力建设显著

低碳能力建设是低碳城市建设中仍在摸索的一个内容。镇江就构建碳排放核算与管理平台、建设碳排放交易市场体系、加强低碳重点项目建设等能力不断探索创新。目前，镇江采用云计算、物联网等信息化技术，整合多部门数据资源，建成低碳城市建设管理云平台。碳排放交易市场体系和碳捕捉、碳减排等低碳重点项目仍在探索中。

（5）低碳能源项目实施顺利

镇江以低碳能源项目为抓手，加快农村天然气管网建设，推进太阳能光伏建筑一体化、金太阳工程等项目，大力发展生物质能，促进沼气发电、秸秆发电、生活垃圾和污泥焚烧发电等工程。当前，镇江已在全市范围内实施了"金屋顶"计划。按照该计划，镇江将在既有的400万平方米工业厂房屋顶陆续建设分布式光伏发电站约400兆瓦。今后每年新增的约80万平方米厂房屋顶，也将继续用于实施"金屋顶"计划。

（6）建筑节能减排效果明显

对新建建筑严格执行节能强制性标准，对大型公共建筑实行低碳改造。"中国古渡博物馆"镇江西津渡是镇江低碳试点的项目之一。在保证文物及仿古建筑外貌不变的情况下，镇江市城建公司尽量结合建筑自身特点应用节能改造、屋顶绿化、雨水回用、太阳能利用及通过调整建筑结构产生自然通风效应等绿色建筑相关技术，让文物及仿古建筑具有更好的室内热舒适度，并且显著降低建筑能耗。

2. 镇江市低碳经济发展存在问题分析

（1）宣传力度不足

目前镇江市对低碳经济发展理念宣传力度不足，不少市民甚至不少单位尚不知低碳经济，导致一些地方不能正确认识发展低碳经济的重要性，只是把 GDP 增长作为硬任务，造成低碳经济发展理念不能落到实处，低碳经济发展成效不明显。目前，有些企业对节能和循环经济发展工作重视程度还不够，投入不足，主动性和自觉性有待提高。

（2）技术水平落后

低碳经济发展的关键是发展工业、建筑、交通、能源各方面的节能技术，发展核电、风电、太阳能等可再生能源和天然气、清洁高效的煤发电等。镇江市目前能源生产和利用、工业生产等领域技术水平落后，技术开发能力和关键设备制造能力差，产业体系薄弱，缺乏静脉产业，这些都将成为镇江市低碳经济发展的严重阻碍。

（3）产业与能源结构不合理

由于镇江市工业经济目前依然偏重，全市工业能耗降幅虽然保持全省高位，但 GDP 能耗降幅仍低于全省平均水平，全社会、多领域节能还未实质性开展，高能耗项目新建和扩能改造势头还未真正得到遏制，结构性矛盾仍然比较突出。

（4）经济规模的扩张影响低碳经济发展

镇江市作为发展中城市，为了提高人民的生活水平，必然要继续开展大规模的基础设施建设，"发展排放"肯定会有所增加，这就使得经济规模的扩张与低碳排放之间的矛盾日益尖锐。

三、国外低碳经济发展模式的启示

1. 发达国家将新能源开发和低碳技术作为低碳发展的核心

当前，发达国家把新能源与低碳技术作为温室气体减排的核心手段，并将相关产业作为新的经济增长点进行培育，以巩固其在世界经济的领先地位。各国围绕新能源产业与低碳技术的竞争已全面展开，低碳经济发展不仅是促进人类社会可持续发展的必由之路，也是促进经济跨越式发展、提高竞争水平的绝佳机会。镇江市正处于经济发展转型的关键时期，不失时机地把握新能源产业与低碳技术这个战略机遇，对于增强镇江经济的竞争力与影响力具有重要意义。

2. 发展中国家将提高碳生产力作为低碳发展的核心

目前，大多数发展中国家还没有完成工业化、城市化，大量基础设施需要建设，保持自身正常发展必然会产生一定的二氧化碳排放量，且发展中国家人均年温室气体排放水平远低于发达国家。因此，在现阶段，大幅限制发展中国家二氧化碳减排是不合理的。镇江市应通过发展低碳能源技术，转变经济发展方式，减少由经济快速增长、新增能源需求产生的碳排放，即提升碳生产力，促进社会经济可持续发展。

四、新常态下镇江市低碳经济发展模式构建及实施建议

1. 镇江市低碳经济发展模式

（1）内涵

本文构建了镇江"自上而下—五位一体"的低碳经济发展模式。"自上而下—五位一体"是指未来一段时期内，由政府主导建立推动低碳经济发展的法律、法规、政策等，通过政府、企业、科研机构、学校和居民的共同努力，以减少温室气体排放，增加生态系统碳汇，实现经济的可持续

发展。

（2）运行主体职责

在该模式中，"自上而下"即从总体到细节，先确定整体思路，设计总体布局，而后考虑执行细节。"五位"分别为政府、企业、科研机构、学校和居民，这五者是低碳经济发展过程中的运行主体。政府是低碳经济发展过程中的主导者，负责制定低碳经济的宏观规划，出台相关政策，监督和调控经济运行过程，推进碳汇建设；企业进行低碳经济的具体生产活动，包括改造高碳产业，发展新的低碳产业，研发低碳技术，企业生产活动对低碳经济发展起到了最为直接的作用；科研机构是低碳经济发展过程中的关键支持者，主要任务是开发新能源、进行碳捕获和封存技术研究；学校是低碳经济发展过程中的传播者，低碳文化、低碳理念需要通过学校进行有效传播；居民是低碳经济发展过程中的最终实施者，因为企业所有的产出最终都是要服务于居民的消费活动。

（3）运行机制

从内部运行机制来看，对高碳行业进行升级改造，要求从企业内部着手，淘汰落后产能，提高能源效率，降低温室气体排放，必然涉及企业的生产活动；发展和创建低碳产业，涉及政府的投资活动及科研机构的创新与研发；实现全社会的低碳消费，不但要通过学校传播低碳理念，还要居民在日常活动过程中践行低碳生活，把低碳消费切实做到实处。

2. 实施建议

（1）大力优化高碳行业

应以最大的力度从资金、技术等方面推动高碳行业的绿色转型发展。一方面，要在行业内部进行升级改造、提高单个行业的低碳化水平；另一方面，要在高碳行业和其他行业之间实现结构优化、协调发展，完成向低碳经济发展方式的转型。进一步引导传统化工朝新材料、精细化、清洁化、集群化方向发展，引导建材产业发展节能环保和新型产品，引导冶金产业合并重组，优化产业结构，以推动这些传统产业向高附加值产业转型。

（2）积极发展低碳产业

政府应出台相应的低碳产业战略规划，从宏观层面上对低碳产业进行扶持和引导，促进低碳产业的发展，并逐步将其做大做强。应完善低碳产业的投融资机制，促进政府与社会为低碳产业发展提供有效的资金保障。此外，政府需要完善相应的低碳市场，促进低碳产业快速、高效发展。

（3）加大碳汇建设力度

积极推进国家森林城市建设，加强城镇街道、广场、公园绿化，实施城市立体绿化，实施沿公路铁路沿江沿河为重点的绿色通道工程等。加强对自然保护区、风景名胜区、森林公园、饮用水源地和重要山体等生态功能区保护，进一步建设与维护镇江长江湿地保护区、北湖湿地公园、句容赤山湖湿地公园、润扬大桥湿地公园、扬中湿地公园等，加强饮用水源地保护，推进凌塘水库备用水源地建设。

（4）注重低碳技术研发

应制定低碳技术和低碳产品研发的短、中、长期规划，重点着眼于中长期战略技术的储备，使低碳技术和低碳产品研发系列化，做到研发一代，应用一代，储备一代；加大科技投入，积极开展碳捕捉和碳封存技术、替代技术、减量化技术、再利用技术、资源化技术、能源利用技术、生物技术、新材料技术、绿色消费技术、生态恢复技术等的研发；有针对性地选择一些有望引领低碳经济发展方向的低碳技术，促进低碳技术和产业的发展。

（5）加大低碳教育强度

一方面，应将"低碳生活"的内容引入学校教育教学内容，如学生所在班级及家庭成员、社会的衣食住行的低碳生活行为。它包括学生的学习生活，如所用的学习用具是否符合低碳标准，是否使用甚至随手丢弃塑料材质的学习用品，从而造成垃圾污染。另一方面，将"低耗、高效、优质"的低碳教育理念引入学校的教育教学活动。以低碳教育理念与标准来衡量学校、教师、学生的教育教学生活，并以此进行多样化的评价研究，从而构建和谐的低碳教育体系。

（6）倡导鼓励低碳消费

一方面，政府要出台政策和法规鼓励企业、公民和社会组织实行低碳消费，如制定奖励措施，对于开发低碳产品、综合利用自然能源、投资低碳生产流程的企业，给予支持和鼓励，并在贷款、税收等方面给予优惠政策。另一方面，抑制消费主体的高碳消费方式。政府机构应从自身入手，带头节能减排。政府部门和单位通过早期采用、购买最新先进技术与产品等措施，为其他部门树立榜样。

参考文献：

[1] 侯军岐：《中国低碳经济发展模式研究》，《调研世界》，2010 年第 8 期。

[2] 付允，马永欢，刘怡君，等：《低碳经济的发展模式研究》，《中国人口·资源与环境》，2008 年第 3 期。

[3] 李士梅，张倩：《中国低碳经济发展模式的路径选择》，《江汉论坛》，2011 年第 8 期。

[4] 张莉，王雪：《中小城市低碳经济发展模式及运行机制研究》，《中国发展》，2016 年第 5 期。

[5] 刘颖佳：《低碳经济发展模式与中国的选择》，《财会学习》，2017 年第 6 期。

[6] 敖悦：《新时期低碳经济发展模式探索》，《产业与科技论坛》，2017 年第 3 期。

[7] 张玲玲，华天昕：《探究目前低碳经济发展模式的现状以及对策》，《赤峰学院学报（自然科学版）》，2015 年第 13 期。

[8] 周秋琴，杨艳艳：《对镇江低碳经济发展的思考》，《经济研究导刊》，2010 年第 33 期。

[9] 刘婷婷，董玉峰，康琳婕，等：《镇江市低碳化城市发展模式的创新与借鉴》，《对外经贸实务》，2016 年第 11 期。

[10] 翟晓婷，王山水：《镇江市低碳城市发展路径研究》，《建筑工程技术与设计》，2016 年第 25 期。

[11] 王叶菲，魏志勇，严雅楠，等：《镇江"三山"旅游景区低碳旅游管理对策研究》，《商业经济》，2012 年第 3 期。

低碳城市发展综合指标建模与镇江实践研究

｜王　健｜

　　中国当前正处于城镇化的加速阶段，城镇化水平超过 55%。在探索城市可持续发展模式方面，政府各部门实行了许多试点，例如低碳城市试点、节能减排财政政策综合示范城市试点、可再生能源规模利用市场试点、低碳交通城市试点、智慧城市试点、海绵城市试点、资源转型城市试点、生态文明先行示范区等。通过一系列举措，大幅度提升了各地对低碳发展的认识和能力建设，但同时也遇到了概念目标模糊不清、规划建设水平不一、产业发展支撑不足、低碳发展模式不确定等问题，要求我们必须在综合考虑不同类型、不同发展阶段、不同产业特征和资源禀赋的基础上，探索符合国情的绿色低碳发展道路。其核心本质，既要求我们定性综合考虑各试点的区域代表性、工作基础、工作目标、工作意愿等方面，又要求我们定量研究低碳城市的标准和评价指标体系，科学测度低碳城市的发展水平，优化低碳发展模式。

　　镇江市作为长三角地区的重要城市枢纽，在探索经济低碳协调发展方面走在了全国前列。市委、市政府思想认识到位、统一，致力于走绿色低碳、质量效益更高的发展道路，借助低碳城市试点，让绿色低碳、生态文明建设真正落地开花。由于低碳发展涉及各行各业各个领域，因此镇江市委、市政府统一部署，强化绿色低碳发展的顶层设计，统筹各个部门开展低碳专项行动，提出了低碳发展各项任务的时间表和路线图，并建立低碳目标责任制。镇江市开展的"碳峰值、碳评估、碳考核、碳平台、碳资产管理"等措施对其他城市也发挥了积极示范作用。但在科学测度城市低碳发展方面，镇江市依然较为薄弱。这与镇江市低碳发展试点工作取得的显著成绩相比，明显格格不入。根据低碳发展理论，构建低碳发展综合评价指标体系，并契合镇江市低碳城市发展实践，构建符合镇江市市情的低碳城市发展综合评价指标体系，就显得尤为重要。

一、低碳城市发展综合评价指标体系构建

根据低碳经济发展内涵与外延要求，在借鉴现有相关成果的基础上，结合当前经济发展实际，考虑数据可获得性，根据系统、典型、科学及可量化原则，以及城市之间的异质性，从资源、环境、社会、经济四维角度建立低碳城市评价指标体系（见表1）。指标体系共包括资源消耗、环境污染、经济发展、社会发展4个一级指标，下设18个二级指标。

表1 镇江低碳城市发展综合评价指标体系

类型	一级指标	二级指标	方向
投入	资源 X1	人均城市建设用地 X11	+
		人均用电量 X12	+
		人均水消耗量 X13	−
		人均能源消耗量 X14	−
	环境 X2	人均二氧化碳排放量 X21	−
		人均污水排放量 X22	−
		工业固体废物综合利用率 X23	+
		人均绿地面积 X24	+
产出	经济 Y1	第二产业比重 Y11	−
		第三产业比重 Y12	+
		人均固定资产投资 Y13	+
		人均 GDP Y14	+
		能源效率 Y15	+

类型	一级指标	二级指标	方向
产出	社会 Y2	万人汽车拥有率 Y21	−
		恩格尔系数 Y22	+
		人均教育投资 Y23	+
		万人专利授权量 Y24	+
		城市化率 Y25	−

注：污染是经济增长所必须付出的代价，所以可将环境污染看成是一种投入，设置为输入指标。

二、低碳城市发展综合评价方法

常用的可进行指标综合生成的方法有主成分分析法、德尔菲法、层次分析法等。但一般认为熵值法能够深刻地反映出指标信息熵值的效用价值，其给出的指标权重值有较高的可信度，适合于城市低碳发展问题。本研究应用熵值法给出指标的客观权重，通过参考相关文献、征求专家意见得到指标的主观权重，采取主观权重和客观权重相结合的办法，生成 DEA 输入、输出综合指标，包括"资源消耗"综合指标、"环境污染"综合指标、"经济发展"综合指标、"社会发展"综合指标。

（一）模型构建

DEA 方法使用数学规划模型从投入、产出角度评价具有多个输入、输出的被评价对象的相对有效性，在对各被评价对象的相对效率做出衡量的同时，可指出非 DEA 有效被评价对象的非有效的原因和程度，为非 DEA 有效被评价对象的效率提高提供调控依据。但是，DEA 方法应用于低碳发展综合评价，需要在指标体系构建中将评价指标分成输入指标、输出指标两类。并且，DEA 方法要求输入、输出指标总数不大于被评价对象数量的一半，而低碳发展综合评价指标体系中包含的指标数量往往较多，要取得全面、客观的 DEA 评价结果，需要在科学建立评价指标体系的基础上进一步合理生成 DEA 输入、输出综合指标。

本研究在构建基于 DEA 方法的低碳发展综合评价指标体系的基础上，进一步采用主、客观权重相结合的办法生成 DEA 输入、输出综合指标，建立基于投入法的具有非阿基米德无穷小的 C^2R 模型，尝试为 DEA 方法在持续发展综合评价中的应用提供思路。

（二）数据的标准化处理

记第 i 个被评价对象的第 j 个三级指标的原始数据为 c_{ij}，若该指标为逆向输入指标，或正向输出指标，按式（1）对原始数据进行标准化处理：

$$b_{ij} = \frac{c_{ij}}{\max\limits_{i=1,2,\cdots,n} c_{ij}} \tag{1}$$

若该指标为一正向输入指标或逆向输出指标，按式（2）对原始数据进行标准化处理：

$$b_{ij} = \frac{\min\limits_{i=1,2,\cdots,n} c_{ij}}{c_{ij}} \tag{2}$$

（三）指标权重的确定

指标权重的确定包括对每个一级指标下的各个二级指标的权重的确定，以及每个二级指标下的各个三级指标的权重的确定。对于只有一个三级指标的二级指标，如"土地""经济增长"，其三级指标的权重无须确定，或者可将其三级指标的权重看作100%。以对二级指标"工业三废"下的 4 个三级指标的权重的确定为例，指标权重的确定过程如下：

1. 客观权重的确定

记 n 个被评价对象对应于 4 个"工业三废"指标构成的经标准化处理的评价指标值矩阵为

$$\boldsymbol{B} = (b_{ij})_{n \times 4}$$

由评价指标值矩阵 $\boldsymbol{B} = (b_{ij})_{n \times 4}$，第 j 个指标下第 i 个被评价对象的指标值的比重为

$$p_{ij} = \frac{b_{ij}}{\sum_{i=1}^{n} b_{ij}}$$

第 j 个指标的熵值为

$$E_j = -\sum_{i=1}^{n} p_{ij} \ln p_{ij}$$

记 $e_j = \frac{1}{\ln n} E_j$。

第 j 个指标的权重为：

$$\theta_j = \frac{1 - e_j}{\sum_{j=1}^{n} (1 - e_j)}$$

易见，$0 \leqslant \theta_j \leqslant 1$，$\sum_{j=1}^{4} \theta_j = 1$。

2. 主观权重的确定

通过参考相关文献、征求专家意见，得到各指标的主观权重 w_1，w_2，w_3，w_4。

3. 指标权重的最终确定

综合主、客观权重，可最终得到 4 个"工业三废"指标的权重为

$$r_{ij} = \frac{\theta_j w_j}{\sum_{j=1}^{4} \theta_j w_j}, \, j = 1,2,3,4$$

与此类似，可得其他二级指标下的各三级指标的权重，以及每个一级指标下的各二级指标的权重。

（四）综合指标值的确定

在求得每个二级指标下的各三级指标的权重，以及每个一级指标下的各二级指标的权重的基础上，由经过标准化处理的各个三级指标的评价指标值，可在生成各二级指标的综合指标值的基础上，生成"资源消耗""环境污染""经济发展""社会发展" 4 个一级指标的综合指标值 x_1，x_2，y_1，y_2。以第 i 个被评价对象的"经济发展"综合指标值的生成为例，计算过程如下：

1. 二级指标的综合生成

"经济增长"综合指标值即为其三级指标"地区生产总值增长率"经过

标准化处理的评价指标值。"经济规模"综合指标值为

$$\gamma_1 b_{i1} + \gamma_2 b_{i2}$$

其中，γ_1，γ_2 分别表示"人均地区生产总值""人均固定资产投资"的权重，b_{i1}，b_{i2} 分别表示第 i 个被评价对象的"人均地区生产总值""人均固定资产投资"经过标准化处理的评价指标值。

与"经济规模"综合指标值的计算相类似，可求得"经济结构""经济效益""经济能力""经济外向度"的综合指标值。

2. 一级指标的综合生成

依次以 r_1，r_2，$\cdots$，r_6 表示"经济增长""经济规模""经济结构""经济效益""经济能力""经济外向度"6 个二级指标的权重，依次以 $y_{1i,1}$，$y_{1i,2}$，$\cdots$，$y_{1i,6}$ 表示第 i 个被评价对象的这 6 个二级指标的综合指标值，第 i 个被评价对象的"经济发展"综合指标值为

$$y_{1i} = \sum_{j=1}^{6} r_j y_{1i,j}$$

三、江苏省典型城市低碳发展综合评价

由于 DEA 综合评价需要多个样本进行对比分析，因此，在苏南、苏中、苏北三个区域各选择部分与镇江市经济发展规模类似的典型城市，进行低碳发展横向对比分析。

本研究所用数据，主要来源于各年《江苏省统计年鉴》。其中，一些数据直接摘自年鉴，大部分数据通过年鉴上显示的数据计算得到。《江苏省统计年鉴》没有显示的个别数据，来源于其他相关统计年鉴。在数据的统计口径上，尽可能保持一致。但受数据可得性的限制，个别指标使用了近似替代数据。由于各评价指标都是反映人均水平或特定比率的相对指标，对于任一指标来说，这种各个城市统一使用的近似替代，产生的偏差在各个城市是一致的，基本上都是正的偏差，或者都是负的偏差，且一般情况下偏差比率差别不大，不会对分析结果产生实质性影响。区别正、逆向指标

对原始数据进行标准化处理。

应用熵值法计算指标客观权重，通过参考相关文献、征求专家意见设定指标主观权重。在指标主观权重设定的过程中，我们参考了大量文献，大部分指标的权重取相关文献中的平均水平。对于相关文献中没有出现过的指标，参照类似指标的权重水平确定。利用 LINGO 软件求解，计算得到DEA 评价结果（见表 2）。

表 2　江苏省主要城市碳排放效率

年份	镇江	常州	扬州	南通	盐城
2006 年	0.5877272	1	0.6712511	1	1
2007 年	0.5919833	1	0.6061864	1	1
2008 年	0.5877823	1	0.6480861	0.3583278	1
2009 年	0.6122832	1	0.6702937	0.5491443	1
2010 年	0.5185339	1	0.660669	0.4561435	1
2011 年	0.5689026	1	1	0.3675904	1
2012 年	0.5381062	1	0.7509913	0.3470742	1
2013 年	0.5420101	1	0.7424984	0.3828471	1
2014 年	0.5208701	1	0.7468832	0.4026227	1
2015 年	0.5230075	1	1	0.3140786	1

排除效率值均为 1 的常州和盐城，绘制经济规模较为接近的镇江、扬州、南通三市的碳排放效率值的折线图（见图 1）。

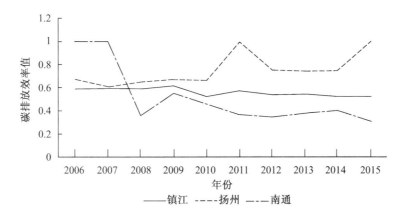

图 1　2006—2015 年镇江、扬州、南通碳排放效率值折线图

四、镇江市低碳城市发展综合评价结论分析

从镇江、扬州、南通三市碳排放效率的变化趋势图看，扬州市的碳排放效率呈现小幅上升，但震荡剧烈的特征；南通市的碳排放效率呈现出先大幅下探，后缓慢下滑的特征；镇江市的碳排放效率呈现出总体平稳，略有下浮的特征。

在镇江市经济规模显著向好的趋势下，并没有因为快速扩张而呈现出粗放式、高碳式发展特征，碳排放效率在较长时期内都比较平稳。表明镇江市在经济发展过程中，对碳排放效率的控制较为理想，经济发展内在质量不断提升。

从碳排放效率的横向比较看，镇江市的碳排放效率大致介于扬州市和南通市之间。镇江市碳排放效率变动趋势与南通市有一定的相似处，但显著优于南通市的碳排放效率。表明在经济发展内在质量、低碳式发展方面，镇江市的整体表现要优于南通市。而镇江市与扬州市碳排放效率的对比分析，则发现镇江市的整体表现要劣于扬州市，而且近几年的差距有扩大的趋势。这可能与镇江市产业结构以第二产业为主，而扬州市的第三产业比重更大有关。因此，镇江市不仅要在发展经济总量时关注主导产业的低碳化，也要从产业结构的角度关注低碳式第三产业的快速发展。在总量和结构两方面，大力推动镇江市的低碳发展进程。

五、镇江市低碳城市发展对策与建议

（一）充分利用可再生能源和新能源，提高清洁能源比例

资源禀赋是发展低碳经济的物质基础。与低碳经济发展关系最为密切的资源主要是可再生能源和新能源，包括太阳能、风能、水电、生物质能、核电、地热能、海洋能、天然气水合物等，还有能够提供碳汇的森林、湿

地、农田等资源。各能源的有效利用将有效替代传统资源的使用，从而减少碳排放。其中，太阳能的利用形式最为广泛，可以用来集热发电、光伏发电、太阳能制氢、太阳能建筑、太阳能车、太阳能海水淡化等。从本质上说，资源及能源结构调整是低碳经济发展的重点，提高一次能源使用中太阳能、风能、核能、生物质能、水能等清洁能源的比例，可有效达到节能减排的目的。

镇江市地处江苏省中南部，太阳能资源较为丰富、稳定。根据周扬等人的测算[①]，太阳总辐射量为 4534.56 MJ/（$m^2 \cdot a$），估计屋顶光伏发电量可达 1340.26×10^6 KWh。镇江市不仅太阳能资源丰富，而且光伏产业发展迅速，形成了多个光伏产业集聚区，因而镇江市推广屋顶光伏发电具有先天优势。

镇江市应该以扬中新能源产业园、句容郭庄现代装备制造业产业园、镇江新区新能源产业园为基地，开发新一代高效智能光伏跟踪式系统、聚光电站技术，改进熔铸、剖锭及切割等关键技术，提高太阳能电池光电转换效率，重点发展碳化硅、太阳能硅棒及其硅片、晶硅太阳能电池、薄膜太阳能电池、光伏逆变器、光伏导电玻璃等产品。大力发展专用银浆、光伏组件等上下游及配套产品，推广"金屋顶"和"渔光互补"等应用。通过做大做强光伏产业，形成对镇江市光伏发电的强大推动力，将推广屋顶光伏发电、鼓励建设光伏一体化项目、推进先进制造业园区屋顶光伏发电建设、完善配套电网设施建设等作为工作重点。

（二）加快低碳技术的应用，减少二氧化碳排放

在技术水平方面，技术水平的进步对低碳经济的发展具有重要影响，技术进步将从不同角度推动低碳化进程。从现阶段来看，能源耗能主要集中在电力、工业生产、交通、建筑等产业，要取得有效的节能减排效果，发展低碳经济，就必须提高这些产业的低碳技术水平。这些技术主要包括

---

① 周扬，吴文祥，胡莹，等:《江苏省可用太阳能资源潜力评估》，《可再生能源》，2010 年第 6 期。

工业生产节能技术、煤清洁技术、建筑节能技术、交通工具新能源技术等。此外，二氧化碳捕捉、封存和利用技术（CCS）是减少碳排放、实现低碳经济的重要技术，但是由于 CCS 技术使用成本较高，尚不能实现大规模应用，期待未来技术水平的进一步提高，以降低 CCS 技术使用成本，使其在减少全球二氧化碳排放、减缓气候变化中发挥关键作用。

镇江市在低碳技术应用方面，已经取得了一定的成绩。镇江在全省率先实现省级以上经济技术开发区园区循环化改造全覆盖，其中国家级开发区镇江新区被列为首批国家级循环化改造试点，获得国家 1.59 亿元财政扶持。丹阳、句容、丹徒经济开发区被列为省级循环化改造试点，共计获得补助资金 6000 万元。镇江入选国家餐厨废弃物资源化利用和无害化处理试点城市。早在 2014 年初，镇江市就编制了《城市主体功能区规划》，全市被划分为优化开发、重点开发、适度开发、生态保护"四大区域"，实施了产业碳转型、项目碳评估、区域碳考核、企业碳管理等"四碳创新"，开展低碳"九大行动"。2015 年 9 月，镇江作为低碳城市典型代表，应邀参加第一届中美智慧型低碳城市峰会。同年 12 月，作为"中国唯一"，镇江又在巴黎气候大会上举办了"城市主题日·镇江"边会。2016 年 11 月，国际低碳技术产品交易会在镇江举行。2017 年 9 月，国际低碳（镇江）大会在镇江西津渡举行。

镇江市应继续深化"四碳创新"，以"生态云"为核心，加大力度抓好资源整合，以碳排放达峰路径探索、碳评估导向效能提升、碳考核指挥棒作用发挥、碳资产管理成效增强为重点，深入推进产业碳转型、项目碳评估、区域碳考核、企业碳管理，进一步打造镇江低碳建设的突出亮点和优势品牌。首先，深化制度创新。深入推进生态文明建设综合改革，围绕"源头严防、过程严管、后果严惩"完善创新低碳发展制度，全面落实并刚性执行主体功能区制度，优化全市生产力布局和城镇体系。同时，坚持以市场化机制推进低碳建设，推动碳排放权交易、设立低碳发展基金、发展低碳"互联网＋"、实施合同能源管理，并积极稳妥地探索低碳发展地方立法。其次，深化模式创新。注重精准发力，强化项目化推进，抓好与群众生活密切相关的低碳行动，不断提升群众获得感和满意度。注重典型引路，围绕新能源、新技术应用、高端装备制造、新材料、智慧城市建设等，积极谋划推进一批碳减排潜力大、投资强度高、带动效益好的典型样板工程，放大示范效应，促进整体提升。再次，注重开放合作。在低碳技术、低碳能源、低碳交通等领域加强国际交流合作，吸收借鉴国外的好做法、好经验，因地制宜转化成低碳建设的新模式。

（三）提倡低碳生活方式，提高低碳意识

在消费模式方面，提倡低碳生活消费方式。构建低碳城市，需要社会各界的广泛参与。媒体应该大力宣传，使节能减排的意识深入人心，倡导大家低碳消费，从而形成一种低碳的生活方式。在低碳消费方面，应该倡导市民选购节能家用电器，比如节能灯及能效标识 2 级以上或有节能产品认证标志的空调、冰箱等；鼓励市民选购小排量汽车，甚至电动汽车。应该倡导市民按照国家标准合理控制室内空调温度；合理引导市民更多选择公共交通、自行车和步行等绿色出行方式。通过大力宣传，使市民自觉行动起来，从点滴做起，为节能减排做贡献。

镇江市是首家向省交通运输厅提出开展绿色循环低碳交通运输发展区域性试点的城市，重点在公路交通运输、水路交通运输和城市客运领域。2013 年 5 月，全国第一条普通干线绿色循环低碳示范路——312 国道镇江城区改线段正式全面启动。2016 年 3 月 17 日，镇江市正式获批国家级绿色交通试点城市，48 个项目纳入国家级试点示范项目。镇江市每年拿出 1 亿多元补贴公交惠民工程，出台了公交刷卡 0.5 元、短时内换乘一次免费、取消季节性空调费等一系列公交新政，在降票价的基础上打造公交现代化、智能化建设，让公交成为市民出行首选。清洁能源与新能源公交车、CNG 出租车、公共自行车、共享单车、分时租赁共享汽车等一系列低碳交通方式蓬勃发展，居民低碳意识不断增强。

镇江市应该从以下六个方面实施低碳交通工程：构建绿色循环低碳交通基础设施，推广节能环保交通运输装备，优化集约高效交通运输组织模式，加快智能交通与信息化建设，加强绿色循环低碳交通能力建设，加快绿色循环低碳交通示范区建设。

在构建绿色循环低碳交通基础设施上，优化路网结构，完善"大交通"体系。大力实施高速公路联网、快速路推进等工程。抓住获批通用航空政策试点城市的机遇，积极构建机场集疏运体系，建成大路通用机场，力争建设句容通用机场。抓紧建设连淮扬镇铁路，积极筹建镇宣铁路、沿江城际铁路及镇江地铁线，构建宁镇（扬）同城客运通勤系统。加快综合客货运枢纽建设，实现客运的"零换乘"和货运的"无缝衔接"；推广绿色施工技术，达到公路交通建设、养护领域的节能减排等。

加快推广节能环保交通运输装备，着重提升运输装备专业化、大型化、标准化水平，推广使用新能源、清洁能源车船，逐步优化用能结构，推广车船驾培模拟装置和绿色维修技术，推广绿色低碳工程机械与港口装卸设备。

在优化集约高效交通运输组织模式方面，推进公交优先战略落实，推进交通工具低碳化，实现压缩天然气出租车100%全覆盖，推动公交车、长途客车、船舶使用液化天然气，鼓励混合动力、纯电动等新能源汽车的使用，加快淘汰落后交通工具。

着重加快智能交通与信息化建设，构建交通运输物流信息平台，建立城市客运智能管理系统，加快推进智慧公路建设、感知航道建设和智能港口建设。

通过不断推进低碳交通建设，提升居民低碳意识，提倡低碳生活消费方式，为镇江低碳城市发展增添新的动力。

镇江航空产业集群发展影响因素研究

｜周 琪｜

一、研究背景

航空产业作为带动能力最强的战略性新型科技产业，被誉为"现代工业之花"，对于地方经济发展和区域创新能力提升的效果显著。它是衡量国家经济实力和工业化水平的集中体现和重要标志，已被列为我国"十三五"国家战略性新兴产业和优先发展的高技术产业，是未来国民经济的主导产业之一。当前我国航空产业的发展已驶入快车道，蕴含着巨大的发展空间。

随着中国商用飞机大飞机项目于 2008 年 5 月落户上海，长三角地区必将成为未来我国航空制造产业特别是民用飞机制造产业的重要基地。2009年，镇江市委、市政府顺势而为，抓住机遇，将航空航天产业作为战略性新兴产业重点发展，全市目前有 70 余家涉航企业，其中规模以上工业企业52 家，骨干企业 20 多家，产业规模和产业体系已初步形成。除了镇江新区的航空航天产业园外，还有丹阳、京口及官塘新城三大园区。《镇江市国民经济和社会发展第十三个五年规划纲要》提出：要做大做强航空航天特色产业，推动产业集群发展，形成以企业带产业、产业促集群的良性互动格局，组织航空航天产业集群申报国家区域品牌试点。

产业集群的发展已经成为一种全球性的经济现象。无论在发达国家还是发展中国家，优势产业往往表现为具有明显区域特征的集群现象，现代航空产业也不例外，其竞争必然是以产业链为基础的产业集群的竞争。

二、镇江航空产业集群的 SWOT 分析

（一）优势分析

1. 地理位置优越，交通便捷

随着全球分工专业化的不断深入及飞机制造产业的全球化动作，飞机制造零部件生产商布局全球，这就要求飞机总装基地必须有便捷的海陆运输。而且，组装的飞机在正式投入使用之前，必须进行一定时间的试飞，需要足够的空域和陆地空间，总装基地对海陆空运输有较强的需求。

镇江的地理位置使其具备了成为铁公水立体交通枢纽城市的条件。镇江目前有镇江站、镇江南站、镇江东站（在建）等火车站，京沪高铁、沪宁高铁都在镇江设有站点，客运和货运都很便利。京杭大运河与长江在此交汇形成"十字黄金水道"，未来 5 ～ 10 年，随着镇江港口的扩建，镇江港年吞吐量可达 1 亿吨、70 万标箱，与世界 72 个国家和地区的 288 个港口通航，从而实现"就地封关，一票到底"。润扬大桥、泰州大桥和镇江长江大桥一起构成镇江境内的 3 座跨江大桥，实现与长江北岸公路交通的联通。沪宁、常泰、扬溧高速公路在镇江交汇，与 312 国道、241 省道等主要运输干道及沿江高等级公路相连。

镇江大路通用机场是华东地区首个 A 类基地通用机场，现已入驻 12 家通航公司，驻场 8 款机型共 30 余架飞机。依托该机场，目前镇江航空航天产业园已落户 3 家通用整机项目、3 家通用航空公司。

2. 良好的制造业基础

航空制造业是高端产业，良好的制造业基础可解决熟练高技术员工短缺的问题，为航空制造业贡献优秀员工。

良好的制造业基础可以孵化新型的航空产业。在航空工业起步阶段，经常有其他类型的制造企业转变为航空制造企业，还有些企业转变为飞机

制造的服务配套企业。美国纽约的航空制造产业集群发展的关键要素就是对新型产业的孵化，如以前经营造船和国防工业的 Vickers 后来开始制造飞机，Curtiss 飞机 Motor 公司则起源于摩托生产业。高端装备制造被列为镇江市战略性新兴产业，并已具备一定的规模和水平。"十二五"以来，镇江市高端装备制造作为战略性新兴产业呈现出稳步增长态势，年均增速达16.28%，如表1所示。

表1　2012—2016 年镇江高端装备制造（不含航空航天产业）

战略性新兴产业销售收入

产业类别	2012 年		2013 年		2014 年		2015 年		2016 年	
	收入/亿元	同比增长/%	收入/亿元	同比增长/%	收入/亿元	同比增长/%	收入/亿元	同比增长/%	收入/亿元	同比增长/%
高端装备制造	727.7	29.8	985.1	35.4	1063.1	8.2	1185.9	11.6	1212.87	12.7

3. 优越的产学研合作基础

2012 年，江苏省航空材料和部件产业技术创新战略联盟在镇江成立。2014 年，航空航天产业园创建了镇江航空产业产学研联合创新平台，这也是目前省内唯一的产学研联合创新平台；与西北工业大学、北京航空航天大学、中科院沈阳金属研究所、江苏大学、江苏科技大学等知名高校和科研机构建立了全面、稳定、紧密的战略合作联系。园区内近 7 成企业与中国科学院、美国橡树岭实验室等国内外尖端科研机构建立了紧密产学研合作关系。镇江市航空企业的创新实力也在迅速增强，逸帆航空等近 10 家企业，陆续参与国家级重大专项。

园区组建了由王礼恒院士等 14 位院士组成的镇江航空航天产业院士专家顾问组，支持镇江航空航天企业开展重大关键技术的开发、试验和应用，争取相关研发项目列入国家计划，促进重大科技成果转化，推动企业研究和制定相关产品的企业标准，引导企业逐步与航空航天行业标准接轨，加强技术交流和人才培养。

园区创办了江苏省首家高职类航空院校——江苏航空职业技术学院，

学院开设了 6 个涉航专业，与各涉航企业形成产业链，实现"订单培养"，为企业提供充足的技术工人。

（二）劣势分析

1. 航空产业起步晚，无航空产业基础

成都、西安、沈阳和南昌等地设立的航空产业园本身就有中航工业系统的公司，天津、珠海等地设立的航空产业园有国家相关政策的强力支持，而镇江没有任何航空产业基础。2008 年 5 月，时任国务院总理温家宝做了"让中国的大飞机翱翔蓝天"的讲话。2009 年，镇江市委、市政府围绕讲话精神，决定根据实际情况建立镇江航空产业园。

2. 经济基础相对薄弱

航空制造业不仅是资本密集型产业，也是典型的技术密集型产业。航空制造业的研发费用高昂，因此除了企业自有资金的投入外，政府应协调建立完善的资本市场以保证企业融资渠道通畅。

镇江虽处于经济发达的长三角地区，但与苏南其他城市相比，经济基础相对薄弱，资本市场发育相对不够完善，企业融资尤其是中小企业融资比较困难。

（三）机会分析

1. 政策支持

航空产业是国家战略性产业，因此各级政府的政策支持对于产业集群的形成和发展非常重要。2015 年 12 月，工信部公示第七批国家新型工业化产业示范基地名单，镇江市创成"国家级航空产业示范基地"，成为本批 34家单位中唯一的航空产业基地，同时也是江苏省首个国家级航空产业示范基地。国家《通用航空发展"十三五"规划》将镇江大路通用机场纳入其中，明确其区域性服务功能。

2013 年，江苏省将镇江航空产业园认定为首批省产学研产业协同创新基地。2015 年，镇江市成为江苏省唯一省市联动重点发展航空航天产业试点地区。

航空产业被列为镇江市重点发展的六大战略性新兴产业之一,《镇江市"十三五"战略性新兴产业发展规划》指出,以镇江四大航空航天产业园为载体,给予金融等相关的政策支持,全力打造以通用航空为龙头的全产业链。

2. 上海大飞机项目的带动效应

中国商用飞机大飞机项目落户上海,随着 C191 的交付,长三角一带的配套企业有望形成完备的航空产业链。据估计,C919 的市场空间将超过1000 亿美元。

目前,镇江全市至少有 11 家企业协作配套中国商业飞机的大飞机研制,首架下线的大飞机 C919 部件有 10% 来自镇江航空产业园。

(四)威胁分析

不仅镇江看到了中国商用飞机大飞机项目落户上海带来的商机,长三角地区的其他城市,如常州、无锡、嘉兴、盐城、合肥等城市也看到了,并且也在围绕该项目展开积极布局,先后建立了各自的航空产业园,引进了相关配套企业。在这样一窝蜂上马的情况下,镇江的航空制造企业必然面临着激烈的竞争。

三、镇江航空产业集群发展对策分析

受中国商用飞机大飞机项目的拉动,镇江航空产业进入快速发展时期,初步形成了以通用航空为龙头,通用航空和无人机整机、新材料、关键部件、信息技术应用、航空服务等五大特色板块。近几年,镇江航空产业销售收入增长显著,如表 2 所示。2017 年第一季度,航空航天产业实现销售收入 80.7 亿元,同比增长 17.9%。

表 2 2012—2016 年镇江航空航天产业销售收入

产业类别	2012 年		2013 年		2014 年		2015 年		2016 年	
	收入/亿元	同比增长/%	收入/亿元	同比增长/%	收入/亿元	同比增长/%	收入/亿元	同比增长/%	收入/亿元	同比增长/%
航空航天	178.94	6.5	249.1	39.2	265.6	7.9	248.3	−6.5	253.41	6.9

但同时，镇江航空产业的发展仍然面临诸多问题，包括航空制造锚企业对产业的带动作用不够，相关主导产业对航空产业的关联支持不够，产业集群国际化程度偏低、融资体制不健全等。针对以上问题，镇江应发挥自身优势，积极采取措施，打造航空产业的链式发展，提高集群绩效。

（一）发挥航空制造锚企业的集群升级带动作用

首先，锚企业在吸引企业集聚和促进产业集群内各企业主体的发展中，起着至关重要的作用。飞机制造中的不同模块需要不同的技能，当集群中的锚企业专注于某个飞机模块制造时，集群中其他企业、机构则根据锚企业的生产类型组织专业的研发、生产及服务。其次，锚企业可以通过产学研合作模式，充分吸收和利用高校和科研院所的研发能力，迅速把这些科技资源整合起来，增强企业科技创新能力，从而提高企业的竞争力。

（二）依托镇江优势，发展低空旅游

镇江航空产业发展的定位，不单局限于生产制造环节，还可结合本地实际与其他产业融合发展。《2016 中国旅游投资报告》指出："2017 年旅游投资将超 1.5 万亿元，同比增长 20% 以上，其中低空旅游将成为重点投资领域之一。"而在已公布的 2017 年江苏首批省级特色小镇创建名单中，镇江新区宜地通航小镇被纳入其中，是唯一的一家航空产业特色小镇。在这样的有利条件下，镇江应依托镇江大路航空通用机场，充分利用镇江的旅游资源，开展"航空产业＋体育＋旅游观光"、飞行体验等低空旅游特色航空服务。

（三） 接轨国际，寻求国际合作与技术创新

航空制造业是一个高度国际化的产业，镇江航空产业园区应积极与国际接轨，避免技术过时和集群退化。镇江市应通过大力招商引资，力争与国际知名通用飞机制造商建立合作关系。同时可通过许可证贸易、合作生产、合资经营、补偿贸易等方式积极引进国外先进技术。

（四） 发挥主导产业对航空产业的关联支持

航空产业尤其是航空制造产业是典型的高科技产业，具有关联度高、科技辐射和技术带动性强的特点。它可以通过强大的产业关联效应，广泛延伸到70多个学科和工业领域的大部分产业。镇江应充分利用自身的高端制造业基础优势，发挥主导产业对航空产业的关联支持作用。

（五） 建立多元的融资体制

建立完整的信贷体系，加大对重点制造企业的支持力度，通过买方信贷和卖方信贷等业务创新，在流动资金贷款和项目贷款方面给予政策性金融支持，鼓励重点企业引进先进技术和设备，加大研发和技术改造投入。可以通过建立政府融资平台或航空产业基地融资平台，在航空产业基地建立风险投资基金，鼓励和支持企业、个人以股份制或有限合伙制形式组建风险投资公司或创业投资公司，鼓励和支持境外资金特别是国际风险投资机构在镇江设立风险投资公司或直接投资航空制造技术产业项目。

参考文献：

[1] 秦夏明：《产业集群形态演化研究》，哈尔滨工业大学博士学位论文，2005 年。

[2] 梁和峰：《镇江全市航空航天产业飞出"加速度"》，中共江苏省委新闻网，2017 年。

[3] 李金辉：《航空产业集群形成与演化机理研究》，南开大学博士学位论文，2011 年。

［4］《瑞士 RUAG 集团将为阿丽亚娜 6 型运载火箭开发 CFRP 整流罩》，《玻璃钢/复合材料》，2016 年第 7 期。

［5］《10 年探索，镇江航空产业借"机"驶入快车道》，中国镇江金山网，2017 年 5 月 6 日。

打造长江经济带重要物流枢纽区背景下镇江物流产业转型升级研究

｜陈 静｜

2015 年，镇江市委市政府明确了今后一段时间的物流产业发展规划，制定了未来 5 年规划，计划把镇江打造成长江经济带上的重要物流枢纽。镇江物流业虽然发展迅猛，但弱点明显。中共镇江市委六届九次全会报告中提出，"大力推进产业转型升级"，做好产业转型升级是镇江当前经济发展的战略性举措。物流业是融合运输、仓储、货代、信息等产业的复合型服务业，是支撑经济发展的基础性、战略性产业。加快发展现代物流业，对于促进全市产业结构调整、转变发展方式、建设生态镇江具有重要意义。

我们要从全局和战略的高度，深入贯彻习近平总书记对镇江工作的新期待、新要求，主动适应经济发展新常态，准确把握国家甚至世界经济和科技发展新趋势，以做大做强物流产业为目标，以改革创新为动力，以集聚资源要素为支撑，努力推动物流产业转型升级，为物流产业持续健康发展提供条件，把镇江打造成具有核心竞争力的物流产业高地。

一、我国物流产业的发展现状

相对于发达国家的物流产业而言，中国的物流产业尚处于起步发展阶段，其发展的主要特点是：

1. 企业物流仍然是全社会物流活动的重点，专业化物流服务需求已初露端倪

近年来，随着买方市场的形成，企业对物流领域中存在的"第三利润源泉"开始有了比较深刻的认识，优化企业内部物流管理，降低物流成本成为目前国内多数企业最为强烈的愿望和要求。同时，专业化的物流服务需求已经出现且发展势头极为迅速。首先，跨国公司在中国从事生产经营活动、销售分拨活动及采购活动过程中，对高效率、专业化物流服务的需求越来越大，成为带动我国物流产业发展的一股强大的动力。其次，国内颇具竞争实力的传统企业对专业化物流服务需求也逐步增强。再次，在电子商务等新兴经济领域和快递服务等行业中，也会产生和存在一定规模的物流服务需求。

2. 专业化物流企业涌现，多样化物流服务有发展

围绕货运代理、商业配送、多式联运、社会化储运服务、流通加工等职能的专业化物流服务发展迅速。它们依靠先进的经营理念、多样化的服务手段、科学的管理模式，逐步在市场竞争中赢得地位。同时开始尝试由物流企业为生产、流通企业提供从物流方案设计到全程物流的组织与实施的物流服务。

3. 物流基础设施和装备发展初具规模

经过多年发展，目前我国已经在交通运输、仓储设施、信息通信等物流基础设施和装备方面取得了长足的发展，为物流产业的发展奠定了必要的物质基础。

在交通运输方面，我国目前已经建成由铁路运输、公路运输、水路运输、航空运输和管道运输5部分组成的综合运输体系。在仓储、包装与搬运设施方面，年投资规模呈现快速递增趋势。包装技术和机械化、自动化货物搬运技术在我国也得到了广泛的应用。

4. 物流产业发展正在引起各级政府的高度重视

中央政府有关部门，如国家经贸委、国家计委、交通部、外经贸部等，也从不同角度关注着我国物流产业的发展，并积极地研究促进物流产业发展的有关政策。

二、我国物流产业转型升级的必要性

当前物流业发展面临一系列机遇和挑战。"十三五"时期是全面建成小康社会的决胜阶段，经济社会发展持续处于新常态，对经济运行的质量与效率提出了更高的要求，"十三五"时期，物流业将继续保持平稳发展态势，进入以转型升级、提质增效为主线的新阶段。努力把握物流发展新形势和新趋势，既要冷静面对物流业发展中存在的问题，也要充分把握技术进步、创新创业、消费升级、扩大开放、深化改革和大数据资源带来的发展红利。积极探索物流发展新对策，要抓住"十三五"时期发展的战略机遇期，直面机遇和挑战，着力在构建高效物流体系、推动物流集约发展、畅通物流基础网络、创新物流组织、统筹协调发展和深化改革等六大方面实现新突破。

三、镇江物流产业转型升级模式选择策略

镇江市委市政府针对镇江地区经济发展的特点，制定了未来 5 年规划，计划把镇江打造成长江经济带上的重要物流枢纽。

1. 镇江物流产业存在的问题

现实情况：物流业发展迅猛但弱点明显。

据了解，截至 2015 年底，镇江市共有重点物流企业 31 家，其中营收亿元以上的物流企业有 10 家，物流业增加值 200 多亿元。涌现出惠龙易通、建华物流、索普物流、飓风物流等一批在电商、危化品、供应链等诸多领域具备核心竞争力的物流企业。

目前镇江市物流业已步入转型升级的新阶段，然而不容忽视的是，镇江市物流业的缺陷较为明显，如港口优势未能充分发挥，全市万吨级码头及公用码头泊位较少，港口资源未能充分利用。物流运输手段不平衡，绝

大多数货物还是以公路运输为主。

相对来说，镇江市物流业发展的技术水平偏低，多数物流企业仍停留于运输、仓储、堆场、装卸等单一货运功能上，而现代化仓储、多式联运设施不足，物流基础设施之间不衔接、不配套等问题比较突出。

2. 镇江加快物流产业转型升级的策略

物流产业作为重要的现代服务业，近年来受到镇江市委市政府有关部门的高度重视。总体来看，镇江物流业仍处于景气周期，物流活动较为活跃，呈高位趋稳态势。预计后期将有所回落，但仍将保持在较高水平，物流产业有望保持平稳运行的基本走势。对于物流业发展的"新常态"，我们要高度重视和沉着应对，积极寻找战略突破口，培育新的竞争优势，全面打造镇江物流"升级版"，以转型升级应对"新常态"。

（1）着力构建物流园区创新体系，抢占发展制高点

加快镇江物流产业园区建设，吸收各种创新要素，全力打造创新型物流科技示范区。首先，突出载体建设。围绕装备制造、航空航天、物联网、服务外包、新材料、新医药等一批新兴产业，加快物流产业的建设，力争再引进一批企业规模大、科技含量高、产业效益好的物流企业入驻园区。其次，加快公共物流信息平台建设。做强东南大学镇江研究中心、南京大学高新技术研究院等在建和在推公共研发平台。全面完善园区基础配套工程，重点在物流园区新建公交、汽车站、市民休闲场所、学校、医院等，为创新型经济发展提供更充足的空间、更便利的条件。

（2）以科技联动为突破口，大力发展产业物流

物流业在经济结构调整中发挥着重要的作用。2005 年以来，我们致力于制造业与物流业联动发展，起到了示范推动作用。2017 年，国务院常务会议再次提到要推进第三方物流与制造业联动发展，产业物流仍然是物流业最大的需求所在，也是未来物流升级潜力最大的领域。当前，物流业的一个重要发展趋势是向供应链转型。物流企业贯穿供应链上下游，掌握各种渠道资源，向供应链一体化服务平台转型具有先天优势。未来一部分物流企业将加快延伸服务链条，承接企业物流业务，提供供应链增值服务，建立新型的产业联动战略合作关系，打造一体化竞争新优势。随着制造业

产业升级、商业模式变革和农业现代化，物流业将进一步深化与产业物流的联动融合。

（3）以城市配送为突破口，做大做强民生物流

民生物流作为扩大内需的重要支撑，一直受到政府和社会的普遍关注。商务部开展城市共同配送试点，交通运输部加强城市配送运输与车辆通行管理，积极发挥政策的引导和规范作用。消费市场的启动，特别是电子商务市场的高速发展，对物流配送提出了新的要求。城市配送的网络优化、管理提升、服务体验等成为电子商务企业竞争的焦点。随着新型城镇化的推进，物流配送的短板日益凸显，也成为物流业未来发展的新机遇。物流业将根据市场需求，打通物流"微循环"，做好"最后一公里"，开拓城市社区物流和农村城镇物流，建立便捷高效、规范有序的城乡配送服务体系，打造个性化竞争新优势。

（4）加强平台整合，逐步完善物流网络

随着物流基础设施网络初步成型，过去制约行业发展的运力和储能问题逐步得到缓解，通过平台整合分散资源，为实现发展模式创新和变革奠定了基础。未来一段时期，对于传统上较为分散的公路货运、物流园区、国际货代等领域，平台整合将以多种形式全面铺开。对于实体基地平台，应推进全国区域布局，加快模式连锁复制；对于产品服务平台，应打造统一服务品牌，吸引企业加盟合作；对于虚拟信息平台，应制定交易标准和规则，促进企业间资源共享。各类平台间加快网络开放、渠道下沉、互联互通、整合利用，建立完善现代物流网络体系，打造集约化竞争新优势。

（5）以兼并重组为突破口，培育物流龙头企业

近来，国家出台了进一步优化企业兼并重组市场环境的意见和资本市场金融新"国九条"，多项政策措施激发企业兼并重组活力。随着市场环境的持续改善，未来物流市场兼并重组仍将继续升温。物流业以其基础性、战略性将继续被资本市场看好。通过兼并重组，有利于企业迅速壮大规模、增强实力，形成一批具有行业引领作用和国际竞争力的领先物流企业集团，打造规模化竞争新优势。

（6）以区域物流为突破口，推动开放型经济发展

近年来，国家陆续提出长江经济带、京津冀协同发展、丝绸之路经济带和 21 世纪海上丝绸之路等一系列跨区域的经济规划，推动产业梯度转移，发展跨区域大交通大物流，力争形成新的区域经济增长极。跨区域的多式联运将迎来战略发展机遇，企业将加强区域物流网点布局，保障和支撑区域经济协同发展。随着国内企业"走出去"步伐加快，特别是跨境电商的快速发展，物流网络逐步向国际延伸，国际物流成为新的增长点。境外战略性物流资源布局将开始启动，搭建覆盖全球的国际物流服务网络，以适应制造业、电子商务等其他产业跨境发展需要，打造区域化、国际化竞争新优势。

打造"一带一路"视域下的镇江文化名片

——文创产品设计推广地方文化的思路与对策

|王丽文|

一、"一带一路"文化建设背景浅析

从 2013 年习近平总书记在哈萨克斯坦提出共建"一带一路"的合作倡议以来,"一带一路"的宏大构想成为我国未来发展的基本国策。"一带一路"战略带来的不仅仅是经济进一步增长,更提升了国家软实力。而发扬和传播中华文化,是提升中国软实力的有效途径,也是实施"一带一路"战略的重要支撑。

"一带一路"的建设为地方文化推广和当地文化产业发展提供了巨大的发展空间和历史机遇。处于"一带一路"交汇点上的镇江,其地方文化建构及对外传播城市形象和城市名片的打造也日益重要。进一步提炼和对外传播镇江文化特性和核心价值观念,既是在推进"一带一路"新一轮开放格局中找准定位、奋发有为,也是促进镇江地方文化发展的全新思路。镇江应站在国家"一带一路"战略的高度进行对外文化合作交流,以文化传播和交流架构民心相通的桥梁,夯实与"一带一路"沿线国家合作的民意基础,推动镇江地方文化走向世界,不断扩大镇江在海内外的影响力,逐步把镇江建设成为人文精神高尚、文化事业繁荣、文化产业发达、文化氛围浓郁、文化形象鲜明的现代文化强市。

二、镇江文化创意产业现状分析

镇江处在长江经济带的中心地带，地缘优势独特，发展基础良好，尤其是人文底蕴深厚，有着丰富的文化资源。镇江文化名片的打造，镇江地方文化的推广，条件得天独厚。在"一带一路"多元文化交流的契机下，我们要更好地利用传统文化资源，在传承、保护镇江历史文化资源的同时，对其进行现代价值的阐述，将镇江本地文化推向世界。近年来，镇江出台了许多促进文化产业发展的规划和政策，但总体来看，镇江地方文化推广和发展还存在一些问题。

1. 文化资源整合不足，开发利用率不高，缺少文化品牌

文化竞争力很大程度上体现在文化品牌上，凡是文化产业发展领先的地区，也多是有核心文化品牌的地方。如云南丽江"纳西古乐"文化品牌，广西桂林"印象·刘三姐"文化品牌等，都成功地促进了当地文化产业的发展，提升了地区文化的世界知名度。而镇江作为历史文化名城，文化资源的潜在价值没有完全转化为现实价值和产业实力。虽然镇江也在积极探索文化品牌的建立，如镇江文化旅游产业集团立足于民间四大传说，融入镇江城市文化特色，耗资2亿元打造了中国首个神话主题水景秀"白蛇传"，希望能够成为镇江城市旅游新名片。但就这两年的品牌推广效果来看，其知名度远远不能与"印象·刘三姐"相比，而外地人提起镇江，也很少能立刻联想到"白蛇传"、金山寺等。另外，后续的品牌维护和推广上也有所欠缺。

2. 文化产业创新能力较弱，文创产品设计欠缺，市场竞争力低

创新能力是文化产业的核心竞争力，文创产品是文化价值和商品价值的载体。众所周知，杭州西湖在"白蛇传"传说的加持下蜚声海内外，但"白蛇传"中另一个重要的故事发生地——镇江，却在相关的文化资源开发与设计中显得有些先天不足，在创意策划方面做得不够深，没有衍生出有吸引力的文创产品，现有文创产品的形式也基本以旅游纪念品为主，较为单调，且多为一些民间手工艺品，还无法跟上时代进步和文化产业不断发

展的形势。另外，不少游客认为，镇江的文化旅游景点开发方面还有许多不尽如人意的地方，他们普遍认为所见之景象与之前听说的和想象中的差别很大，文化资源的挖掘深度还远远不够。景区虽然有文化，但是景点的文化建设还不到位，很多文化资源没有得到很好的开发，文化景观多为静止形态，比较死板，不能生动地展示给游客。

3. 文化宣传力度远未到位

镇江文化氛围依然不够浓烈，社会公众对镇江文化的了解不够充分。尽管近年来镇江市各级政府已经了解到文化宣传的重要性，但由于缺乏统一的规划与设计，镇江的文化资源宣传没有形成整体优势和综合能力，特色产品的开发缺少统一的宣传氛围，降低了开发利用的程度，难以形成持续的宣传效应。还是以前文提到的大型水景秀"白蛇传"为例，作为镇江市的重点文化产业工程，依托"白蛇传"的天然品牌，既注重传统文化的传承，又凸显民间传说的时代特征，该水景秀的演出效果、技术含量、文化底蕴丝毫不输"印象·刘三姐"。但是截至笔者调研时，就携程网门票销售的点评情况来看，两者分别是 39 条和 5556 条，大众点评网的点评情况分别是 17 条和 938 条，差距甚远。从网友的留言也能看出，他们对演出质量总体比较满意，但是对宣传力度都抱有意见。

总体而言，镇江市文化产业发展仍存在着整体规模不够大、创新创意能力和竞争力不够强、结构布局还需优化、文化产品和服务有效供给不足、高端文化人才相对短缺、文化政策和市场环境有待完善等问题。部分文化项目中，房地产内容偏多、文化内容较少，特别是文化创意类项目比重较低；有的资源供给、平衡配套的压力较大，存在较大的不确定性。镇江文化产业发展任重而道远。

三、镇江文创产品开发思路

镇江的文化资源十分丰富，经过梳理大致包括：镇江古代文学、科技、艺术文化、语言文字文化、古诗词文化、民间传说文化、民间技艺文化、宗教文化、山水园林文化、饮食文化等。其中最具知名度的首推拥有"天下第一江山"和"城市山林"等美誉的金山、北固山、焦山、南山、茅山、宝华山等自然风光，还可延伸至"白蛇传"、三国文化、诗词名篇、道教、佛教等文化元素，大家耳熟能详的故事或成语有"水漫金山""甘露寺招亲""满眼风光北固楼"等，此外还有"一眼看千年"的西津渡古街区，沈括的《梦溪笔谈》，镇江"三怪"的美味等，都是具有典型镇江代表性的文化元素。对这些文化元素进行深入挖掘，让它们在新时代展现出传统和现代交融的文化面貌，利用文创产品这种将艺术、文化与产品相结合的艺术衍生品形式，促进文化传播、经济发展，以及满足消费者精神需求，打造镇江城市文化名片，是镇江文创产品的开发思路。

在进行地方文化推广和文化名片推介时，不可能顾及所有类型和所有方面，因此，我们有必要对这些文化资源进行筛选，从中选取出人们最为熟知的镇江文化元素，或是最具有镇江代表性和知名度的文化元素，在"一带一路"的建设中，能够打造出凸显镇江特色的文化名片，提升镇江的城市形象和国际知名度。另外，基于"一带一路"的全球化背景，在进行镇江本地文化的文创产品设计时，也需要考虑本土文化的跨文化传播。"一带一路"沿线国家具有多元文化背景，物质与精神层面的合作互动可能会产生跨文化冲突，也可能促进跨文化融合。就文创产品而言，我们需要进行产品的文化包容性分析及必须规避的设计因素分析，利用文创产品设计发挥文化传播与交流的引导作用、融合作用和感染作用，让镇江本地文化特征附着于产品之上，并为他者文化所接受，实现文化的推广和认同，让镇江文化"走出去"。

在推广本地文化时，可以首先考虑有代表性且有亲和力的中国文化元素，在镇江文化中找到相应资源，作为设计切入点。中国作为旅游大国，自然资源非常丰富，名山大川众多，一向深受国际游客青睐，而镇江作为山水园林城市，可以考虑以山水园林文化资源作为文化交流和推广的切入点，以相关文化元素作为文创产品设计的原点，这样的文创产品进行跨文化推广，不但能引起国际友人的兴趣，更能展示镇江的城市形象。除了自然资源，镇江的宗教资源也是很好的跨文化传播对象。以佛教文化为例，佛教来源于异国，又成为中华传统文化三大思想之一，弘扬普世道德，强调与世界的融通。而镇江的佛教文化资源丰富，金山、焦山、宝华山、圌山等都与佛教相关，古刹名寺在全国知名度都很高。除此之外，还有相关的民间传说、名人典故、诗词歌赋等文化资源。以金山为例，除了佛教文化资源外，与它有关的民间传说"白蛇传"也在中国家喻户晓。佛教元素和爱情元素，在跨文化推广时，都是包容性很强的文化元素，值得考虑。

四、镇江地方文化推广的思路及对策

在"一带一路"多元文化交流的背景下，以文创产品作为切入点，用设计创新打造镇江文化的国际名片，有助于突破镇江本地文化推广形式较为单一的局面，拓宽镇江本地文化推广的渠道，促进跨文化的交流和传播，将镇江本地文化推向世界。

1. **产品文化内涵挖掘**

文化创意产品设计在完成功能的基础上，更加注重提升产品的人文价值和情感需求，使产品的功能、形式等因素与文化完美地结合，从而唤起人们的美好情感。这其中，文化内涵是文创产品的精髓，抓住目标产品的文化内涵，是保证产品生命力得以延续的关键。镇江是国家历史文化名城，文化资源十分丰富，这是镇江文创产品设计发展的一个很好的先决条件。但是要注意文创产品设计运用不能生搬硬套，要进行有效开发，哪些要传承，哪些可创新，哪些载体更适合消费品市场等，最好由本地文化部门对镇江文化资源梳理归纳，可将其分为文化典藏、传承保护、设计开发等类别，通过网络数据平台进行资源共享，把可用于创新设计部分的文化元素提供给设计团队，作为文创设计和开发新品的依据。这将有助于产品文化内涵的挖掘，也有助于镇江文化资源更好地利用和推广。

2. **文化市场整合共赢**

文化与经济作为社会发展的两大核心元素，二者相辅相成、缺一不可。文化产业的发展，与一个城市的经济发展水平紧密相连。当下，文化制造

业、文化消费市场才刚刚起步，市场巨大，文化创意产业的提出，更是要求我们在掌握社会与时代发展脉搏的前提之下，以创意和设计为手段，让传统文化得到新生和持续发展。未来的设计前景正向着艺术、技术、文化、创意、产业等综合体的发展方向迈进，文创产品在未来具有巨大的市场潜力和发展空间。就镇江文创产品而言，镇江自身拥有的文化资源具备深度挖掘的潜力，但是发展镇江地方文化产业不能单独依靠文创产品，也不能一味地由政府或设计公司全权把控，这需要多方面的合作。同时，要发展镇江文创产品市场，可以融合旅游、网络、媒体、大数据、教育活动等文化产业或项目，充实镇江文创产品的设计维度。

3. 重点文化名片推广

2014 年，文化部、财政部联合印发的《关于推动特色文化产业发展的指导意见》明确提出，地方文化产业发展，必须贯彻因地制宜原则、突出特色原则，实行品牌战略，即本地化、特色化、品牌化。镇江需要一个有代表性的文化名片，融合多项文化产业打造文化品牌，将镇江这个历史文化名城推向世界。笔者认为，不妨以 1000 多年前米芾所书"城市山林"作为镇江文化名片。镇江自然风光优美，名山众多，还能延伸到相关文化资源如民间传说、宗教文化等。以山林为重点文化元素（包括民间传说、宗教文化），在"一带一路"文化交流和推广中，既能形成文化品牌，凸显镇江文化特色，又能够避免跨文化传播中的文化冲突。"城市山林"的文化名片不仅仅包括旅游业，以镇江山水作为元素的文创产品设计也是其重要内容。此外，文化演出、文化创意空间等，都可以融合发展，助力镇江文化品牌的打造。

一个城市的人文内涵不仅能折射出城市的文化吸引力，还能增强国际影响力、扩大对外交往、吸引境外投资和海内外人才的强大凝聚力和辐射力。在对接"一带一路"的重要战略发展机遇时期，加强镇江城市文化的对外传播，充分发挥人文先行的优势，通过制定发展规划和有效整合文化资源，以文创产品设计作为切入点打造城市文化名片，大力发展文化产业，整合形成城市文化品牌，使其成为推动镇江现代文化繁荣和发展的不竭源泉，向世界充分展示镇江历史文化名城的深厚内涵和人文精神，提升镇江城市形象。

参考文献：

[1] 双传学：《"一带一路"视阈下的我国文化开放战略》，《东岳论丛》，2016 年第 5 期。

[2] 赵立庆：《"一带一路"战略下文化交流的实现路径研究》，《学术论坛》，2016 年第 5 期。

[3] 侯东，杨妮，李宝怀：《文化自信在"一带一路"战略中的作用及彰显途径探析》，《辽宁教育行政学院学报》，2015 年第 5 期。

[4] 镇江市人民政府，中国共产党镇江市委员会：《历史文化名城镇江》，江苏大学出版社，2016 年。

[5] 翟冬平：《江苏镇江文化产业发展现状及对策研究》，《生产力研究》，2011 年第 2 期。

[6] 高曾伟：《镇江地域文化研究》，《镇江高专学报》，2007 年第 1 期。

[7] 何倩云：《基于地域生活方式的文创产品设计方法研究》，安徽工程大学硕士学位论文，2016 年。

[8] 颜曦：《文创产品设计方法浅析》，《艺术品鉴》，2016 年第 11 期。

[9] 裴凌暄：《基于江苏地域文化的文创产品设计研究——以扬州"唯扬正宗"案例为例》，《设计》，2017 年第 5 期。

[10] 钟蕾，李杨：《文化创意与旅游产品设计》，中国建筑工业出版社，2015 年。

[11] 林明华，杨永忠：《创意产品开发模式——以文化创意助推中国创造》，经济管理出版社，2014 年。

[12] 谢世海：《跨文化产品设计研究》，南京航空航天大学硕士学位论文，2012 年。

[13] 王少鹏：《"一带一路"战略与跨文化交流》，《陕西行政学院学报》，2016 年第 2 期。

[14] 《镇江市文化产业发展需迎难而上》，http：//zgjssw. jschina. com. cn，2017 - 03 - 24.

[15] 《镇江市文化创意产业协会》，http：//www. zjccia. com.

发展镇江特色旅游的对策建议

| 刘玉录 |

　　镇江旅游业伴随着国家的改革开放应运而生，从无到有，从小到大，走过了一条艰难而又曲折的发展之路，现已成为镇江市经济社会发展的重要支柱。2016 年全市接待国内外游客 5348.34 万人次，旅游总收入为 714.35 亿元，同比增长 15%，标志着镇江市旅游业已步入快速发展的轨道。

　　2017 年初全市旅游业发展大会上，市委、市政府提出了"以特色定位，全域视角，精品意识，融合理念，改革方式和人才支撑，推进镇江市旅游业大发展大提升，把镇江建成国内一流的旅游目的地，长三角重要的休闲度假胜地"的目标，把旅游业打造成镇江市又一个千亿级产业。为了向这个目标迈进，镇江旅游业必须走发展特色旅游之路，深度挖掘镇江的自然资源和人文资源，提升"镇江有山有水有故事"的优势，面对周边城市同质化竞争，集中力量打造一批在全国乃至全世界叫得响的旅游品牌，坚持走好差异化、个性化、深度化的发展道路，着力提升镇江市旅游业的核心竞争力。

一、开发水上休闲旅游

　　镇江是一座因水而兴的城市，集江、河、湖、泉于一体，是国内水资源最为独特和丰富的城市，镇江要唱响长江歌，高奏运河曲，围绕长江、运河、金山湖，做好"水上"文章，重点发展水上旅游，设计推出系列化的水上旅游线路，把沿途沿线的景区运用水路串联组合，通过科技手段增强听觉、视觉效果，利用完善的水上交通设施，方便游客的互动和参与，提高游客的体验深度。

1. 开展长江游、古运河之旅

长江游、古运河之旅在海内外游客爱好者心中怀有很深的情结，开展长江游和古运河游将会有很大的需求市场。镇江市可借鉴欧洲两大最具魅力的莱茵河、多瑙河水上旅游项目的成功经验，联合长江中下游城市、古运河沿线的城市走合作开发的道路，运用融合发展理念，重启长江之旅和古运河之旅，推出精致的水上旅游产品，提供精准的服务，让东方的长江、古运河这两条名河也能成为世界旅游者向往的水上旅游目的地。

开发镇江长江游项目。镇江有63公里长的长江段，京杭大运河在此与长江交汇，形成了独特的地理风貌。在63公里长的长江江面上散落着扬中岛、高桥镇、江心洲、世业洲等水上明珠，乘游船从镇江惠龙港出发沿江而下，从水上观润扬大桥雄姿，停靠国家AAAA级旅游度假区世业洲，享受生态环保的农家乐，登江心洲品四季特色水果，访高桥岛观赏生态农业，游扬中岛尝长江"三鲜"，看新农村建设，回程途经京杭大运河的入江口。既能领略大江东去的风貌，又能欣赏到京杭大运河的绵延舒缓。

2. 开发水上游"三山"

以金山湖为载体，开辟水上旅游线路，把金山、焦山、北固山、西津古街、天下第一泉等景点，融会贯通，打造成集镇江水上游"三山"、游古街、观泉水为一体的特色旅游项目。坐游船游览镇江的传统景点，又将是另外一种独特韵味。目前，金山湖上已有乘船游览项目，再延伸发展将"三山"、一街、一泉、一湖水上串联已水到渠成。下一步待市区的古运河修复达到可以乘船游览时，可以进一步延长水上游览线路，把城市观光融入金山湖水上旅游项目之中。

3. 开发水上体育旅游

利用金山湖水域举办国内外水上运动项目赛事，开发水上体育旅游项目。镇江市已在金山湖上成功举办了数届全国龙舟赛，逐步积累了举办大型赛事的经验，2017 年 3 月 22—27 日又成功承办了"2017 全国赛艇冠军赛"。利用好金山湖的水上资源，打造国家级的水上运动基地和青少年赛艇训练基地，已得到国家体育总局专家的认可和充分肯定，金山湖将发展成为全国水上体育运动和旅游的重要基地。

二、开发低空休闲旅游产品

镇江新区设立的航空航天产业园，经过近 10 年的发展已初具规模，有数家航空企业组装的民用飞机下线并试飞成功，镇江航天航空职业学院于 2016 年正式对外招生，大路通用机场也建成通航，为镇江市率先在国内开发低空飞行休闲旅游打下了坚实的基础。镇江已具备低空飞机的民用飞机生产、试飞、人员培训的系列条件，2016 年还与国家体育总局在镇江联合举办了首届江苏航空体育旅游季。依托大路通用机场大力开发空中旅游产品，加快开发空中看镇江、空中游"三山"、空中看长江和古运河十字黄金水道等系列旅游项目，使之成为镇江市在全国率先发展的空中旅游项目。

三、开发宗教旅游项目

镇江拥有佛教、道教、基督教、天主教和伊斯兰教，五教齐全，金山的金山寺、焦山的定慧寺、宝华山的隆昌寺、茅山的道观等著名宗教寺观闻名海内外，也是镇江开展宗教旅游的重要资源。

镇江的宗教文化资源十分丰富且布局较为合理，适宜宗教旅游景点的串联融合。各寺观都分布于秀美景色之中，宗教资源和自然资源并存，相得益彰，一个沾地脉之气，一个沾佛道之贤，古刹名观名山相互衬托，人文资源和自然资源互为补充，十分适合开发宗教旅游产品，宗教旅游也是镇江旅游业的另一重要特色。

四、开发工业旅游项目

我国旅游业已经超越了旅游发展初级阶段，进入 21 世纪，人们的旅游需求呈现多样化特点，向多层次发展，因而工业旅游将成为旅游业的"新宠儿"。

对工业企业来说，其不仅能获取一定的门票收入，而且树立了良好的公众形象，提高了企业的知名度和产品的美誉度，收到比花巨资做广告更大的宣传效果。其实早在 20 世纪 80 年代初，镇江市外事部门就选定了镇江恒顺酱醋厂、镇江工艺美术厂等知名特色企业作为对外开放单位，供来镇江的外国友人参观考察，并设有礼品部，向参观者提供该企业产品的销售服务。随着社会经济的发展，江苏恒顺集团已发生了翻天覆地的变化，在新建的车间里专门辟建了密封的走廊供游人参观，建成了中国醋文化博物馆，生产车间与醋文化博物馆连为一体，方便游人参观，还专设商场向游人提供本企业的产品，现已收到明显的效果。这自然成为江苏恒顺集团的特色旅游项目，并取得了成熟的经验。丹阳市的眼镜市场旅游产品的开发收效显著，扬中宜和集团与宜禾职业装博物馆也连成一体，开展了工业旅游的成功尝试。北京汽车镇江基地已进入规模生产阶段，也具有开展参观游览的条件。这些企业在开展工业旅游方面积累了经验，为镇江开展大规模的工业旅游奠定了基础，激活"旅游＋工业"的融合互动机制，工业旅游必将成为镇江旅游业的新亮点。

五、开发书法旅游项目

历代名人骚客雅居镇江，留下了许多流芳万世的景点诗篇和丹青墨宝。焦山碑林中的《瘗鹤铭》被历代书法大家奉称为"大字之祖"，在我国书法史上具有里程碑的地位和作用。历代大家黄庭坚、陆游、苏东坡、米芾、郑板桥等都曾来到镇江并留下珍贵的墨迹或诗篇，或藏在镇江博物馆，或石刻镶嵌在焦山碑林中。焦山碑林是中国第二大碑林，藏有不同字体风格的历代名家石刻 400 多方，墨宝如云，宛若书法长廊，文化品位极高，焦山西侧沿江 200 多米长的摩崖石刻，留下了历代名家的手迹。近几年，镇江在城南十里长山脚下兴建了纪念宋代著名书法家的中国米芾书法公园，收藏了中国当代数百位书法大家的珍贵手迹，镇江博物馆收藏的历史名家书画上万件，均为上乘之作。这一切构成了镇江开展书法旅游的独特资源，也是其他城市无法比拟的。目前，仅江苏就有在校大学生 180 多万人，中小学生近千万人，还有难以估量的中老年书法爱好者，他们汇聚成了镇江开展书法旅游的主要源泉，日本、韩国、东南亚及我国港澳台地区的书法家、书法爱好者也十分钟情于镇江源远流长的书法资源。吸引国内的书法爱好者云集镇江或观摩学习，或研修交流、切磋书艺，将构成镇江旅游业上的独特风景线。

镇江是全国首批入选的优秀旅游城市，随着旅游进入新时代，镇江的旅游业要从文化传承和品牌打造入手，突出特色，推动创新，围绕生态优势发展低碳经济，打造具有镇江特色的旅游产业链，紧紧把握我国旅游业转型的时机和节奏，适应旅游方式的转变，大力发展独具特色的旅游产品，有效避免同质化竞争，在日趋激烈的旅游市场竞争中杀出一条血路，再现镇江旅游业的辉煌。

附表　2016 年宁镇扬苏锡常旅游业统计

城市	旅游总收入/亿元	国内旅游/万人次	境外旅游/万人次
南京	1909.26	11142.00	63.78
镇江	714.35	5348.34	6.05
扬州	793.61	5627.88	5.856
苏州	2068.00	11402.78	161.78
无锡	1555.62	8586.00	43.92
常州	833.60	5989.00	14.60

新农村视域下镇江市乡村旅游可持续发展的研究

│王 祥 王 斐 庞 伟 李 新 臧 杰│

乡村旅游是指以乡村自然风光、乡村文化、乡村生产和乡村生活等为吸引物，满足游客观光、休闲、度假、体验、娱乐、求知等需求的旅游活动。随着城市化进程的加快和居民休闲时间的增加，回归自然、乐享田园逐渐成为旅游的新热点。李克强总理在 2017 年政府工作报告中强调，要大力发展乡村、休闲、全域旅游。"乡村旅游"首次写入政府工作报告，标志着乡村旅游正式进入国家文化战略系统。2017 年，中央一号文件《关于深入推进农业供给侧结构性改革加快培育农业农村发展新动能的若干意见》对乡村旅游提出更高期待、更艰巨任务和更创新发展理念。

一、镇江市乡村旅游发展现状

（一）发展现状

1. 扶持政策

《江苏省"十三五"旅游业发展规划》在旅游业发展主要任务中，从提质增效、配套升级、扶贫惠民等角度对乡村旅游进行专项编制。《镇江市"十三五"旅游业发展规划》提出乡村旅游发展目标、实施路径和重点项目等。市旅游委牵头并印发了《关于加快推进乡村旅游转型升级的指导性意见》《镇江市乡村旅游 2017 年度工作要点》《镇江市乡村旅游发展专项引导奖励资金使用指南》，指导乡村旅游发展。

2. 特色乡镇

截至 2016 年年底，戴庄村被评为全国特色景观旅游名村及中国最美休闲乡村。句容市茅山镇等 5 个镇被评为省特色景观旅游名镇，句容市天王镇戴庄村等 5 个村被评为省特色景观旅游名村。丹徒区世业镇、宝堰镇被评为省特色景观旅游创建示范镇，句容市华阳镇新坊村、丹徒区世业镇卫星村被评为省特色景观旅游创建示范村。

3. 品牌资源

截至 2016 年底，镇江市共有省星级乡村旅游区 100 家，其中五星级乡村旅游区 1 家（岩藤农场），四星级乡村旅游区 21 家，三星级乡村旅游区 46 家，二星级乡村旅游区 32 家。容南风景生态园、镇江开心农场有限公司为中国乡村旅游模范户。九龙山庄、容南风景生态园、大圣幸福农场、长江渔文化生态园、凤凰山庄等 20 家乡村旅游区为中国乡村旅游金牌农家乐。

4. 民宿分布

据初步调查，镇江市共有大江书院、橘江里景区特色民宿文化风情街区、千华古村民宿群等品牌民宿群 7 家，价格定位于 200 ~ 800 元。其中，大江书院和千华古村民宿群的千华古村民宿入选《江苏特色民宿名录》并对外推介。

5. 节庆活动

镇江市逐步培育起"美丽镇江乡村游"系列品牌，举办春夏和秋冬两场精品线路推介会；推出古村品茶游、田园赏花游等 8 条乡村游线路，由镇江中旅、新闻国旅 2 家旅行社市场化运作；举办"最好吃的农家菜"春夏篇和秋冬篇两次评比活动；举办镇江市民宿设计创意大赛，组织大学生驻村设计。各辖市区围绕"瓜果茶香"主题，适时推出葡萄节、樱花节、柑橘节等 50 多场节庆大餐。

6. 旅游业态

镇江市乡村旅游多数由企业或个人通过承包、租赁等形式获得土地，采用景区或景点化营建手段，发展观光、餐饮、垂钓、采摘等经营业态。部分乡村旅游区在经营业态上探索创新，丹阳水月情生态园等被评为省级自驾游基地，圌山风景区房车营地更是一房难求。

（二）存在问题

乡村旅游作为镇江市旅游发展的缩影，有着旅游业发展的共性问题，同时作为新兴业态，也存在着独特的问题。

1. 多头管理，缺乏合力

乡村旅游区的开发建设涉及较多部门，多头管理，相应市场规范不健全，各行其政，造成项目建设不连贯，融合度不深，未能形成良好的发展合力。

2. 理念落后，规划滞后

未能将乡村旅游的开发纳入区域整体开发大系统中统筹安排，全面科学规划。在投资、建设、营销方面，理念相对落后，缺乏前瞻性和长远性眼光。

3. 产品单一，内涵不足

乡村旅游产品单一，旅游项目类同，设计类型相近，开发模式千篇一律，难以形成有特色、有卖点的吸引力。大多数还停留在餐饮、住宿等低层次，很少注重提升文化内涵及体验性。

4. 乡味不浓，保护滞后

大部分乡村旅游采取类似田园综合体的建设模式，采取城市景区或景点营建方式进行造景，传统的乡野气息逐渐淡去，对现有乡村生态环境造成较大破坏，缺乏对农居环境承载能力的认知。

5. 资金短缺，人才匮乏

乡村旅游融资体制不顺，抵押物不足，导致资金流短缺，融资渠道狭窄。管理人员、经营人员综合素质不高，旅游服务意识不强，服务质量偏差，乡村旅游专业人才匮乏。

二、发展规划

现代乡村旅游不应是保留城市居民乡愁的物理空间和凭吊载体，而应是对与人类维持千百年关系的"篱笆泥土"的重新审视与发现，是对"望得见山，看得见水，记得住乡愁"的最佳诠释，是乡村人希冀的青山绿水依旧、生活富足现代、邻里关系和谐的美丽乡村生活。

镇江市乡村旅游虽处在农家乐和农业观光的初级模式，但乡村度假的模式正在孕育，乡村生活也将是镇江市乡村旅游发展的必然选择。

（一）指导思想

按照"特色化、融合化、共享化"的发展理念，坚持问题和市场需求为导向，以转型升级、提质增效为主题，以最美乡村、幸福农民为目标，努力将乡村建成集观光、休闲、度假、体验于一体的旅游新天地。

（二）战略路径

1. 空间：分区部署

打破行政区域和条块划分，充分考虑区位条件、乡村旅游资源、地域文化，分区块部署乡村旅游发展战略。

2. 资源：极核带动

提升现有乡村旅游资源集聚化水平，克服"规模小、分散化"的乡村旅游发展弊端，避免恶性竞争、无序发展。突出产品特色和区域规模优势，以若干极核的精品项目带动全市乡村旅游发展。

3. 产品：多元发展

按照乡村旅游"一镇一品""一村一特""一户一业"的产业格局，积极植入养生养老、自驾车营地、乡村客栈、民俗文化等新业态，推出乡村旅游系列品牌，逐步构建以观光、餐饮为基础，以禅修静养、江岛风情为特色，满足不同层次、不同等级消费需求的乡村旅游产品体系。

4. 组织：区域联动

实施"市级主抓、区域联盟、多品互动"的战略路径。打破固有辖市行政界线，力推乡村旅游跨区域发展，实现多类型乡村旅游的互联互动。加强乡村旅游与非乡村旅游景区的合作，不断延伸产业链条。

（三）产品规划

根据镇江市旅游资源特色，重点发展田园农耕、民俗节庆、城市山林、温泉养生、江岛风情、禅修静养等乡村旅游产品。

1. 田园农耕旅游产品

利用田园、果园、特色种植区、高新农业基地等成规模的农业园区，以采摘瓜果、蔬菜或其他特色农作物为核心，采取农家乐、农庄等多形式进行专业开发，综合发展生态观光、农业科普、农耕体验、农产品购物等旅游活动。

2. 民俗（名镇）节庆旅游产品

依托宝堰镇、儒里镇、茅山镇等的民俗文化、民俗活动、民间艺术、历史文化、历史遗迹，综合开发特色历史民俗活动及民俗主题项目，打造具有特色的传统文化节庆品牌。

3. 城市山林旅游产品

以山林保护性开发利用为核心，积极发展森林旅游，突出景观特色与文化内涵，发展山林休闲观光、登山健身、山地游憩娱乐及农家山味餐饮等旅游产品。

4. 温泉养生旅游产品

依托韦岗、圌山等温泉资源，突出生态、休闲、文化、景观特点，开发以民俗建筑与乡土风情为特色的大众化温泉养生旅游产品，丰富温泉设施与理疗服务的档次与内涵。

5. 江岛风情旅游产品

利用长江、岛屿、湖泊、河流、码头等资源条件，放大长江"三鲜"的品牌优势，以渔文化与鱼文化为核心，综合开发钓鱼、赏鱼、养鱼及渔家餐饮、渔家休闲度假等体验性旅游活动。

6. 禅修静养旅游产品

依托"三山"、南山、东山、茅山、宝华山等宗教旅游资源，放大城市山林自然资源优势，融养生文化、佛道文化、休闲度假、国学教育等于一体，打造独具镇江特色的禅修静养旅游产品。

7. 其他休闲度假旅游产品

积极培育乡村自驾游基地、房车露营地、乡村研学旅行基地、健康养生地、乡村书屋、乡村咖啡屋等新型产品业态，丰富乡村旅游内涵。

三、发展建议

（一）强化组织领导

建立市乡村旅游联席会议制度，负责统筹协调推进乡村旅游工作，市公安局、市财政局、市国土局、市住建局、市规划局、市经信委、市农委、市水利局、市环保局、市交通运输局、市工商局等部门要各司其职、通力合作，形成推动乡村旅游发展的整体合力。

将乡村旅游纳入全市旅游发展考核体系，加强对市有关部门、辖市（区）政府、乡镇和村的逐级工作考核。句容市、扬中市、丹徒区等成立乡村旅游产业联盟，涉旅乡镇（街道）设立乡村旅游办，明确专人负责，落实组织机构。

（二）加大用地供给

支持农村土地承包经营权向家庭农场、农民专业合作社、农业企业流转发展休闲观光农业。支持农村集体经济组织、本地居民利用非耕地、腾退宅基地、闲置建筑物，在不改变土地性质的前提下采取土地合作、作价入股等方式参与乡村旅游开发。支持由村集体统一收购（租用）、统一管理闲置农房的模式，吸引专业公司开发、经营乡村民宿项目。

相关业务部门研究利用存量建设用地，保障乡村旅游项目建设，支持利用民宅、存量房产等发展民宿和其他乡村旅游项目。乡村旅游示范村、高等级乡村旅游区周边公共基础设施配套等用地，采用划拨方式供地。

（三）加强资金扶持

加大乡村旅游公共财政扶持力度，市级财政安排专项资金主要用于乡村旅游特色乡镇（村）规划编制、节庆活动、民宿发展、旅游营销、乡村旅游品牌创建、特色大赛、线路推介等 7 个方面的专项引导。充分利用省级以上专项引导资金重点支持市场前景好、综合效益高、具有扶贫等重大意义的乡村旅游示范村、高等级乡村旅游区、乡村民宿和乡村旅游新型业态项目。市级部门在安排交通基础设施建设、新农村建设、特色景观旅游村镇和传统村落及民居保护等项目建设时，要加大对乡村旅游示范村的扶持力度，各辖市区、镇江新区要安排相应资金支持乡村旅游发展，多渠道、多方式筹集资金用于乡村旅游建设，扶持乡村旅游做大做强。

（四）加大项目招引

发展乡村旅游，需要从文创的角度出发，寻求城市与乡村的互动机点，将产品的 IP（Intellectual Property，知识产权）或者标识性、特异性强调出来，咖啡屋、民俗创意体验馆等新业态与乡村文明并不冲突，而且具有很好的相融性。因此，只有引进有实力的乡村旅游实践团队，才能创造出富有乡村生活魅力的旅游项目，才能充分发挥领头羊的作用，提升镇江市乡村旅游的层次。

乡村旅游招商要借力省市县各级招商平台，加大乡村旅游招商引资力度，策划业态新颖、带动性强的特色精品项目，积极对接国内知名旅游集团、运营商、中介机构，开展精准招商、营销招商、产业招商。建立多元化的旅游开发机制，推动民间资本、产业基金、金融资金、外商资金等开发乡村旅游。

（五）鼓励生产消费

按照"一镇一业""一村一品""一河一景""一家一艺"的发展理念，建设特色化、多业态、互补型、全产业的乡村旅游产品。加强农副产品和旅游纪念品、工艺品的开发和生产，逐步完善乡村旅游商品生产和销售体系，推进"果进篮、花进盆、菜进盒、农副产品进袋、手工艺品进包装"工程，对具有自主品牌和省市著名品牌的产品应加以扶持奖励。

对经营规范、特色鲜明的省星级乡村旅游区、乡村民宿，经公开招标等方式列入政府采购（会议培训定点饭店）名单，鼓励将小型会议等安排在高等级乡村旅游区等。结合机关、企事业单位带薪休假制度的改革和实施，鼓励干部职工到乡村旅游休闲度假。鼓励中小学、高等学校与高等级乡村旅游区等联建教育基地、学生实习实训基地、农事体验场所和运动拓展场地。

（六）完善基础设施

实施乡村旅游标牌标识优化提升行动，规范各地交通主干道路通向省星级乡村旅游区的旅游标识标牌设置。继续开展乡村旅游区厕所、厨房、生态停车场"三整治"行动，优化乡村旅游发展环境。加快建立统一的智慧旅游公共服务平台，建设乡村旅游智慧导览、导游、导服等系统，大力推动智慧旅游在乡村旅游经营管理中的普及应用。建立健全乡村旅游服务中心系统，在乡村旅游示范村、高等级乡村旅游区等分级设立规模适宜的旅游服务中心（点），提高旅游咨询、预订销售、文化娱乐、导览讲解、交通集散、车辆换乘、投诉受理、商品购物等服务水平。

加快完善通往乡村旅游区的基础路网，加快配套自驾车、游步道、户外营地服务设施，做好区内小交通配套，提高乡村旅游的通达性。推广句容"旅游直通车"经验，开通乡村旅游区直通车，打通乡村旅游"最后一公里"。加快句容绿道、扬中环岛旅游绿道、世业洲旅游绿道、江心洲旅游绿道等绿色走廊建设，逐步构建起覆盖全市的绿道慢行系统。

（七）加快人才培养

重点加强三支队伍（乡村旅游行政管理干部队伍、乡镇村干部队伍、乡村旅游从业人员队伍），提升三个能力（指导服务能力、管理经营能力、实用技能）。搭建乡村旅游人才发展平台，积极融入镇江"金山英才"计划，探索"乡村旅游领军人才开发"计划，为乡村旅游的发展吸引领军人才和专业团队。创新人才培养模式，整合教育、农业、林业、劳动保障、民政等培训资源，建立一支眼界高、理念新、能力强的乡村旅游管理和经营队伍，依靠人才支持和智力投入促进乡村旅游产业素质的提升。

论镇江市传统村落的保护开发与旅游推介

| 陶 珠 |

传统村落的保护与开发越来越受到中央和各级地方政府的高度重视，其经济价值、文化价值、生态价值越来越显示出其在现代社会和城市发展中的重要性。镇江市四个传统村落有悠久的村落发展史和丰富的资源禀赋，政府在村落保护方面做了不少工作，村落的道路、桥梁等基础设施都有程度不等的改善；但同时还存在对传统村落保护的力度不够、意识不足和推介发展迟缓的现状。因此，应该通过制定地方法规，进行科学规划安排，提升服务质量，加强传统村落保护开发和旅游推介。

一、传统村落的现代价值

"传统村落"，俗称"古村落"①，一般指具有悠久历史（通常建于 1911 年以前）、保有较多历史建筑风貌和民风民俗的村落。传统村落既承载着历史建筑和历史风景等物质形态，同时也承载着历史记忆和生产方式等非物质形态，因此兼有物质遗产和非物质遗产的双重属性。在漫长的历史过程中，村落结构逐渐形成了独一无二的特色，其物质形态的建筑特色和选址

---

① 按照 2012 年传统村落保护与发展专家委员会第一次会议的决定，"古村落"改称"传统村落"，"传统村落"和"古村落"含义是相同的，二者可以通用。

布局，以及其中承载着的历史文化，都具有独特的性质，显著区别于世界上任何一个其他国家和地区，堪称中国的历史名片。因此，中国传统村落也就具有独一无二的历史价值。镇江的传统村落亦然。保护好并开发利用好传统村落，既是保护中华民族的悠久历史，也是保护经济社会的可持续发展资源，具有十分重要的意义。

1. 经济价值

传统村落的经济价值体现在静态价值和动态价值两个方面。静态价值，主要指传统村落作为具有独特历史面貌的品牌价值。传统村落一般具有悠久的历史、独特的建筑风格和历史底蕴，显著区别于一般村落，因而具有不同寻常的品牌价值。动态价值，指的是通过保护性开发，发展旅游经济，传统村落可以为地方经济发展提供良好的资源支撑，带动地方经济发展，并提供相应的就业机会。

近年来，各级地方政府越来越重视传统村落的保护和开发，以此促进地方经济发展，许多传统村落也因此走上了良性发展道路，对地方经济发展和民生福利的改善起到重要作用，诸如安徽绩溪的龙川村、北京的门头沟村、山东潍坊的红水谷等。

2. 文化价值

传统中国是农耕社会，村落文化是中国传统文化的源头和基础，传统村落往往承载着浓厚的历史信息，具有很高的历史价值和文化价值，这种文化价值，也是传统村落品牌价值（经济价值）的最为重要的根基。

不同地域的传统村落往往承载着不同的地方村落文化。不同的传统村落，其自然文化、耕读文化、宗族文化、特色产品往往也不尽相同。这些差异化特征正是各个传统村落文化价值各有特色的表现，体现出不同的地方文化特色，也是传统村落具有独特经济价值的文化基础。

传统村落因其悠久的历史，往往保留了丰富的传统文化，这是研究中国历史和中国传统文化不可忽视的重要资源。保护好各种特色的传统村落，就是保护好多样性的中国传统文化，开发利用传统村落，也有利于传统文化的弘扬。

3. 生态价值

传统村落，往往因其不同的自然生态环境而著称，诸如周庄体现了典型的江南水乡村落特色，西递村则体现了独特的徽文化……不同的传统村落，其自然环境往往具有明显不同的特色，具有自身独特的生态环境。

传统村落独特的生态环境在现代社会里具有重要的生态价值。优美的自然环境和浓厚的历史底蕴构成传统村落独到的生态价值，与现代化的都市喧嚣形成鲜明对比。传统村落已成为现代社会城市市民休闲观光的良好场所。

许多传统村落在选址、建筑等方面尤其重视自然环境的选择，甚至风水学都成为村落选址的参考标准，这是中国传统文化中"天人合一"理论在传统村落建设中的实际应用。我国许多传统村落，其山水自然环境都具有独特的生态美，人与自然的和谐共处是传统村落的共同特征，在建设生态文明的今天，传统村落的这些生态价值值得仔细研究和借鉴参考。

二、镇江传统村落概览

在2013年公布的第二批中国传统村落名单中，镇江市有四个村落名列其中，分别是：京口区姚桥镇华山村和儒里村、丹阳市延陵镇九里村和柳茹村。它们也是迄今为止得到住建部认证的镇江传统村落。

传统村落的保护开发和宣传推介是一项综合性过程，许多地方政府对传统村落的保护和开发（旅游推介等）采取了积极措施，有的取得了良好成效，值得借鉴。镇江市传统村落保护和开发利用现状如何？还存在哪些问题？应该如何进一步完善？

1. 自然生态

镇江市这四个传统村落，可以分为两组：华山村和儒里村相距不远，可为一组；九里村和柳茹村距离也很近，可为另一组。

由于地处长江下游冲积平原，这四个古村的自然环境具有很大的相似性，差异性较小，属于比较典型的江南水乡古村的风格，都有较大面积的池塘水面，地形平坦、绿树成荫，村庄的民房布局严整有序，生态环境较好。

独特的地理位置、自然环境，加之独特的文化特征，使得镇江传统村落的自然文化生态景观有别于苏州的传统村落。

2. 遗产资源

悠久的村落发展史，留下了许多历史文化遗产，根据笔者的调查，结合相关研究文献，这四个传统村落的主要遗产资源如表1所示。

表1　四个传统村落的主要遗产资源

村落	古代建筑	宗庙建筑	文物古迹	民俗文化
华山村	古民居、龙脊街、张麒麟故居、禹王井、南宋古井、观音井、民清古井、迎嘉门、奈何桥、银杏山房	张王庙、文昌阁、杨家祠堂	银杏古树、神女冢、禹王井栏、石狮、石鼓、断山墩遗址	《华山畿》、华山庙会、华山太平泥叫叫
儒里村	古民居、儒里老街、大宅门	朱氏宗祠、亨三陵、敦睦堂	节孝石坊	儒家文化、耕读文化、家训、清明祭祀大典、东乡羊肉
九里村	古民居、古街、季河桥、沸井	季子庙、嘉贤庙、崇福寺	十字碑亭、延陵季子碑、八字碑、慈航殿	吴文化、儒家文化、季札的故事
柳茹村	古民居、古街、贡氏书院	贡氏宗祠、王公祠	眭氏节孝坊	岳飞与贡祖文的故事、儒家文化

当然，表1可能并未能将这四个传统村落的所有遗产资源罗列穷尽，但已经可以看出，它们所拥有的遗产资源还是很丰富的。

三、现状及存在问题

笔者调查发现，相较于四年前而言，在传统村落保护和利用方面，这四个传统村落已经取得了不少进步，保护和利用的力度加大，基础设施建设有很大改善，有的传统村落还制定了发展规划，比如九里村和柳茹村都委托江苏省建筑设计院制定了详细的发展规划图，村落保护和开发利用逐步摆脱盲目无序状态，取得了可喜的成就。

同时，笔者也注意到，这四个传统村落在村落保护和利用方面还存在许多问题，需要进一步加强。

1. 村落保护的科学性不足

传统村落保护利用的科学性，首先要正确处理保护和利用的关系，保护是前提，利用是为了更好地保护。传统村落的保护应该遵循科学性原则，做到修旧如旧，努力保持传统特色；传统村落的利用，不是盲目的商业开发，不能破坏传统特色，而应该正确处理好传统与现代的关系。

具体到这四个传统村落来说，古建筑的损毁、文物的失窃等情况都不同程度地存在，尤其是古民居的保护力度更为不足，许多古旧民居破损严重，缺乏维修。另外，大量的现代建筑林立在古建筑周围，整体景观不协调，建设性破坏较为严重，有的村甚至只考虑经济效益，而没有将传统村落的保护置于重要位置，其建筑和文化遗产损毁严重，古村的古老空间结构和整体风貌遭到严重损害。

2. 村落保护的力度不够

客观来说，较之于四年前，这四个传统村落在村落保护方面还是有不少进步的，村落的道路、桥梁等基础设施都有不同程度的改善，其中，九里村的基础设施建设成效最为显著。但是，相较于苏州等地的一些传统村落（诸如周庄、同里等），镇江市的这四个传统村落在村落保护利用方面还有明显差距，主要表现有：对损毁古建筑的修复力度不够，现代建筑与古建筑的空间结构不合理，村落景观的整体协调性不足，等等。

镇江市对传统村落保护利用的力度不够，资金投入不足是一个重要原因，也许是基于经济效益的考量，公共资金的投入不足，民间资金的参与力度也不大。当然，传统村落保护的资金来源问题，在全国许多传统村落的保护利用方面都程度不同地存在，尤其是许多传统村落的旅游等产业并不发达，因此，资金投入的积极性明显不足，这是具有普遍性的问题。

3. 村民的传统村落保护意识不足

在与村民的访谈中，笔者发现，许多村民对传统村落保护的意识还有待提高。例如，"神女冢"碑刻被砸坏，至今不知何人所为。许多古建筑损毁严重，有些是自然风化，还有许多明显是人为痕迹。另外，在修建现代建筑（如住房）的过程中，对古建筑的保护意识不够，造成连带性损坏。

村民的传统村落保护意识不足，其主要原因有：① 收益回报不高。思想意识都是物质生产方式的产物，没有相应的物质回报，村民的传统村落保护意识就会受到影响。镇江的四个传统村落，因保护利用而产生的物质回报还比较少，远不能与苏州的传统村落相比，因此影响了村民的保护积极性。② 村落人口外流。近年来，同中国的许多农村一样，这四个传统村落人口外流也很多，村落人口数量减少，人口结构老龄化严重。这既影响了传统村落的经济社会发展，也不利于居民素质水平的提升，从而影响村民的村落保护意识的提高。③ 宣传教育不够。宣传教育是确立思想意识的有效手段，在加强村民的传统村落保护意识方面，这四个传统村落，有的村确实采取了较大力度的宣传措施，有的村采取的宣传措施还有待进一步加强。

4. 村落旅游推介发展迟缓

从资源禀赋来看，镇江的四个传统村落具有自己的独到之处，既有江南水乡古村的一般特色，也有各自独特的历史文化特点，因此，传统村落旅游业是有发展前途的。

通过文献比较和笔者的调查访谈可以看出，镇江传统村落的旅游推介还有很大的提升空间。笔者调查得知，最近几年来，这四个传统村落的旅游业发展情况并不乐观，游客人数较少，知名度不高，旅游收入增加缓慢，较之于一些知名的苏南传统村落的旅游业而言，镇江传统村落的旅游推介发展缓慢，笔者深以为憾。

四、对策建议

传统村落保护利用事业的发展，既要重视申报工作，更要重视获批后的保护利用工作。2016 年 11 月 3 日，住建部公布《中国传统村落警示和退出暂行规定（试行）》，对因保护不力、造成村落文化遗产保护价值严重损害的情形提出警告，对失去保护价值的村落从已公布的《中国传统村落名录》中予以除名。该规定的目的就是加强传统村落保护利用工作的科学性和持久性。

针对镇江市四个传统村落在村落保护利用方面存在的问题，可以在以下几个方面进一步采取科学、合理、有效的措施。

1. 制定地方法规

目前，关于传统村落的保护利用，尚无直接的相关法律法规，但是，间接的相关法律还是有一些的，比如《中华人民共和国文物保护法》《中华人民共和国城乡规划法》等。

传统村落历史建筑的损毁、文物的被盗失窃、村落整体景观的破坏、过度开发、环境污染等现象，是中国许多传统村落共同面临的重大问题，镇江的四个传统村落也面临这些问题。解决这些问题，最好的保障是制定地方性法规，将传统村落保护利用工作提升到法律法规层面，增强权威性和持久性，最大程度加强传统村落的保护和利用工作。

目前，镇江市已经获得了地方立法权，具有制定地方法规的权力，如果制定《镇江市传统村落保护管理办法》之类的地方法规，将有利于镇江传统村落保护利用的法制化。

2. 科学规划安排

在传统村落的保护方面，除了制定地方性法规之外，在传统村落发展规划方面应该注重科学性，可以参考九里村和柳茹村的做法，将传统村落保护利用的规划工作委托给相关的研究机构来完成。尤其应该注意的是努力保持传统村落"古"这一特色，保持传统村落空间结构的完整性、古建筑和现代建筑的整体协调性。目前，镇江市的四个传统村落，古建筑被损毁破坏的现象屡有发生，房地产开发导致的传统村落整体性景观的破坏也程度不同地存在，导致古建筑在村落建筑中所占比例日渐减少，长此以往，传统村落将越发不像传统村落。

在传统村落的利用方面，要加大旅游推介的力度，制定科学合理的旅游推介方案，努力提高传统村落的知名度，提高经济效益。根据距离远近，可以将镇江的这四个古村分为两组做整体性旅游宣传推介安排。市政府相关职能部门可以委托专门机构和研究人员制定宣传推介方案，研究具体的实施措施。

3. 提升服务质量

服务质量是旅游业发展的生命线，乡村性是传统村落旅游服务质量中最核心的因素。

镇江这四个传统村落在发展旅游业方面，主要的问题有：① 基础设施不完善。旅游交通设施、村落住宿餐饮、特色民俗文化等方面，都还存在不少问题，需要继续加强。② 乡村特色不鲜明。这四个传统村落除了具有一致性，还有差异性，村落旅游业的发展最主要的、也是最能给游客留下深刻影响的，正是差异性特征。古代建筑、历史遗迹、民俗文化、手工艺品等等能体现传统村落独特特征的，正是应该努力强化的旅游差异点。目前，镇江传统村落旅游在特色鲜明的差异化方面还有待进一步加强。

参考文献：

[1] 孙克勤：《北京门头沟区古村落遗产资源保护与开发》，《地域研究与开发》，2009 年第 4 期。

[2] 束晨阳：《基于古村落保护的乡村旅游规划——以安徽绩溪龙川村为例》，《中国园林》，2008 年第 8 期。

[3] 秦雅林：《古村落的保护与开发策略研究——以山东潍坊市牛寨红水谷旅游地开发为例》，《潍坊学院学报》，2006 年第 1 期。

[4] 四个批次的中国传统村落名单参见中华人民共和国住房和城乡建设部官方网站资料：http://www.mohurd.gov.cn/zcfg/jsbwj_0/jsbwjczghyjs/

201212/t20121219_212340. html；

http：∥www. mohurd. gov. cn/zcfg/jsbwj_0/jsbwjczghyjs/201308/t20130830_
214900. html；

http：∥www. mohurd. gov. cn/wjfb/201508/t20150824_223902. html；

http：∥www. mohurd. gov. cn/wjfb/201612/t20161222_230060. html。

［5］《镇江四大古村落寻访图记——丹阳九里村季子庙村》，

http：∥bbs. my0511. com/viewthread. php？ tid＝4465190；

《镇江四大古村落寻访图记——丹阳延陵柳茹村》，

http：∥bbs. my0511. com/viewthread. php？ tid＝4468984：

《镇江四大古村落寻访图记——姚桥华山村》，

http：∥bbs. my0511. com/viewthread. php？ tid＝4493754；

《镇江四大古村落寻访图记——姚桥儒里村》，

http：∥bbs. my0511. com/f460b－t4479285z－1－1；

《镇江古村落葛村、华山村、儒里寻访印象》，

http：∥www. zjdg. com/forum. php？ mod＝viewthread&tid＝394441&hig-
hlight＝％E5％8D％8E％E5％B1％B1。

［6］中华人民共和国住房和城乡建设部网站：《中国传统村落警示和退出暂
行规定（试行）》，http：∥www. mohurd. gov. cn/wjfb/201611/t20161114_
229505. html.

句容茅山地区茶文化生态旅游资源开发研究

| 戚燕丽 |

一、句容茶叶生产情况概述

隶属于江南茶区的句容是江苏省四大产茶县（市）之一，生产茶类包括茅山长青、金山翠芽、宝华玉笋、翠眉等名特茶及系列烘、炒青绿茶。同时句容享有"中国茗茶之乡""全国重点产茶县"等称号。句容产茶历史悠久，始于魏晋南北朝时期，至今已有 1500 余年。云雾茶（今金山翠芽）曾于 1915 年获巴拿马国际茶叶博览会金奖。据《句容县志》关于明朝《乾茶》的记载："茶，则有空青云雾（今沪宁线下蜀的武歧山）……品亦高。"茅山地区茶叶生产的悠久历史，有七言律诗一首为证。

奉寄茅山道士求香茶

[明] 管讷

茅山岁岁摘先春，礫石霏霏磨作尘。

玄露十分和得细，紫云千片制来新。

频车味载能消渴，鼻观香传即咽津。

若得清风生两腋，便从羽节访群真。

根据 2010—2016 年镇江市统计年鉴情况梳理全市茶叶生产相关数据，

句容的茶叶总产值近 7 年来在镇江市各市县中始终名列前茅，茶叶成为关系句容民生的重要经济作物之一，是农民增收、农业增效的重要途径之一。句容地区茶叶产量与产值的增速明显高于江苏省与全国的平均水平，为茶文化生态旅游奠定了扎实的基础。

二、句容茅山地区茶文化生态旅游现状

句容茅山地区茶文化生态旅游现状可利用美国管理学领域专家史提勒于 20 世纪 80 年代提出的 SWOT 分析法进行分析。一方面，可全面客观地认识了解该地区茶文化生态旅游业的潜能和市场前景；另一方面，可充分认识该产业发展中可能面临的优势（Strengths）、劣势（Weaknesses）、机遇（Opportunities）和威胁（Threats），从而积极处理好各因素之间的关系。

SWOT 矩阵

	内部优势（S）	内部劣势（W）
外部机遇（O）	SO 策略（既注重内部优势全面释放，又高效利用外在机遇）	WO 策略（利用外部机会，克服内部劣势）
外部威胁（T）	ST 策略（强化内部优势，消除甚至避免外部威胁）	WT 策略（减少内部劣势，回避外部威胁）

1. 优势探析

（1）自古名茶荟萃，品茗蔚然成风

句容种植茶叶的历史始于魏晋南北朝时期，至今已有 1500 余年的历史。乾隆十五年（1750）《句容县志》记有："乾茶，出乾元观。"光绪三十年（1904）《句容县志》记载："茶则有空青云雾，王门桥所产亦高品。"至晚清及民国时期，句容的浮山云雾茶及武岐茶在业内也小有名气。目前，句容当地生产的"金山翠芽""茅山长青""茗苑曲毫""宝华玉笋"多次获得全国、部、省级奖；"句曲"牌绿茶商标成为省著名商标；"句曲""华阳""容宝"牌绿茶通过有机茶认证。

（2）"五山一水四分田"——独特的地理优势

"五山一水四分田"是句容地形地貌的特点。茅山属典型的低山丘陵区，抱山环水，土质大多属黄棕土壤，为农林、茶、果、竹、药用植物等的生产加工，提供了良好的地质条件。茅山属于北亚热带中部季风气候，常年青山绿水，自然风景独特优美。"五山一水四分田"养育了句容茶树茶园，培育了多种名特优茶，也为茶文化融合当地特色生态农业旅游奠定了坚实的地理生态基础。

（3）茅山地区茶文化以宗教文化为主题

茅山道教的形成与发展，对句容茶文化的发展起到了关键性作用。道教淡泊超逸的心志与茶的自然属性极其吻合，品茗与道教相结合，便有了虚静恬淡的特性，为打造茶文化宗教主题生态旅游区创造了人文资源。

（4）历史文化悠久，名胜古迹众多

句容于西汉元朔元年（公元前128年）置县，迄今已有两千余年的历史，是江苏省最早建县的13个文明古县之一。从古至今，文人墨客纷纷慕名而来，道、佛两教发展的悠久历史为当地留下了诸多名胜古迹。茅山、宝华山、瓦屋山（现改名为九龙山）、南梁萧绩墓石刻、唐代书法家颜真卿的祠堂陵墓等为句容茅山茶乡茶文化渲染了浓郁的古色古香氛围。

（5）旅游资源种类丰富，旅游模式多样化

句容田园风光秀美，植被保护良好，树种类型多样，野生动物保护良好，形成多个林场、赤山河畔白鸳栖息地等。句容盛产农业、林业产品，农副产品众多，尤其是药材丰富，是天然的药物宝库。句容的农家菜和地方民俗文化也各有特色。

2. 发展机遇

（1）各级政府旅游部门组织对句容茅山地区旅游的大力支持

人们的旅游价值观逐渐由观光旅游向休闲度假转变。目前长三角地区对休闲度假旅游的需求明显增加，句容发展乡村旅游，正迎合了这种需要。国家旅游局在2006年推出"乡村旅游年"主题，从而掀起了发展乡村旅游大机遇。

（2）国家级 AAAA 级景区江苏茶博园为茅山地区茶文化发展带来新的契机

"茶业福地、科技洞天"——国家 AAAA 景区江苏茶博园是集产业发展、生态保护、休闲娱乐于一体的综合茶叶产业园区，其办园主要目的是弘扬中国传统茶文化知识，吸引了国内外诸多游客，为茅山地区茶文化发展、推广茅山茶文化带来新的契机。

（3）浓郁的茶艺专业学术氛围为茅山地区茶文化发展提供了坚实的科技背景

句容市是全国科技工作先进市，境内拥有江苏农林职业技术学院，周边有仙林大学城和江宁大学城。一流的高校和科研基地为句容乡村旅游发展研究和农业产业多元化提供了智力支持和保障。

3. 句容茅山地区茶文化旅游亟待解决的问题与不足

（1）茶文化旅游配套设施建设滞后

句容住宿规模普遍偏小，经营效益一般。宾馆建筑风格大同小异，不具有茶文化特色，与茶园自然环境和茶文化人文环境的融合缺乏考虑，缺乏富有句容茅山茶文化特色的宾馆及民宿，普遍存在游客"过而不留、留而不住、住而不久"的现象。旅行社旅游职能单一，价格竞争激烈，缺乏茶文化旅游专业性的旅行社，茶文化景点服务质量不到位。

（2）缺少高素质的茶文化旅游专业人才

茅山茶文化旅游导游员专业素质有待提高，缺乏高层次茶文化经营管理专门人才，导致对外地游客来句容进行茶文化旅游的营销和组织力度不够。相关茶文化景区从业人员缺乏专业培训，茶艺表演动作缺乏规范性，专业茶艺师稀缺。

（3）宣传不到位，品牌意识有待加强

茅山茶文化旅游在宣传、营销方面的力度不够，游客和茶企业之间信息沟通平台缺乏。茶文化旅游仅是旅游公司的小众产品。茶文化旅游市场不但产品稀少而且形式单一，旅游产品开发滞后，还没有打造出一条与茶文化相关的旅游产业宣传链条。

4. 外部威胁

（1）地处长三角激烈的市场竞争包围圈中

周边茶文化旅游名胜地区比较多，如金坛、南京等，无锡、苏州的茶文化底蕴更是悠长深厚。一方面，竞争对手们都在不断提升自身水平，扩大竞争优势；另一方面，后起之秀正在不断涌现。因此，句容必须采取有力措施来提高竞争力。

（2）满足旅游市场产品需求难度增加

近几年来，旅游市场呈现井喷式增长之势，随着经济水平的提高和人们阅历的提升，越来越多的游客摆脱了传统的观光旅游习惯，转而增加了对个性化旅游产品的需求。如果不及时根据市场需求，丰富旅游产品、旅游路线，则容易被淘汰出局。

（3）环保工作形势严峻

畜禽养殖产业的发展在给茅山地区群众带来可观的经济收入的同时，也给当地环境治理带来一定的压力。家禽排污直接增加了环保工作治理的难度。某些地区过度使用农用药物、化学肥料等也对当地大力发展茶文化生态旅游形成掣肘。

（4）信息化时代带来的压力

茅山茶文化旅游相关景点的现代科技旅游辅助工具设施建设滞后，甚至处于尚未开发状态，导致有些偏远景点通信网络信号不稳定，无法为追求个性化旅游的游客提供完善的硬件支持。相关茶文化旅游网站内容不完善，信息更新落后，为广大出游者带来极大的不便。

三、句容茅山地区茶文化生态旅游资源开发展望

1. 树立品牌意识，强化并创新宣传手段，充分发挥政府职能

邀请句容本土学者编撰具有全民普及效应的各类茶文化书籍，组织专家学者进行公益营销，用"名人效应"来扩大影响。充分利用新媒体，在茶文化的传播上多采用视频、音频等多媒体技术，将茶文化具体化、形象

化，并在相关企事业单位官方网页或社交门户上增加茶文化网络互动的内容。

政府及相关企业设立专门茶文化推广策划部门，实施各类茶文化传播专题活动，定期或不定期地组织茶文化节、茶文化知识竞赛、茶文化传播研究、茶道交流等。政府应该根据茅山茶文化特色，根据茶文化休闲旅游的理念，加大资金投入规模，强化临近城镇的基础配套服务设施建设，并建立完善的茶叶标准、茶叶评测体系，设立茶文化旅游产业发展专项基金及茶文化管理部门，负责茶文化产品的设计包装、营销策划、品牌运营管理等。

2. 培养茶文化专业人才，提高茶文化从业人员专业素养

旅游从业人员是茶文化旅游的重要参与者和推广者，应采取灵活多样的方式提高旅游从业人员的茶文化素质，诸如请一些茶文化专家进行讲座，或者请一些民间老艺人展示独具匠心的茶文化，或者请一些民俗文化传承人讲解茶俗茶礼等。在茶文化景区招募导游人员考试时增加茶文化知识内容，并在各类旅游知识培训中加入茶文化专题内容。

加强与当地中高等院校在专业设置、培养方案、师资力量、校企合作等方面的深度合作，可以试行茶艺专业定向培养、弹性学制、现代学徒制等方式，加快人才培养；建立继续教育培训和短期进修培训基地，利用江苏农林职业技术学院的资源优势，共享人才资源，除了培养茶制作加工、茶艺等专门人才外，还可以开设第二课堂、茶艺选修等课程，加大茶文化的普及和宣传，从而发现优秀的茶文化旅游人才，共建特色茶艺专业。

3. 安排不同的旅游项目，打造精品茶文化旅游产品

与旅游部门加强合作，努力推出茶文化旅游特色线路。综合考虑消费标准、目的地资源、季节、时间等因素，广泛在周边旅游景区、茶产区开辟茶文化旅游线路。茅山地区是道教上清教的发源地，可以利用这一优势开发茶文化与道教文化融合的旅游项目。茶道是一门深奥博大的学科，可根据游客的兴趣开展茶文化学习之旅，让游客更全面、更系统地了解茶艺、茶道、种茶、制茶等文化，针对不同客人安排特色旅游线路。

4. 合理利用当地物质资源全面提升茶文化内涵，提高茶产品附加值

句容地区的树木、竹林资源丰富，茅山茶文化产品可合理利用木材、竹材资源开发各种木制、竹制茶具、采茶的竹篓与竹帽、茶工艺品、茶旅游纪念品等，反映民间饮茶生活的木雕，如按比例缩小的茶具、茶桌椅、茶建筑等的木雕、竹雕模型等。茶文化产品可融入茅山道教文化、茅山革命老区红色文化、宝华山佛教文化等，将体现此类文化的文字、诗词、绘画作品在茶工艺品上雕刻或印制出来。

5. 延伸茶产品，充分利用当地特色药材资源，制作中药茶

茅山地区医药历史源远流长，茅山苍术、灵芝、太保黄精、何首乌、党参、太子参、葛根茶、葛粉、金蝉花等药材均负盛名。拓展茶产品资源，将药材融入茶类制成中药茶，为方便游客购买，可制成便携式茶包或茶枕等，分为不同疗效具有不同保健功能的茶类，如减肥中药茶、降压中药茶等，形成以茶养生的茶文化氛围。

6. 利用茅山地区道教、佛教系列茶典茶俗等非物质文化遗产，深度开发具有句容特色的精品茶文化产品

茶文化就其精神内涵来看，既包括儒家的内省、亲和、凝聚，又包含佛家的清静、空灵、禅机，同时又有道家的自然、养生与无为。茶与佛、茶与道、茶与道院寺庙的关系极为密切，几乎每个寺庙道院都有自己的茶园。品味茅山茶文化，首先要了解当地的茅山道教与宝华山佛教。可以安排一些旅游项目，如茅山茶道寻典溯源、寻访武岐山品味煮茶醉人等活动。茅山茶园景观造型设置上可以仿造道教的八卦图形，并提供汉服供游客自主选择体验茅山隐士隐居茅山洞穴采茶饮茶的悠然自得，茶园附近建立道家茶馆、道家宾馆，举办各类茶道表演，在以上各类茶文化公共场所配以道家背景音乐。

7. 举办丰富多彩的茶文化游学活动

茅山茶文化旅游可与句容科教有机结合，联办茶文化科教实习基地和青少年茶文化教育基地，培养茶文化素养，传承茅山茶文化精粹。有针对性地向游客宣传茅山地区名特优茶，如茅山长青、金山翠芽、茗苑曲毫等，介绍茶叶采摘、制作、包装、冲泡，以及茶树种植与养护、防暑抗寒、防

病虫害等过程中所运用到的物理化学知识，让游客有选择性地参与茶叶的生产、加工与制造。建议把茶文化课列入句容市中小学课程，推动茶文化课与其他科普、艺术类内容一起进入句容市所有中小学生的学习范畴，组织茅山地区茶文化名人编撰颇具本土特色的茶文化教材。

8. 融合句容特色生态农业、红色文化资源，形成茶家乐休闲文化

"茶家乐"以茶为媒，将采茶、制茶、品茶、论茶、赏茶、购茶等茶文化体验活动有机集合起来，是以茶文化体验为核心，以茶农为依托的一种休闲度假旅游产品。茅山地区四季盛产各式水果、蔬菜，畜禽业发达，可开发与茶相关的融合茅山特色旅游食品的各色茶点等，开发各种生态农产品茶宴。

茅山地区茶文化与红色革命有着不解之缘。结合历史典故，将红色人物事迹融合茅山当地悠久的茶历史、茶文化，极大地丰富茶旅游产品，增强茅山茶文化的感染力和吸引力；可将茶文化为书画艺术和众多戏剧影视创作的选题，邀请剧作家创作此类题材话剧，并在茅山茶馆上演，举办以茶事为主题的书画艺术作品展等。把茶叶所蕴藏的丰厚历史人文资源转化艺术形式，潜力无穷。

9. 利用旅游理论实现茅山茶文化旅游模式创新与动态发展

2016年，句容市位列国家旅游局公布的首批"国家全域旅游示范区"创建单位名单，全域旅游是句容市近年来着力打造的城市名片之一。在全域旅游理念指导下，利用茅山当地道教文化、宝华山佛教文化、生态农业和茶文化的挖掘、提炼和整合来凸现茶的古朴、厚重、丰满的文化含量，加快发展茶文化旅游。

智慧旅游应成为茅山地区茶文化旅游产业发展的风向标。建议构建完整的茶文化旅游景区公共信息服务体系，对茶文化旅游景区的信息服务设施进行智慧化系统改造，积极培养专业人才把茶区建成智慧服务景区。除了全域旅游、智慧旅游等理论指导，茶文化旅游推广者还应综合利用其他旅游理论知识不断指导茅山地区茶文化旅游实践，不断完善相关设施。

参考文献：

［1］陈武生：《金山翠芽》，《茶业通报》，1984 年第 2 期。

［2］政协句容市委员会：《诗颂句容——历代文人咏句容》，江苏人民出版社，2015 年。

［3］镇江统计信息公众网：http：//tjj. zhenjiang. gov. cn/tjzl/tjnj/，2017 - 08 - 06.

［4］国家统计局农业年度数据，http：//data. stats. gov. cn/easyquery. htm？cn = C01，2017 - 08 - 06.

［5］句容县志，http：//szb. zhenjiang. gov. cn/htmA/fangzhi/jr/0602. htm，2017 - 08 - 06.

［6］张德敏：《加强茶叶品牌建设引领句容茶业发展》，《镇江日报》，2007 年 8 月 24 日。

［7］杨世华，孙然：《福地句容》，茅山道教文化研究中心，2007 年。

［8］沈学政，苏祝成：《具有文化特质功能型农业的发展模式：以茶文化与茶产业为例》，《浙江农业学报》，2012 年第 1 期。

［9］冯可珠：《茅山民间文学集成》，上海科学技术文献出版社，2001 年。

基于生态文明建设的美丽乡村建设研究

| 镇江市财会干部学校课题组 |

建设"美丽乡村"是实现"美丽中国"宏伟蓝图规划的立根之本，也是切实解决我国"三农"问题的创新性举措。新时代背景下"美丽乡村"的建设既要求"外在"经济形势"美"，更要求"内在"生态和谐"美"，因而基于生态文明理念的美丽乡村建设迫在眉睫。面对乡村发展模式的日益同质化，如何构建科学的综合推进机制以支持各地打造美丽宜居的特色镇村、寻求农村的差异化发展，是镇江市 2017 年全局工作的重中之重，也是服务镇江改革与发展的需要，更是"强富美高"新镇江建设的内在需求。

一、生态文明与美丽乡村的内涵结构及内在关联

作为升级版的新农村建设，"美丽乡村"被赋予了新的时代内涵与特征。在遵循社会主义新农村建设"生产发展、生活富裕、乡风文明、村容整洁、管理民主"目标要求的基础上，新形势下"美丽乡村"完美体现了自然之美和社会之美，着重推动生态保护和经济发展的共进，实现了生态宜居和生活富裕的共赢。而生态文明是人与自然、人与人、人与社会间和谐共生的文化伦理形态①，农村生态文明建设主要包括生态农业（生态旅游业）、生态村庄、生态文化三个方面的建设内容，即按照农村的内在发展规

---

① 潘岳：《论社会主义生态文明》，《绿叶》，2006 年第 10 期。

律，切实保护农村生态环境，实现人与自然的和谐相处。

"美丽乡村"是新时代背景下对新农村建设的重新阐释与解读，是农村贯彻落实生态文明建设理念的重要举措和具体行动。建设"美丽乡村"是"实现农村生态文明的主要抓手，是我国整体经济水平发展的重要标志"①，两者完美契合，具有内在的高度一致性。一是生态文明理念对"美丽乡村"建设具有思想指导作用，建设"美丽乡村"要树立尊重、顺应、保护自然的生态文明理念，统筹推进农村"生产、生态、生活"的协调发展；二是"美丽乡村"建设是推进生态文明建设的有效载体和重要保障，创建"美丽乡村"可以更好地遵循农村经济社会的发展规律，推动农村的可持续发展；三是生态文明建设构成了"美丽乡村"建设的重要内容，生态环境、生态文化和生态经济的建设是生态文明的核心；四是建设生态文明为"美丽乡村"建设奠定了扎实的经济基础。生态文明与美丽乡村建设两者互助互进，共同推进农村发展模式的转变。

二、国内外"美丽乡村"建设的成功经验

（一）国外乡村建设模式的创新

在长期的乡村建设实践中，发达国家积累了丰富的经验，形成了一套涉及环境治理、产业发展、景观营造、历史及人文特色传承多方面的合理有效的乡村建设体系。

美国"特色乡村"。20 世纪 80 年代，美国在乡村建设方面强调地区个性，依据各地传统文化与风俗习惯建设不拘一格、适宜的乡村风貌。"特色乡村"建设并非随性而为，而是通过周密的规划，拓宽包括联邦政府、开发商和地方政府在内的资金筹集渠道，以投资于乡村基础设施。②

---

① 陈锦泉，郑金贵：《生态文明视角下的美丽乡村建设评价指标体系研究》，《江苏农业科学》，2016 年第 9 期。

② 王晨光：《"美丽乡村"目标导向下苏南乡村空间重构策略研究》，苏州科技学院硕士学位论文，2014 年。

德国"村庄更新"。"村庄更新"的主要理念在于等值化城乡生活,旨在通过合理利用土地资源、整理乡村土地、改善乡村土地结构、集中规划分散土地,打造现代化农业生产。德国政府注重生态理念与乡村发展的融合,成立《田地重划法》《建设法典》两部法规约束和规范更新过程中农业用地和建设用地的建设活动[①]。

韩国"新乡村运动"。韩国"新乡村运动"旨在通过调节税收收入分配、提高政府对农业的投入比例,提高农民的收入,逐步缩小城乡收入差距,以缓和城乡收入差距引发的社会矛盾。"新乡村运动"特别注重农民的精神启蒙,发挥农民的自主性和积极性。经过几代人的努力,"新乡村运动"取得了显著成就,极大地推动了城乡统筹协调发展与区域平衡发展。

(二)国内"美丽乡村"建设的探索

中华人民共和国成立以来,我国农村发展缓慢,经过家庭联产承包经营制度的改革后,进入新时期的新农村建设逐步取得创新性的进展。

安吉模式。我国美丽乡村建设最早源于浙江湖州安吉,安吉模式的核心在于以生态文明建设为前提,打造农业强、农民富、农村美、城乡和谐发展的中国式乡村。安吉美丽乡村的建设主要从四个"四"出发,一是明确"村村优美、家家创业、处处和谐、人人幸福"四项目标;二是搭建"程度、力度、广度、进度"四度架构;三是坚持"自然美、现代美、个性美、整体美""四美"原则;四是实施"环境提升、产业提升、服务提升、素质提升"四大工程。

江宁模式。近年来,南京江宁区坚持新型城镇化和美丽乡村建设双轮驱动,积极探索具有大都市近郊区特色的农业农村现代化之路,为此提出了"农民生活方式城市化、农业生产方式现代化、农村生态环境田园化和山青水碧生态美、科学规划形态美、乡风文明素质美、村强民富生活美、

---

① 崔花蕾:《"美丽乡村"建设的路径选择:来自湖北省 P 村和 G 村调研的报告》,华中师范大学硕士学位论文,2015 年。

管理民主和谐美"的美丽乡村建设目标①。江宁区以推动"七大工程"为路径，以"三化五美"为目标开展美丽乡村建设，吸引都市居民前来休闲旅游消费。

三、镇江生态文明与美丽乡村建设现状

为了巩固和拓展"十二五"期间村庄环境整治成果，改善提升村庄环境，2014 年以来，镇江市政府启动了美丽宜居镇村建设工作，按照每年打造 1 个美丽宜居镇、10 个美丽宜居村的目标，加大投入力度，狠抓任务落实。"绿色发展"亦是镇江美丽乡村建设的重要趋势，镇江市委市政府坚持"绿化与美化相结合""因地制宜、适地适树、景观优美、效益兼顾"的原则，按照"一村一规划、一村一图纸"的创建要求，对照森林生态示范村的建设标准，将规划落实到年度村庄绿化工作计划，做到村庄绿化与村庄美化相结合，村庄绿化与经济效益相结合。目前，镇江市各部门在基于生态文明的美丽乡村建设方面，已有不少政策措施实施并取得了显著的绩效（如表 1 至表 3 所示）。

表 1　镇江市覆盖拉网式农村环境综合整治工作完成情况

年度	地　区	试点村数量/个	已完工数量/个
2015	合计	76	59
	丹阳	22	5
	句容	27	27
	扬中	4	4
	丹徒	23	23

① 刘泽洲，刘晋文，李辉：《行动导向的近郊型美丽乡村片区规划编制探索——以南京江宁为例》，《城市建筑》，2016 年第 11 期。

年度	地　区	试点村数量/个	已完工数量/个
2016	合计	104	
	丹阳	28	
	句容	14	14
	扬中	41	41
	丹徒	21	
2017	合计	75	
	丹阳	42	
	句容	18	
	丹徒	15	

表2　2016年镇江市绿化示范村汇总表

所在市、区	绿化示范村	村名	森林生态示范村	村名
合计	19		7	
句容市（12）	7	石巷村，南岗村，道士庄村，孔岗头村，西冯村，谢家村，西宋甲村	5	薛庄村，牌坊村，东进苑，胡家寨村，魏家村
扬中市（5）	4	新胜村2、3、4组，金星村8组，心安小区，振兴村西3组、西10组	1	新星村东5、6、15组；西7、8、9、10组
丹徒区（8）	7	下寺塘圩村，吴家村，五墩9组，五套2组，西联村，福利村，十一圩村	1	蒋岗村
润州区（1）	1	姚大圩村		

表3 2016年镇江市省级村庄绿化示范村建设验收评分汇总表

序号	镇街	行政村（社区）	自然村	村庄面积/亩	户数	人口	实际栽植株数							当年造林成活率/%	绿化覆盖率/%	评定总分值	是否评定市级合格村	是否评定省级示范村	是否评定森林生态村
							合计	道路绿化	水体绿化	农田林网	村片林	公共绿地	宅前屋后						
1	白兔镇	唐庄村	薛庄村	520	78	255	15066	1123	382	800	287	11000	1474	95	53	98			是
2	后白镇	茅山茶场	牌坊村	285	70	180	11803	1040	3630	801	1200	1000	4132	96	60	98			是
3	郭庄镇	孔塘村	魏家村	521	120	339	16600	1000	200	6600	400	3000	5400	93	42	97			是
4	茅山管委会	东进林场	东进苑	300	157	170	11000	1526	174	2300	3500	3500	0		69	96			是
5	天王镇	蔡巷村	胡家寨村	530	90	301	15801	1870	275	4800	350	4640	3866	95	44	96			是
6	后白镇	西冯村	西冯村	315	115	402	10183	1160	3120	2500	1150	600	1653	95	53	94		是	
7	郭庄镇	百里村	谢家村	158	45	138	7150	1000	50	200	100	3000	2800	95	63	93		是	
8	茅山镇	永兴村	西末甲村	420	100	378	12050	1000	200	3600	450	3500	3300	95	41	93		是	
9	天王镇	赵巷村	南冈村	320	70	210	8665	480	3050	3600	350	105	1080	96	43	92		是	
10	茅山管委会	潘冲村	石巷村	150	60	140	4990	860	30	1860	1000	120	1120	95	49	92		是	
11	后白镇	三圣村	孔岗头村	280	101	360	7045	505	1470	3150	900	300	720	95	41	90		是	
12	宝华镇	铜山庄村	道士庄村	225	80	250	5524	104	1012	2500	500	1129	279	95	42	90		是	
13	开发区	新星	东5、6、15 西7、8、9、10	375	150	600	18704	1710	603	2810	10500	631	2450	90	45	96			是
14	三茅	金星	八组	248	243	746	9995	1150	255	440	6800	350	1000	90	41	92		是	

续表

序号	镇街	行政村（社区）	自然村	村庄面积/亩	户数	人口	实际栽植总株数							当年造林成活率/%	绿化覆盖率/%	评定总分值	是否评定市级合格村	是否评定省级示范村	是否评定森林生态村
							合计	道路绿化	水体绿化	农田林网	村片林	公共绿地	宅前屋后						
15	三茅	新胜	2、3、4组	260	310	1006	9400	800	200	350	7000	200	850	92	39	92			
16	八桥	八桥	心安小区	400	439	1816	19144	2400	1068	560	10200	3281	1635	91	42	92		是	
17	油坊	振兴	西3组、西10组	410	256	801	20940	6460	420	1600	9600	1300	1560	95	41	92		是	
18	宝堰镇	鲁溪村	蒋岗	470	156	460	27510	6360	1420	4080	5560	4660	5430	95	35	98			是
19	宜城街道	长山村	下寺塘圩	180	42	163	10655	2855	530	1190	2550	1840	1690	93	37	94		是	
20	谷阳镇	莱村村	吴家	380	103	352	22300	7800	1400	3200	3550	3900	2450	91	36	94		是	
21	辛丰镇	星棋村	西联	153	52	150	8960	1870	512	1220	2450	1028	1880	92	36	93		是	
22	江心镇	五墩	9组	303	92	271	17558	7778	420	1460	2810	3020	2070	93	36	93		是	
23	江心镇	五奎	2组	395	105	387	22580	6865	1355	2580	4420	3780	3580	92	35	92		是	
24	高桥镇	京江村	十一圩	210	56	180	12540	2810	570	1810	2890	1780	2680	91	36	91		是	
25	世业镇	世业村	福利	350	120	360	19930	5500	1650	2250	4250	3400	2880	92	35	91		是	
26	和平路	长江村	姚大圩	195	248	716	12515	374	341	281	10784	472	263	95	38	93		是	

虽然镇江"美丽乡村"建设一直秉承以城乡发展一体化为主线,以农村产业发展为基础,以农村综合配套改革为保障,因地制宜,建设人文特色型、自然生态型、现代社区型、整治改善型美丽乡村建设示范村,但其建设的进度和水平同浙江安吉、南京江宁等地的"美丽乡村"建设相去甚远,仍然存在认识有偏差、资金有瓶颈、管理规划不到位、软件建设缺失、农民主体性不足等缺憾。

四、基于生态文明理念的镇江"美丽乡村"建设路径探析

在允许多样化的基础上,协同政府、社会、企业、村委会和农民等多方力量搭建镇江"美丽乡村"的协同建设机制,构建协调体系,改变原有的认识偏差,扩展资金来源,科学规划管理,重视软件建设,充分发挥农民的主体作用,建设出具有以点带面示范作用的镇江特色的"美丽乡村"。

(一)规划布局,完善顶层设计

推进镇江市"美丽乡村"建设工作的首要任务应该是科学的规划布局,将生态文明建设贯穿于镇江市美丽乡村建设工作的始终,在保护生态环境的前提下,从镇江本地的实际情况出发,走访调研,充分考虑镇江经济发展、历史文化、风貌特征、功能定位等多方面因素,整合多方资源和优势,制订镇江美丽乡村发展规划体系,优先做好顶层设计工作。镇江市"美丽乡村"建设应该以"生态、绿色、和谐"为主题,遵循"因地制宜、以人为本、整合资源"的路径和方法,扎实推进"美丽乡村"建设。"美丽乡村"建设不能与城镇化脱节,因此在规划过程中应该将其与"新型城镇化"及"城乡一体化"的建设工作结合起来,促进城乡统筹发展。

(二)综合整治,优化生态环境

在生态文明建设的大背景下,镇江市要进一步加强农村生态建设、环境保护和综合整治工作,努力在"美丽乡村"建设中展现镇江的自然之美、生态之美。一是要把优化生态环境作为"美丽乡村"建设的重点工作加以推进,对重要污染源进行辨别隔绝。二是完善农村配套设施,为提升农村生活品质创造更好、更有利的条件。三是镇江各村镇要进一步发展生态循环工农业,继续推进畜禽粪便无害化处理。四是加大生态林、生态公园等生态项目的建设力度,提高植被的覆盖率。五是各部门应做好生态文明建设和"美丽乡村"建设的宣传工作,培育农民的生态环保意识。

(三) 立足本地,打造特色品牌

镇江山水资源丰富,文化底蕴深厚。推进镇江美丽乡村建设工作,关键在于挖掘当地文化特点,重视当地的文化传承,这样才能打造出具有地方特色的乡村品牌。因此,镇江应确立适合自身的乡村旅游品牌形象,通过品牌宣传扩大其辐射范围,培育精品观光旅游景点,打造山水旅游品牌。同时,要加强对文化遗产的保护,例如镇江锅盖面等以特殊工艺打造而成的镇江特色美食,成为吸引多方游客的文化魅力;要继续挖掘镇江本地其他手工技艺,打造新的品牌,吸引更多游客。此外,要突出农民在美丽乡村文化建设中的主体地位,乡村传统文化的传承和保护离不开广大农民,因此必须充分发挥广大农民的文化自觉[1]。

(四) 社会共建,有效整合资金

美丽乡村建设要整合社会各方资源,实现合作共建。政府部门要发挥主导作用,在发展规划、宣传引导等方面做好准备工作,第一时间让广大人民群众了解美丽乡村建设的意义、内容和途径,营造美丽乡村建设的良好氛围。同时政府要与地方农民、企业、社会组织进行沟通洽谈,做好各方工作,引导社会各群体加入美丽乡村建设的工作中。要想保障"美丽乡村"建设的顺利开展,实现美丽乡村的可持续发展,必须构建财政引导、社会共建的资金引入机制,通过有效整合资金,构建多中心资本筹集渠道。

---

① 张梦洁,黎昕:《美丽乡村建设中的文化保护与传承路径探究》,《内蒙古农业大学学报(社会科学版)》,2015 年第 6 期。

（五）保护农民权益，增强农民参与活力

美丽乡村建设工作要以人为本，要把落实好、维护好、发展好农民的最根本利益放在第一位，立足解决农民的困难，减轻农民的负担，保障农民的权益。通过美丽乡村的开发建设，积极发展餐饮、旅游等第三产业，为群众创业、就业创造更多机会，增加群众经济收入，促进地方经济发展。建设美丽乡村，更要培养美丽村民，重视对农民群众的教育工作，提升农民的文化素质，普及文化开发、文物保护等专业知识技能，让农民成为农村传统文化传承的有力承担者，只有具备参与的能力，才能保持农民群众长久的参与热情，只有这样，才能让村民们更具美丽乡村主人翁的意识。

（课题组成员：李文江、张建忠、吕心洁、胡悦、梁丽娟、张晓祥、孙作明）

二、社会发展篇

分众理论下的社会主义核心价值观
专题宣讲教育模式探索

刘清生 于 伟 李巍男 刁希娴 刘 剑 杨 琴 刘 颖 吴振晖

当前，无论是高校，还是中小学，社会主义核心价值观教育的总体规划性不够，教育的持续性不强，教育环节的实践性体验不足，由此导致教育的针对性和有效性缺乏。面对不同层次、不同类型的学校，同一学校不同年级、不同院系、不同专业、不同学习背景的学生，教师极易忽视学生的个体差异和个性化需求，导致学生感受不到核心价值观教育学习的乐趣与真正价值。将分众理论运用到社会主义核心价值观教育之中，是按照学生的不同特点（如年龄、兴趣、能力、需求、专业、接受能力等），将学生细分为多个小群体，针对不同群体选择不同的教育内容和教学手段开展专题教育，从而实现教育目标的达成。这种分众理论下的社会主义核心价值观专题宣讲教育模式，对镇江市各级各类学校社会主义核心价值观教育具有一定的推广应用价值。

一、分众理论下的镇江大中小学生情况概要分析

根据镇江市教育系统最新统计数据，结合深入各级各类学校开展实地调研，课题组了解到镇江市各级各类学校的基本概况，其特点如下：第一，受众群体人数多、体量庞大。目前，镇江市拥有普通高校、中职学校、普

通中学、普通小学共计238所，在校学生数37.5万余人。第二，受众分布广泛、群体分化。受众群体涵盖从小学、中学到大学等各个教育阶段，群体差异化明显。在班额方面，普通高中集中在每班40～50人，普通初中集中在每班30～50人，普通小学每班35～55人居多。第三，教育资源丰富，特色优势明显。镇江市有6所普通高校，具备一定的教育资源优势，高校的专家学者资源、科学研究成果等可为核心价值观宣讲教育提供支持。全市111所普通小学在长期的办学实践中形成了各自的办学特色与独特的文化资源，比如中山路小学的"经典诗文诵读"特色，京口实验小学的"少儿京剧"特色，桃花坞小学的"书法"特色等，灵活运用这些特色文化优势，可为社会主义核心价值观宣讲教育提供新的生机。

镇江市开展了形式多样、扎实有效的社会主义核心价值观教育活动。具体到各级各类学校而言，普通中小学主要在本校内以融入教学的方式培树社会主义核心价值观；在镇高校对宣讲团模式的社会主义核心价值观专题教育进行了积极的探索与实践，并且各高校能够发挥自身资源优势，主动深入中小学等开展多层次的宣讲活动。从2014年开始，江苏科技大学探索组建社会主义核心价值观专题教育宣讲团开展宣讲教育，取得了一系列显著效果。综合考量镇江市各级各类学校的现状，推行社会主义核心价值观专题宣讲教育模式具有充分的必要性和较高的可行性。

二、分众理论下开展核心价值观专题教育模式探索

1. 团队组建

在镇江市各级各类学校开展宣讲团模式的社会主义核心价值观专题教育，要构建"宝塔式"多层级宣讲团队，组建高素质的宣讲队伍。根据镇江市各级各类学校的具体情况，针对不同层面、不同层次的宣讲需求，建议采取如下方式组建宣讲团队：

第一层级为汇聚镇江本土德育资源，在镇江全市选取本土道德模范、先进和典型人物，组建由全国全省道德模范、"镇江好人"、"大爱之星"等

人组成的好人事迹、赵亚夫先进事迹等宣讲团队，定期在各级各类学校宣讲，发挥先进群体的示范作用，宣讲他们对社会主义核心价值观的学习心得及以自身行动践行社会主义核心价值观的先进事迹。

第二层级为高校，由学校领导、理论宣讲团成员及各二级党组织负责人分别组成三支宣讲队伍，主要在本校开展"三个倡导"分专题宣讲。还可以充分发挥高校在社会主义核心价值观教育方面的资源优势，组建由高校专家学者等的宣讲团，定期走进中小学开展宣讲。

第三层级为中小学，由学校、年级、班级分别组成三支宣讲队伍，常态化地开展本校社会主义核心价值观宣讲。学校层面主要进行核心价值观专题教育的理论宣讲，在年级层面可联系自身思想和学习、生活实际，开展生动的分享互动活动，在班级层面则更注重落实到社会主义核心价值观的践行，从点滴积累中促成社会主义核心价值观由理论认知到践行的转化。

由此形成一个"宝塔式"的宣讲团队，三级宣讲团队分工明确、协同配合，使社会主义核心价值观教育形成一个完整的立体化宣讲教育体系。

2. 区分受众

（1）目标层次

根据不同阶段教育对象的认知能力和思维能力情况，在小学、中学、大学阶段应依次将教育目标设定为：理论认知、情感认同、行为引导。

面向小学生，要以培育亲切感、提高感受力为重点，以核心价值观中有关社会公德、文明礼仪等为基本内容，使小学生群体初步感知社会主义核心价值观的基本内涵，以培养公德意识、在学习和生活中养成良好的文明行为习惯为目标。

面向中学生，要以增强理解力、提高认同度为重点，引导中学生认真学习社会主义核心价值观的内容，注重感恩意识、公民意识、法律意识、责任意识的培养，引导中学生逐步确立积极向上的价值取向，帮助其明辨是非、善恶、美丑。

面向大学生，要以增强理性认识、提高践行力为重点，着重进行中国特色社会主义共同理想、民族精神和时代精神教育，引导学生加强道德修养，注重道德实践，努力把社会主义核心价值观的要求变成日常的行为准则，形成良好的道德品质、积极的人生态度和健康的生活情趣。

（2）内容层次

宣讲内容不能在所有群体中不分差异地进行，而是要结合各群体的特点，有针对性和侧重点地进行，要确保内容在受众的注意范围、理解范围和记忆范围之内，甚至可以结合某一层次受众的实际进一步提炼出该群体的核心价值观，如小学生核心价值观、中学生核心价值观、大学生核心价值观等。

（3）能力层次

根据学生能力层次的差异，社会主义核心价值观培育的要求不同，要因材施教、因势利导。对于大多数学生，要求他们对社会主义核心价值观建立理论认知和情感认同，使他们在学习和生活中能够自觉以社会主义核心价值观作为价值判断标尺，并努力践行。对于思想暂时存在偏差、行为误入歧途的少数学生，要着重进行社会主义核心价值观培育，用核心价值观引导其人格的塑造和培养，及时转变其思想倾向，阻止其错误行为，积极引导他们走上正轨。对于学生干部和学生党员等优秀学生群体，由于其在学生群体中具有引导、示范带头作用，应引导他们严格以社会主义核心价值观作为自身行为规范与价值标尺，并在实际生活中努力践行，积极发挥社会主义核心价值观践行的示范作用。

3. 问题导向

当前社会主义核心价值观在青少年学生群体教育中面临的突出问题是，社会主义核心价值观遇到了被边缘化、被误读、被消解的困境，传统的灌输理念导致社会主义核心价值观的亲近感缺失，给核心价值观的传播带来很大阻力。

（1）转变理念，提升社会主义核心价值观宣讲的情感温度

关注学生的内心体验，积极回应学生的现实需求。社会主义核心价值观宣讲要对以往未能触及的方面及时进行补位和发声，拓展和深化教育内容，对学生的心理需求、情感需求给予积极回应，对学生在生活中遭遇到的思想迷茫、心理压力和精神创伤及时给予引导、舒缓和抚慰。

关注独特的生命个体，满足学生的个性化诉求。宣讲切忌千篇一律，

要根据每个学生的思想特点和兴趣爱好来选取教育话语，使之具有针对性、差异化和对象化，实现教育话语的精准投送。

（2）转换话语，提升社会主义核心价值观宣讲的亲和力

话语表达从学理走向通俗。把以马克思主义为核心内容的社会主义意识形态作为引领，积极主动地将抽象性、学理性的社会主义核心价值观学术话语转换为青少年群体喜闻乐见的、具象的、接受度良好的话语，增强受众的参与感。

话语内容从单一走向多元。在话语体系中注入更多的生活话语、心理话语、情感话语、个体叙事话语等，保持话语的开放性、丰富性和生命力，实现社会主义核心价值观教育话语与学生话语的融合。

4. 专题设计

采取专题设计的"菜单式"宣讲法，将社会主义核心价值观教育与每类学生群体的具体实际结合起来，定制个性化的宣讲内容。

专题设计应保证社会主义核心价值观的完整性，专题与专题之间相互独立，专题内部逻辑明确，所有专题系统完整。同时，专题设计要体现社会主义核心价值观的逻辑性，环环相扣、层层递进、衔接紧密。通过专题设计实现大中小学不同阶段的社会主义核心价值观培育的联系性，由浅入深，逐步递进。

（1）"三个倡导"内容的专题解读

专题宣讲中要将社会主义核心价值观的要求具体化，精确提炼学生群体的价值观作为学生身体力行的价值标准。以"三个倡导"中个人层面的价值观为例，对于青少年学生群体而言，理解和践行"爱国、敬业、诚信、友善"这八个字的内涵和普通公民稍有不同。例如，"爱国"主要表现为爱自己的国家，拥有民族自尊心、自豪感和责任感；心系祖国，为国家做力所能及的事情，锐意进取、自强不息、艰苦奋斗、顽强拼搏等；"敬业"精神体现在学生要端正学习态度和养成良好的学习习惯。"诚信"主要表现为遵守校规校纪，诚实守信、言行一致，不弄虚作假，考试不作弊等。"友善"则明确为热爱集体、团结同学、与人为善、礼貌待人、关爱他人、互相帮助等。

（2）融入社会热点难点

社会主义核心价值观本身就是一个开放性的体系，相应的专题设计也要秉持多元开放的原则，不断吸纳新的内容，实现专题的灵活性。专题设计在确定专题的核心内容的基础上，要足以发挥激发学生想象力和探究精神的作用。社会主义核心价值观的内涵也会随着社会和时代的发展不断完善，在进行专题宣讲的过程中可以及时将最新的研究成果引入，丰富补充宣讲内容。

（3）贴近学生的具体实际

专题宣讲要贴近学生生活，以学生群体关心的话题为切入点，变长篇大论为实例短评，让枯燥的理论变为鲜活的人物事迹，用身边人、身边事来宣讲，拉近与学生的距离，用一个个鲜活的实例把理论与生活联系在一起，让社会主义核心价值观变得生动有趣。

5. 集中宣讲

分众理论下社会主义核心价值观专题宣讲的实现过程主要是报告会宣讲，既可以三五百学生集中宣讲，又可以走进教室进行小班化宣讲。在宣讲中要特别强化互动交流、内心实践体验，注重效果。

（1）营造自由宽松的话语场域

相比电视、网络、书籍报刊、横幅标语等宣传媒介而言，集中宣讲模式的优势就在于现场性与直观性，面对面的交流更有现场冲击力，灵活、生动，受众获取的直观感受力更强，宣讲者与受众之间更易产生情感互动与共鸣。宣讲队伍走进教室、走进课堂、走近学生，为学生面对面做专题报告，与学生互动交流，更能提升社会主义核心价值观教育的亲和力和针对性，满足学生成长发展的需求和期待，点燃学生对社会主义核心价值观的兴趣，从而产生较好的教学效果。宣讲不是一个灌输的过程，而是要打破传统教育中宣讲者的话语权，充分发挥受众的主体地位和主导作用，在课堂上营造一个自由宽松、活泼开放的话语场域，实现教育者与学生的话语权共享。

（2）在共境与互动中实现教育引导

宣讲不是单向宣传或灌输，不是简单的上情下达或"我说你听"，而是一个宣讲成员与学生群体的双向互动、相互交流、深入沟通、共同参与的过程。

一要强化与受众互动，注重人文关怀。不论哪个年龄阶段、年级层次的学生，都是思维活跃、个性鲜明的受众群体，这一群体反感、抵触说教式、控制式、灌输式的教育方式，而更倾向于平等、共境、互动的对话式教育方式，因而，宣讲模式的社会主义核心价值观教育要建构共境、互动的教育场域，从而增强教育的吸引力和感召力。二是话语方式从控制转向互动、引导。社会主义核心价值观宣讲本质上是运用话语进行理论说服的实践活动，在进行理论说服时不能将受教育者看作冷冰冰的知识容器，采用简单粗暴的方式，以强制的手段迫使受教育者被动接受，而应该尊重受教育者的主体性和能动性，使之主动接受教育内容。

（3）重视受众感受与反馈

宣讲活动中要重视受众感受与反馈，逐渐建立和完善长效机制巩固宣讲效果。例如，宣讲团可以通过开辟留言板、照片墙、在微博微信中发起话题讨论的方式开展实时反馈；或在宣讲活动的最后加入提问环节或"我们有话说"环节，让学生畅所欲言，对心中的疑惑即时提问或畅谈听完宣讲后的感受，实时对宣讲效果进行反馈，收集受众在行为和思想上的点滴变化；还可以挖掘学生宣讲员，与宣讲团成员一起组成宣讲团，深入学校、班级进行宣讲，进而形成社会主义核心价值观宣讲的长效机制和反馈机制。

"强富美高"新镇江视域下培育和
践行社会主义核心价值观的路径探寻

| 沈 霞 江志堃 卫 婷 |

2016 年，镇江市第七次党代会提出，"今后五年，要重点围绕'强富美高'，实现人民生活、发展质量、创新活力、城市品质、社会文明等五个明显提升。"要实现这一目标，必须聚焦重点难点和突出短板，更大力度转变发展理念和发展方式，用过硬作风创造过硬成果。要"把提高文明素质作为战略之举。深入践行社会主义核心价值观，弘扬新时期镇江精神，塑造'大爱镇江'城市品牌，营造崇德向善的社会新风尚"。为解决社会主义核心价值观在镇江"落地生根"的问题，必须立足建设"强富美高"新镇江，就培育和践行社会主义核心价值观的理念与路径进行探究。

一、"强富美高"新镇江建设为镇江社会主义核心价值观培育和践行注入强大动力

镇江提出"强富美高"新镇江建设目标，明确了"江苏梦"——镇江篇章的科学内涵，包括经济强、百姓富、环境美、社会文明程度高四个方面。从社会主义核心价值观培育角度看，该目标表现在经济价值观、社会价值观、政治价值观、文化价值观和生态价值观等方面的和谐发展，是国家富强与人民幸福的有机统一。"强富美高新镇江"目标的实现过程，既是

镇江经济社会全面发展的过程，也是镇江社会主义核心价值整体生态得以提升与优化的过程，是镇江高水平精神文明建设的过程。

二、社会主义核心价值观培育和践行在"强富美高"新镇江建设中具有重要的现实意义

第一，它为社会主义核心价值观建设提供榜样。"四个全面"战略布局的提出地在江苏，在"四个全面"战略布局引领下，在以"强富美高新江苏"为目标的探索过程中，镇江得以全面发展，同时也构建了镇江社会主义核心价值观的生态。镇江在培育和践行社会主义核心价值观过程中的探索与积极实践，为江苏其他省辖市乃至其他省份进行社会主义核心价值观培育提供了良好示范。

第二，它为全面建成小康社会提供价值支柱与精神动力。镇江社会主义核心价值观包含"强富美高新镇江的目标"、"新镇江精神"、生态镇江发展战略等多个方面内容，是小康社会全面建成的具体表现，其中社会主义核心价值观是镇江发展的价值支柱，而"强富美高"新镇江目标则是其巨大的精神动力。

第三，它为镇江民生建设提供价值导向，推动民生建设迈上新台阶，是镇江实现"五个明显提升"的重要内容。其中，民生幸福是落脚点。党的十八届五中全会提出"共享发展"理念，民生幸福是镇江落实这一发展理念的目标与抓手。民生幸福不仅仅在于经济的、物质的富足，更在于精神灵魂的建设，其核心是以社会主义核心价值观为内核的精神生活共同体建设。

第四，它为生态镇江建设营造价值生态系统。价值生态是生态镇江建设的核心理念，而经济生态、政治生态、文化生态、社会生态、自然生态的价值性关系的调整与优化是构成生态镇江建设的重点内容。镇江社会主义核心价值观是生态镇江的"魂"，是生态镇江建设的"黏合剂"，为其提供优良的价值生态系统。

三、"强富美高"新镇江视域下培育和践行社会主义核心价值观的路径探寻

（一）镇江培育和践行社会主义核心价值观的基本理念

1. 重视宣传教育促内化

认同和共识是培育和践行社会主义核心价值观的前提和基础。必须将十八大中有关社会主义核心价值观的内容高度概括转化为生动、鲜活、通俗的语言。同时，要将社会主义核心价值观融入文化发展当中。利用文化艺术的发展，增进群众的情感认同、理论认同和政治认同，让社会主义核心价值观成为群众的价值观念标准和行为准则，指导群众的社会主义建设实践。

2. 推动实践养成促优化

要大力开展党员干部的主题实践活动，切实增强广大党员干部学习运用马克思主义中国化最新成果的自觉性和坚定性，使他们真正成为社会主义的坚定信仰者、实践者和促进者，不断增强党的凝聚力、感召力和政府的公信力。利用党员干部的先锋模范作用带动群众自觉实践社会主义核心价值观的要求。同时，要将社会主义核心价值观制度化、体制化、政策化、法制化。

3. 营造良好氛围促强化

在培育和践行的过程中要综合运用各种手段，创造良好的环境氛围。这就需要将提倡与反对、引导与约束有效地融合起来，加强科学的引导与管理，在整个社会范围内形成良好的心态，使人们在生活当中能够自觉抵制消极思想和现象，形成惩恶扬善、匡正祛邪的良好社会风气。

4. 做好融会贯通促转化

社会主义核心价值观是我党对社会主义建设从上层建筑层面的科学总结和概括，要培育和践行社会主义核心价值观，必须将其融入社会主义的经济建设、政治建设、文化建设、社会建设和生态文明建设及党的建设当

中。同时，还要将社会主义核心价值观融入行业建设当中，与市民公约、乡规民约、学生守则、行业守则等融合在一起，使之成为群众日常生活当中必须遵守的一项行为准则，促进社会主义核心价值观的养成和优化。

5. 构建长效机制促固化

培育和践行社会主义核心价值观，是一项长期的重要政治任务。要明确各级政府、各单位、企事业负责人的责任，并将其与政府、企事业单位的日常事务有机结合起来，转化为具体的、可操作的措施，并制订详细的培育和践行的措施。同时，各级政府要建立培育和践行督查机制，实行综合评价考核机制，积极推广群众创造的新经验、新方法、新措施。

（二）镇江培育和践行社会主义核心价值观的路径选择

近年来，镇江积极落实中央和省委部署，扎实开展核心价值观实践教育活动，取得了显著成效，也取得许多有益的经验，比如相继开展的学习实践科学发展观活动、"两学一做"学习教育活动等，都属于核心价值观建设范畴。特别是把全国文明城市创建活动、学雷锋活动、文明餐桌活动、进村入企大走访活动等作为践行核心价值观的重要载体，认真开展起来，从而推动核心价值观在各领域的现实化，让核心价值观在现实生活中真正发挥引导、激励、凝聚的功能。

1. 突出镇江元素，涵养地气，解决"落地"问题

（1）开展"镇江精神"再教育、再讨论、再阐发并使之常态化的宣传教育活动

城市精神是一座城市的灵魂。面对建设"强富美高"新镇江建设的要求，应开展"创业创新，开放文明，务实诚信"新时期"镇江精神"再教育、再讨论、再阐述活动，将"镇江精神"与核心价值观倡导的精神内涵相融合，进一步引导镇江人理解和接受核心价值观所倡导的主流价值，促进核心价值在镇江落地生根。

（2）开展历史文化名城镇江系列宣传教育活动

镇江是一座拥有丰厚历史文化的城市。镇江的历史名人、当代名人和许多创业者发扬开拓进取精神，做出了巨大的业绩。镇江的民间文艺不仅

丰富多彩，而且有重量级的、高质量的，在全国乃至世界许多地方都有很高的知名度。借助镇江历史文化资源宣传教育镇江人要热爱养育自己的沃土，热爱自己家乡的山水风光，进一步唤起镇江人的家国情怀，这些都是与社会主义核心价值观的精神内涵息息相通的。

（3）开展亲近镇江方言，适度运用地方音讲解核心价值观

宣传教育活动适度开展方言教育，可以让生活在同一个区域的人多一份归属感和认同感。比如，借助广播电视播放镇江方言节目；在《镇江日报》开设"培育和践行核心价值观'镇江话大家谈'"等栏目；文艺团体可以创作表演由镇江人写成的小节目，宣传歌颂镇江人熟悉的人和事。通过开展这些活动，不仅让本地的人记住家乡的方言，熟悉家乡历史，还让来自全国各地的人在镇江话宣传教育实践中领略到镇江文化的独特魅力。

2. 突出日常养成，久久为功，解决"生根"问题

首先，做好政策转化工作。从理论层面将核心价值通过政策、方针、路线转化为广大民众所接受的、所奉行的行为规范和日常意识。其次，做好制度转化工作。将社会成员在实践过程中形成的特殊的、多变的状态向一种被普遍认可的、规范有序化的模式转变。再次，做好习俗转化工作。以规范有序的核心价值引导人们把在实践中形成的价值观念、伦理道德、风俗习惯等规范性因素所构成的观念体系，转变成大众的日常意识，实现意识形态的生活化、实践化。最后，重视具象化引导。积极组织典型引领，挖掘宣传一批身边看得见、摸得着的先进典型，如全国道德模范赵亚夫、援疆干部王华、爱心车队等的先进事迹，组织进社区、进学校、进企业巡回宣讲，为核心价值观教育提供鲜活的榜样，有效引领广大群众的价值取向。

3. 以传统文化为支撑，大力加强礼仪制度建设

培育和弘扬社会主义核心价值观必须立足优秀的传统文化。重视礼仪制度，在更新传统仪式、创新红色仪式、激活闲置仪式、简化繁复仪式等方面建立和规范一些礼仪制度，组织开展形式多样的纪念庆典活动，传播主流价值，增强人们的认同感和归属感。

家庭在文化传承与道德教育、人格培养方面担负着重要的责任。以家

风家教弘扬社会主义核心价值观应处理好以下三个问题：家风家教要创新转化；家风家教要深入浅出；家风家教要温暖人心。

培育和践行核心价值观，根本上是立德树人。校训亦是如此，必须使校训成为核心价值观在学校日常化、具体化、形象化的直观表现，让其成为塑造学生性格、推动时代精神的桥梁。

4. 完善接受机制，实现核心价值观实践教育的常态化、制度化，解决内化于心、外化于行、固化于制的问题

（1）完善教育机制，培育核心价值观，解决内化于心的问题

教育是核心价值观内化的重要途径，应当完善四类主体的教育，即领导干部、青少年、广大知识分子和普通群众。

重视干部的政治信仰教育。应当充分利用党校干部教育培训的主阵地和主渠道作用，培训党员干部坚定的党性原则，提升党员干部理论素养；通过让党员干部走进工厂当工人、走进农村当农民、走进部队当军人、走上街头当志愿者的"四当"体验活动，让党员干部提高宗旨意识，增强公仆情怀；加强党的创新理论的学习宣传研究，着力提升党员干部的理论素质，坚定理论自信、道路自信、制度自信。

重视青少年的理想信念教育。通过开展系列活动，培养少年儿童对党和社会主义祖国的朴素感情；组织开展"高举团旗跟党走"主题报告会、优秀主题团（队）日等活动，切实加强青少年革命传统教育；重视传统文化的教育，培育青少年良好的思想品德和尊老爱幼、尊师重教的传统美德。

重视青年知识分子的价值导向教育。通过创设和谐的精神环境等隐性教育方式，引导他们树立正确的道德价值观念；借助网络平台，引导他们树立正确的价值导向和法制道德观念，增强他们的道德自律意识；对青年知识分子关注的热点问题应及时加以应对和研究；通过专门的学术会议、交流研讨会、相关座谈会等方式搭建有效的沟通平台，发挥知识分子核心价值观引领人和弘扬人的作用。

重视普通群众的道德信念教育。继续倡导以"八荣八耻"为主要内容的社会主义荣辱观，引领市民判断是非、美丑、善恶，确定价值取向；深入开展"仁义礼智信"等传统道德观念宣传教育；开展"关爱自然、保护环

境"等宣传教育活动，帮助群众树立新型生态文明观；突出个人品德建设，培育公民健康的职业操守和高尚的道德情操，引导市民在鲜活的社会实践中接受认同核心价值观并推动其丰富发展。

（2）完善实践机制，践行核心价值观，解决外化于行的问题

加快文化强市建设。镇江市应积极谋划建设低碳生态的城市形象；深入推进智慧镇江建设，构建生态山水镇江，积极融入苏南示范区建设，发展文化旅游；继续推进文化事业和文化产业迈上新台阶；加强公民道德建设，办好道德讲堂，深入开展"大爱镇江"活动，大力开展多种形式的志愿服务活动，为群众践行核心价值观提供平台、树立榜样，引导群众树立孝俭养德、自强不息的精神品格。

深入推进学习型城市建设。继续推进各类学习型组织建设，丰富拓展学习型载体，打造"书香镇江"，为践行核心价值观提供智力保障。健全城市诚信评价体系。针对社会各行业诚信缺失现象，积极开展专项教育和整治工作。抓好公民诚信建设。相关部门应建立完善诚信考核评价指标体系，为完善城市信用体系建设提供制度保障。

加快信息平台建设。要积极创新网络传播主流价值的方式，通过广播、电视、报纸等宣传媒介和手机、博客、微博、微信等网络平台的作用，宣传核心价值观，加大网络监管力度，传播网络正能量。

（3）完善政策法规，发挥制度的奖惩功能，解决固化于制的问题

发挥政策导向作用。建立核心价值观贯彻落实的保障机制和责任机制，把培育和践行社会主义核心价值观纳入目标管理责任制，确保社会主义核心价值观宣传教育工作的常态推进、稳步展开。

完善法律法规。用法律权威和制度规范来推动社会主义核心价值观的培育和践行。要把社会主义核心价值观贯彻、落实到立法、执法、司法、普法和依法治理各个方面，用法律的权威来增强人们培育和践行社会主义核心价值观的自觉性。

建立激励约束机制。对符合社会主义核心价值观的行为进行鼓励，对违背社会主义核心价值观的行为进行制约，保证核心价值观的践行有序化、规范化，实现核心价值观实践教育的常态化、制度化。

弘扬烈士精神以培育社会主义核心价值观

| 吴晓霞 冷 静 包 婷 吴 韬 |

烈士精神是中国精神的集中体现。社会主义核心价值观是社会主义核心价值体系的内核，是对每一位国民的道德要求。两者在本质上具有一致性，弘扬烈士精神以培育社会主义核心价值观，具有重要的现实意义。

一、烈士精神与社会主义核心价值观的关系

烈士精神首先是一种社会意识，是集聚在烈士行为中的对世界观、人生观、价值观的认知和感受的一种正能量，与培育社会主义核心价值观关系密切。

（一）烈士精神与社会主义核心价值观的一致性

1. 两者在价值基础上相一致

爱国主义是烈士精神的核心。社会主义核心价值观将国家、社会、个人三个层面的价值准则有机统一在一起，服务于中国特色社会主义建设，与烈士爱国兴邦的爱国主义精神具有相同的价值基础和动力源泉。

2. 两者在目标追求上相一致

弘扬烈士精神可以激发人们的爱国情怀，为实现"中国梦"提供精神支柱。培育社会主义核心价值观倡导的是全国人民的共同价值追求和精神

力量。弘扬烈士精神与培育社会主义核心价值观都是建设中国特色社会主义事业的需要，两者在目标上一致。

（二）弘扬烈士精神对培育和践行社会主义核心价值观的重要性

新的时代，弘扬烈士精神对培育和践行社会主义核心价值观具有重要而深远的意义。

1. 弘扬烈士精神能够为培育和践行社会主义核心价值观提供精神源泉

从内涵看，烈士精神就是始终坚定信仰不动摇，始终坚持国家和人民的利益高于一切。所体现出的爱国精神、抗争精神、牺牲精神、奉献精神等都与社会主义核心价值观所传递的精神内涵紧密相连、一脉相承。有效发掘和利用烈士精神，能够为培育和践行社会主义核心价值观提供丰厚的精神营养。

2. 弘扬烈士精神能够为培育和践行社会主义核心价值观筑牢思想基础

当前，我国正处于经济社会转型期。目前社会上不同程度地存在着理想信念模糊、价值取向扭曲、国家意识淡薄、社会责任感缺乏的现象，长此以往，后果将不堪设想。烈士精神传递的是热爱祖国、坚定信念、无私奉献、敢于牺牲的正能量，能够在全社会引领正确的道德观和价值观，为核心价值观的培育筑牢思想基础。

3. 弘扬烈士精神是培育和践行社会主义核心价值观的重要手段

持之以恒地弘扬烈士精神能够让人们始终感受到榜样的力量，达到"润物细无声"的效果。例如，对雷锋精神的宣传，使雷锋精神深入人心，影响了整整几代中国人。

烈士也是血肉之躯，也有爱与欲望，却能为国家、民族和人民的利益舍弃宝贵的生命。弘扬烈士精神能够避免传统理论教育的简单直接、枯燥无味。如黄竞西烈士牺牲前在给妻子的信中写道："惟我们不能偕老……你心爱的情人不能再和你一面了……死是一快乐事，尤其是为革命的。我在未死前，毫不畏惧……"从中我们既可以感受到一个革命者对家人的情和爱，更能感受到烈士对革命事业的无限忠贞，具有更生动的感染力。

二、弘扬烈士精神以培育社会主义核心价值观存在的问题及所面临的机遇与挑战

针对本次课题，我们以镇江市大、中、小学生和由社会群众组成的成人组为调查对象，发出调查问卷 200 份，收回 169 份。调查问卷设有 28 道题，分为基本知识题、价值认知题、实践实效题。这些答题虽不能完全真实反映问题，但至少给课题研究提供了一定的参考。

（一）在以烈士精神培育社会主义核心价值观方面主要存在的问题

1. 对烈士精神和社会主义核心价值观的基本知识欠缺

统计发现，人们对烈士的了解不多，对烈士精神和社会主义核心价值观的内涵理解不透彻；对二者之间的关系认识模糊。说明我们在培育公民社会主义核心价值观时，忽视了烈士精神在构建社会主义核心价值观中的作用。

2. 以烈士精神培育社会主义核心价值观的认知度不够

统计发现，曾普遍存在几代人心中的"英雄"情节已经悄然消失，明星梦、发财梦已成为当下很多人追逐的梦。部分人对学习烈士精神的必要性认识不足，少数人甚至认为侮辱烈士的言论是言论自由，在价值认知上出现严重偏差。

3. 部分公民的价值认知存在一定程度的偏差

统计发现，一部分人学习的目的不再是报效祖国和为人民服务，而是追求自我价值的实现和过上更好的生活。在遇到突发事件时，还有相当一部分人选择"明哲保身"和"与己无关"。对年轻的消防战士为救 93 岁老人牺牲一事的看法上，还有一定数量的人认为"英雄亏了""太不值了"。

4. 社会主义核心价值观的培育没有针对全体公民

统计发现，3 成以上的人从不参加烈士祭扫活动；7% 的人认为自己所在的学校或单位不重视社会主义核心价值观的教育；9.6% 的人认为烈士精

神对自己影响较小；9.2%的人认为学校、单位很少宣传烈士事迹；2.7%的人认为本单位在培育社会主义核心价值观方面"什么也没做"。

我们还发现小学生组对基本知识、社会主义核心价值观的认知及实践普遍高于大、中学生组和成年人组。说明目前对社会主义核心价值观的培育更多侧重于小学生，对成年人的教育严重不足。

5. 社会主义核心价值观培育的形式渠道单一

经统计，约一半以上的人只参加过一种形式的教育活动，只通过一种渠道了解烈士事迹；一半人认为学校和单位在构建社会主义核心价值观方面做的工作不多。在社会主义核心价值观的培育中，普遍存在形式单调、渠道单一的问题，网络等一些新的渠道没有很好地利用和开发，无形中影响了教育的效果。

（二）当前以烈士精神培育社会主义核心价值观面临的机遇

1. 党和国家高度重视烈士精神在培育社会主义核心价值观中的作用

近年来，党和国家高度重视烈士纪念工作，相继颁布了《烈士褒扬条例》《烈士公祭办法》等法律法规文件，设立了烈士纪念日。标志着以爱国主义为核心的烈士精神已成为社会主义核心价值观的重要内容，弘扬和传承烈士精神已成为普遍共识。

2. 社会主义核心价值观得到社会广泛认同

2013年，中共中央办公厅印发了《关于培育和践行社会主义核心价值观的意见》。2014年，习近平在中央政治局会议上强调，"要切实把社会主义核心价值观贯穿于社会生活的方方面面。要通过教育引导、舆论宣传、文化熏陶、实践养成、制度保障等，使社会主义核心价值观内化为人们的精神追求，外化为人们的自觉行动。""要利用各种时机和场合，形成有利于培育和弘扬社会主义核心价值观的生活情景和社会氛围，使核心价值观的影响像空气一样无所不在、无时不有。"在党中央的高度重视下，近年来社会主义核心价值观的内容已经得到全社会的广泛认同。

3. 物质水平的提升，为社会主义核心价值观的培育提供了现实基础

随着我国市场经济的发展，在物质水平得到满足后，人们对精神文化

生活的需求变得越来越强烈。尤其是社会上不断出现的一些丑恶现象阻碍了精神文明的发展，人们迫切地认识到需要有一种全体公民共同认知的价值观来引领思想，促进社会和谐，推动经济更快更好地发展。物质水平的提升客观上为社会主义核心价值观的培养提供了现实基础。

（三）当前以烈士精神培育社会主义核心价值观面临的挑战

1. **市场经济带来的负面影响**

随着社会主义市场经济的不断发展，利益观念不断深入人心，越来越多的人以获得金钱、权力、享受为人生最大目标，钱成为衡量人生的重要标准，人们丧失了对精神生活的追求。理想信念动摇、腐败现象滋生、诚信观念缺失、功利主义盛行等现象，弱化了人们正确的价值判断。

2. **思想价值取向的多元化影响**

我国正处于社会转型期，社会阶层不断分化，不同利益主体对同一问题、同一社会现象、同一政策的观念和态度呈现多元化的认知。传统与现代、东方与西方、国内与国外、普遍与特殊、核心与非核心、主流与非主流之间的矛盾与冲突令人在价值追求与选择上产生迷茫与困惑。

3. **互联网不健康信息的影响**

网络传播已成为人们生活中不可缺少的主要信息来源，不仅改变了以往的认知和学习模式，也对人们的价值观产生了深远的影响。其隐蔽性、开放性的特点让不法分子和国外分裂势力传播虚假信息、制造思想混乱的行为有机可乘。近年来，网络上某些人歪曲否定中国革命史、党的历史和中华人民共和国历史，诬蔑、诋毁英雄人物。这股歪风邪气冲击社会共识，扭曲价值判断，应引起我们的高度警觉。

三、弘扬烈士精神以培育社会主义核心价值观的有效途径

（一）政策调控——发挥政策制度的调节引领作用

政策具有极大的权威性、引导性和广泛性。政策调控的方向与核心价

值观导向一致，就为人们主动接受核心价值观提供了有力的社会支持。例如，推动国家层面的核心价值观的培育，就必须制定和配套各项经济政策、富民政策，大力推进民主制度法治化，完善精神文明建设的制度体系，建立社会保障体系，这样才能引领"富强、民主、文明、和谐"价值观的实现。对烈士精神的弘扬也应该制定并完善相关的政策法规和制度，营造崇尚烈士的社会氛围，从而让烈士精神真正融入社会主义核心价值观的培育中。

（二）理论引领——烈士精神与时代精神相融合

习近平总书记在视察江苏时指出：烈士的事迹展示了共产党人的崇高理想信念、高尚道德情操、为民牺牲的大无畏精神。要用好用活这些丰富的党史资源，使之成为激励人民不断开拓前进的强大精神力量。用好党史资源，应加强对烈士史迹的研究，将烈士精神高度凝炼，用理论来引领，使烈士精神更加富有时代气息，成为新时期人们共同的价值追求。

（三）社会协同——营造良好的社会氛围

1. 要发挥舆论的引导作用

培育核心价值观，应利用广播、电视、电影、报纸杂志及新媒体等重要的载体，长期开展先进思想、先进文化、先进人物、先进事迹的宣传，形成强大的舆论场。烈士精神是正气精神的凝聚和结晶。学习烈士精神，凝聚的就是中国力量。大力宣传烈士，使学习烈士、纪念烈士成为时代新风尚，从而促进正确价值观的形成。

2. 要加强网络的监管力度

近年来，网络上各种虚假新闻、娱乐新闻的泛滥，低俗不堪的视频言论，严重影响了人们的价值判断。如网民"作业本"与加多宝丑化邱少云烈士及救火小英雄赖宁，利用网络公然挑战道德底线。这种行为必须引起重视，应加强监督管理，净化网络环境，让负面信息没有传播机会，使烈士精神折射出来的正能量得到更加广泛的传播。

3. 要强化宣传的力度

现在对社会主义核心价值观24个字的宣传随处可见，宣传的氛围非常浓厚，但真正能领会其内涵的人不多。加强宣传，不仅是对这24个字的宣传，更要将其深刻的内涵揭示出来，灌输给公众。如通过媒体、宣传栏、广告牌、宣讲、课堂教育等开展对先进人物、烈士事迹的密集宣传，揭示他们的精神实质、价值追求，使社会主义核心价值观入脑入心。

（四）方式转变——传承烈士精神更加深入人心

1. 教育群体的针对性

核心价值观的培育对象是全体公民，在教育的内容上要有针对性。针对未成年人，烈士事迹的宣传在内容上可选择小英雄的故事或者英雄报国的故事等，侧重故事性、情节性；针对成年人，可以侧重对烈士理想信念、责任担当精神的宣传等。传播烈士事迹要侧重对烈士精神的提炼，对当代社会的启示。

2. 教育形式的多样化

转变单一的施教模式，在形式上可以采取双向互动型教育模式，教育者与被教育者处在平等地位，通过互动交流，潜移默化地对被教育者实施教育。近年来，镇江烈士陵园推出"烈士故事我来讲"活动，让曾经听故事的人改变角色成为讲故事的人，大大提高了教育效果。同时，可运用红色旅游、拍摄影视教育片和动画片、开展红歌比赛等群众喜闻乐见的方式开展教育。

3. 教育手段的现代化

弘扬烈士精神可借助现代化的网络技术，实现适时教育。如在烈士纪念馆中可采用互动型多媒体、3D模拟化数字展示等手段，甚至可以针对青少年开发电子游戏项目，在娱乐中感知历史，走近烈士，接受教育，使烈士精神自觉转化为人们的价值追求。

先烈是民族的脊梁，在大力培育社会主义核心价值观的今天，弘扬烈士牺牲精神不仅没有过时，反而更加具有现实的意义和作用，正如习总书记所说："人民有信仰，民族有希望，国家有力量。"只有秉承先烈遗志，发扬先烈精神，用先烈的精神品质引领社会价值取向，才能凝聚起实现伟大中国梦的强大力量。

参考文献：

［1］罗涵：《社会主义核心价值观与先烈精神一脉相承》，《光明日报》，2014年4月4日。

［2］《高擎烈士精神的火炬坚毅前行》，《南方日报》，2014年9月30日。http：//www. wenming. cn/specials/zxdj/hxjz/hxjz_mt/201409/t20140930_2211785. shtml. /3.

［3］尹建凯：《井冈山精神与当代大学生社会主义核心价值观培育研究》，山西师范大学硕士学位论文，2016年4月2日。

［4］苏红：《西柏坡精神融入社会主义核心价值观教育研究》，河北科技大学硕士学位论文，2015年12月17日。

［5］徐腾：《中国特色社会主义核心价值观研究》，江苏人民出版社，2014年。

［6］新华社评论员：《先烈不容亵渎 英雄不能忘却》，《南方日报》，2016年9月22日。

［7］方爱东：《社会主义核心价值观研究》，中国科学技术大学出版社，2013年。

［8］吴雄：《方志敏精神的弘扬与高校社会主义核心价值观教育研究》，南昌航空大学硕士学位论文，2012年。

培育镇江"工匠精神"研究

| 骈骞雅　石晓钰　孙晨银 |

近年来，习近平总书记在论述经济新常态时，强调产业转型升级，要以严谨细致、精益求精取代以往速度取胜的传统路径。2016 年 3 月，李克强在政府工作报告中提到，鼓励企业开展个性化定制、柔性化生产，培养精益求精的"工匠精神"①。省市领导在论述"两聚一高"和"强富美高"时也多次谈到弘扬工匠精神。"十三五"是镇江经济结构转型升级、供给侧结构性改革的攻坚时期，"培育镇江工匠精神"是一个重要的理论和实践命题。

一、基于扎根理论的镇江工匠精神培育现状与问题

扎根理论是由美国学者 Glaser 和 Strauss 于 20 世纪 60 年代末创立的一种建构理论的方法。这是一种将理论与经验、抽象与具体联系起来的方法②。

---

① 陈晨：《故宫博物院文化创意产业发展研究》，《广西社会科学》，2017 年第 7 期。
② 钟晨：《基于扎根理论的华为公司国际化战略研究》，《经济论坛》，2011 年第 6 期。

(一) 镇江工匠精神的内涵

工匠精神是指凝结在工匠、劳动者乃至所有人身上的一种精神品质[①],具体内涵包括以下四要素:第一是技术高超,不仅要求实践操作能力过硬,同时要求自身专业理论储备丰富;第二是专一专注,要求有责任感和使命感,以严谨专注的态度对待工作和生活;第三是精益求精,要求有追求极致、追求完美的精神和信念;第四是勇于创新,敢于不断地探索和尝试新方法、新技术、新理念,与时俱进,完善自我。这四个基本要素是传统工匠精神与现代经济社会发展需求相结合的产物,是对劳动者及社会群众所提出的要求。

(二) 镇江工匠精神的建设现状

首先,多数劳动者基本具备专一、专注的品质,自身的敬业价值观能够在资料信息中得到体现;其次,多数劳动者早期都接受过基本的相关教育,并且凭借长期的工作经验积累,在自身工作领域内技术能力较强,但其中很多人并不具备十分专业的理论素养,更多的是一种经验存储,并不能成为合格的技术高超者;最后值得注意的是,工匠精神中精益求精、勇于创新的精神是多数劳动者所欠缺的。他们虽然大多有着基本的职业道德素养,能够认真出色地完成自己的本职工作,却很少有人能够像中国古代或日本、德国等发达国家的匠人一般将工作视为自己的使命,一生专注一道、一艺,不断探索创新,直至做到极致。

(三) 镇江工匠精神培育存在的问题分析

通过对比国内外发达地区的培育经验,并结合镇江自身状况,本文认为镇江工匠精神的培育主要存在以下几点问题:

1. 政府政策制度保障的缺失

在全国范围内广泛呼吁工匠精神的热潮下,镇江同样积极响应号召并采取了一系列举措。虽然镇江市政府已将工匠精神的培育提上了日程,在

---

① 肖群忠,刘永春:《工匠精神及其当代价值》,《湖南社会科学》,2015 年第 6 期。

对政府各部门提出要求的同时，多次开展专题讲座、培训等活动，但工匠精神的培育不仅是一种社会精神文明建设或价值观教育活动，而且有着深刻的价值内涵①，关系着镇江供给侧改革、创新驱动发展战略实施、经济结构转型升级的有效推进，这样一项长期、复杂的社会工程的推进，必然需要政府强有力的支持和保障，仅有讲座、培训等活动远远不够。

2. 校企人才培养质量有待提高

镇江工匠精神培育工作进展相对滞后的另一重要原因在于当前职高院校及企业在人才培养方面还存在不足，培养质量有待提高。学校尤其职高院校是未来劳动者、工人技师培养的主阵地，企业则是劳动者从事生产服务的主要场所，两者作为工匠精神培育的主要力量，能够最直接地触及劳动者的培养过程，能否将工匠精神培育有效融入这一过程当中十分重要。事实上，镇江的职高院校已经开始了职业教育模式方法的改革创新，但镇江的职高院校数量少，各项资源紧缺，并且生源的数量和质量状况也不容乐观，这就直接限制了人才培养的质量。另外，镇江企业以中小型为主，自身的企业文化建设、运作管理状况、企业资源储备等都与大型企业集团存在差距，因而无论是企业自身的人才培养还是为高校提供的支持与合作都十分有限。多种因素共同造成了镇江本土人才培养质量不高、工匠精神缺失的状况。

3. 工匠精神的培育有赖个人意识

综观当前镇江采取的工匠精神培育举措，基本上以专题培训、劳模选举、技能比赛等形式为主，通过间接的宣传熏陶来使劳动者理解和学习工匠精神。不可否认，这些举措对于镇江工匠精神的培育有着积极的作用，但归根结底仍是主要依靠劳动者的自我约束，尚未形成一种广泛的社会意识、社会自觉。对于劳动者来说，在目前社会地位、社会待遇、劳动权益等得不到提高和保障的情况下，要求他们自觉地"要有工匠精神""要把产品当做艺术品来做""要把工作当成一生的事业来做"，效果可想而知。

---

① 李宏伟，别应龙：《工匠精神的历史传承与当代培育》，《自然辩证法研究》，2015 年第 8 期。

二、工匠精神培育的协同建设体系

"十三五"是镇江经济结构转型升级、供给侧结构性改革的攻坚时期，在此背景下，镇江可结合自身经济社会发展特点，通过构建政府、企业、高校、社会、劳动者五方的协同体系，有效推进工匠精神的培育工作。

五方主体协同体系（如图1所示）的建构，需要通过政府引领，协调统筹各方利益资源，创设必要的制度环境，为工匠精神的培育保驾护航；以高校、企业为工匠精神培育的主要力量，通过理论教育、实践教学、实习巩固的形式将工匠精神贯彻于劳动者培养、雇佣的全过程；劳动者作为直接受众，除了规范和约束自我，还承担着工匠精神传播的使命，是实现工匠

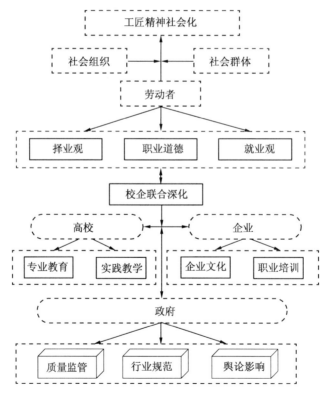

图1　镇江市工匠精神协同体系

精神社会化的重要一环；社会是工匠精神培育和弘扬的土壤，只有社会组织和社会群众的共同支持，才能将工匠精神融入社会主流价值观，实现泛社会化。该体系的架构能够通过实现四级联动、五方协同，有效促进工匠精神的培育。具体举措如下：

1. 政府层面：构筑有利于工匠精神培育的制度环境

工匠精神的塑造是一个复杂的社会性命题，并非一日之功①。培育工匠精神，培养合格职人、匠人，政府应当是最强有力的支持力量和领导者。具体而言，需要凭借其行政职能的发挥为培育工匠精神提供有效的制度保障。一是建立完善标准化、严格化的市场质量监管制度，加强生产质量监督管理。综观德国、日本的制造业发展，都是依靠严格的质量监管体系来实现生产质量保证。对生产质量的高要求和严格认证有利于促使企业的生产运作向专业化、精细化发展，刺激企业加快生产技术革新，敦促劳动者专注严谨工作态度的形成，为"工匠精神"的培养提供土壤和养分。二是改革职业资格框架制度，提高工匠职业的福利待遇与社会地位。一直以来，社会普遍认为职业院校、技术工人等是失利者的被迫选择，而高学历则是白领或精英人群的专属标签，虽然这种偏见随着经济发展和社会进步有所减少，但仍然存在。因此，严格规范职业资格认证制度，提高职业资格证书的附加值，强调工匠职人的社会价值，是夯实"工匠精神"培育的社会基础。

2. 学校层面：探索建立更有效的教育模式体系

各大高职院校是工匠精神培育的重要阵地。综观镇江乃至国内职业教育的发展，普遍存在重理论培养、轻实践教学，重职业技能学习、轻职业素养教育的弊端②。因此，要建立更为有效的教育模式体系，应当着重考虑几个方面：首先，要改变以往的教育教学模式，重视学生职业道德素质的培育和提高。在这一点上，仅凭专题讲座、专题培训等短期教育是远远不够的，需要以专业课程教学、校园文化建设等模式进行制度化、稳定化的实

---

① 孟源北，陈小娟：《工匠精神的内涵与协同培育机制构建》，《职教论坛》，2016 年第 27 期。

② 施晓轩：《瑞士职业教育对我国职业教育的启示》，《新课程研究：职业教育》，2012 年第 1 期。

施，在长期学习和熏陶中塑造学生的职业道德，理解学习工匠精神、工匠文化，并将其内化为价值观。其次，要加强高校与企业、培训机构等的合作，为学生提供多样化的学习环境和实践环境，在努力提升学生理论与实践素养的同时保证教育质量，减少或避免教育学习与社会市场需求相脱节的情况。最后，高职院校应明确自身定位，调整培养制度和培养方案，使之趋于规范化、严格化。在中国社会，职业技术学校多被认为是高考失利者的归宿，学校和学生自身也因此容易降低学习标准。高职院校必须改变这种观念，正视自身的作用和定位，严格培养和要求学生，提高教育质量。

3. 企业层面：促进工匠精神与生产发展有机融合

企业是能够为劳动者提供体验和学习工匠精神的另一重要场所，是工匠精神培育中十分重要的一环。工匠精神是通过企业生产来直接体现的，因此，工匠精神的培育必然需要与企业生产发展有机融合。第一，企业应积极主动承担责任，强化、深化校企合作、产教联合，为高校培养未来社会劳动者提供必要支持。支持不仅是提供实践场地或实习机会，还包括资金、实训教学等各方面，积极分担学校教育的部分责任。第二，将工匠精神融入企业文化，渗透到生产发展的全过程。这需要企业深刻理解工匠精神的现代价值内涵，建设专注严谨、精益求精、勇于创新的企业文化[①]，让员工在潜移默化中学习和践行工匠精神。这不仅是培育社会工匠精神的需要，也是企业加快转型升级、实现长远发展的内在要求。第三，以规范化的企业制度为工匠精神培育保驾护航。例如，建立培训制度，定期开展职业培训提高员工工作技能，学习掌握先进工作理念、方法；又如，建立绩效考核制度，对工作认真、技术高超、勇于创新的员工给予必要的物质精神激励，为工匠精神培育营造良好的氛围。

4. 社会层面：鼓励实现工匠精神的生活化与社会化

社会是工匠精神培育的土壤。工匠精神的培育不仅仅是针对企业、劳动者而提出的，更要使其在整个社会扎根繁殖，融入社会的主流价值观，

---

① 叶美兰，陈桂香：《工匠精神的当代价值意蕴及其实现路径的选择》，《高教探索》，2016 年第 10 期。

融入每个人的生产生活，实现泛社会化。因此，一方面，需要发挥工会、行业培训中心等社会组织的作用，积极开展工匠精神的集中专题培训、讲座，传播宣扬工匠精神的现代意蕴；开展职业技能大赛、榜样评选等活动，营造人人争先、积极学习践行工匠精神的社会氛围。另一方面，呼吁社会群体改变偏见，正视劳动成果并给予劳动者充分的社会尊重，让劳动者感受体会"劳动的光荣"，由衷地接纳、自觉树立工匠精神。同时扩大工匠精神的内涵和外延，使工匠精神不仅仅是匠人职人的"专属物"，引导更多的社会群体将工匠精神日常化、生活化，使工匠精神深深融入社会价值观和民族性格当中，真正实现工匠精神的社会化。

5. 劳动者层面：树立正向积极的就业观和职业价值观

劳动者是工匠精神最直接、最主要的培育对象。从这一层面出发，工匠精神的培育需要劳动者正视自己的工作、重视自己的工作、敬畏自己的工作，从而由内而外地萌生一种使命感，专注、热爱所从事的职业。因此，劳动者需要树立正确的择业观和就业观，根据国家、社会发展的时代需求来选择自己的职业。从自身做起，让技术工人不再是低端劳动的代名词，使对劳动的尊重、对匠人的推崇成为一种社会风尚。另外，也需要劳动者端正自身的职业价值观，学习日本等发达国家"一生专注做一事"的精神，以严谨认真的态度对待工作，努力追求完美、追求极致，始终勇于探索、勇于创新，将工匠精神作为自己的基本职业道德素养，而不是将其束之高阁，最终成为一种流于形式、浮于表面的口号。

镇江大运河文化保护传承利用研究

|速 成 潘法强 罗福春 刘 念 王 振|

京杭大运河纵贯南北，连接北京至浙江杭州沿线 8 省 35 座城市，全长
1797 公里，其中江苏段全长 690 公里，流经省内 8 个设区市。江苏是大运
河沿线河道最长、流经城市最多、运河遗产最丰富、列入世界文化遗产点
段最多的省份。大运河镇江段区位独特，长江与运河十字交汇，淮扬文化
与吴越文化交融，南北运河交界，全长 42.6 公里（通航段）＋16.7 公里
（城区段），虽然不长，但分布着大量的国家级文保单位，有众多文化类别
和非物质文化遗产，浓缩了大运河文化的精髓，是镇江最著名的文化带、
经济带、生态带，是镇江靓丽的名片。

2017 年 2 月 24 日，习近平总书记做出重要指示：保护大运河是运河沿
线所有地区的共同责任。镇江市委市政府认真贯彻落实习近平总书记的重
要指示精神，按照江苏省委、省政府的部署，迅速行动起来，高点站位，
明确目标，继续加大力度推进大运河文化带建设，全力保护好、传承好、
利用好大运河文化。

一、镇江大运河保护传承利用的现状

1. 运河文化保护传承与利用成效显著

镇江在运河文化保护传承方面做了大量工作，具有起步早、起点高、

举措实、投入大、持续时间长、成效显著的特点。20世纪90年代以来，镇江专门成立了运河管理处（副处级建制），建立专门的制度，组织专业的队伍，每年投入大量资金，对大运河进行保护、建设和管理，运河成为镇江一道靓丽的风景线。

（1）古运河城区段整治效果显著

为了缓解城市建设和古运河文化遗产保护间的矛盾，镇江坚持"城市建设服从古运河保护"的原则，采取切实有效的举措，全面加强古运河的保护和建设管理。古运河镇江城区段全长16.7公里，1992年以来，每年筹措大量资金，通过长期的棚户拆迁改造、持续的河道综合整治、全线的亮化绿化美化，运河风光带已具规模，河道三曲九弯，岸线顺直，曲线优美；建成覆盖主城区的污水截流工程、金山湖整治工程、京口闸水利枢纽等一批投资规模很大的水利设施；配合精美镇江的建设，沿岸修建了一批仿古亭台廊阁，新建了纪念诺贝尔文学奖获得者赛珍珠的珍珠广场等一批供市民休憩的游园和街区文化传承场所，打造宜居宜游城市。

（2）大运河通航段的综合效益显著

随着长期的大运河沿线违章建筑的拆除、岸线码头的清理整顿、污染企业的大规模搬迁等综合整治工程的完成，以及大运河沿线桥闸改扩建、航道四改三、砌直立式水泥混凝土挡墙、岸坡植被整治等一系列工程的竣工，现航道河面净宽90米，底宽70米，水深3.2米，弯曲半径480米，桥梁净高7米，船舶常年通航能力提高到1000吨级，42.74公里的镇江通航段以"水上高速"的面貌展现其活力。2016年，谏壁船闸货物通过量达8207.2万吨，为苏南经济发展插上腾飞的翅膀。谏壁船闸、谏壁节制闸、谏壁抽水站组成苏南太湖西部水利枢纽，执行着京杭运河与湖西防洪、排涝、灌溉、航运之重任。

（3）一批历史文化遗存遗迹晋级国家文保单位得到有效保护

大运河镇江段目前有全国重点文物保护单位西津渡古街、宋元粮仓遗址、昭关石塔、镇江英国领事馆旧址、大运河镇江段、江河交汇处（3处）、虎踞桥、新河街一条街、丹阳南朝陵墓石刻（陵口段）、丹阳葛城遗址等10处；省级文物保护单位有冷遹旧居等4处。此外，市、县级文物保护单位还有很多。数量众多的各级文保单位都得到了有效保护。

（4）一批历史文化遗存遗迹得到了复建、修缮和保护

修复了西津渡历史文化街区、小京口运河入江口"江河交汇处"碑石，复建了北固楼、多景楼、芙蓉楼、万善塔、万善公园等文化遗存遗迹；修缮了沈括的梦溪园旧址、宋代的虎踞桥、南水关、宋元粮仓遗址、宝塔山公园、丁卯景区、僧伽塔；铁瓮城遗址保护已启动，新河街正在打造"运河第一街"，呈现宋代以来南北文化交融的历史，再现京口文化、运河文化。

2. 运河文化保护传承与利用存在的不足

（1）部分古江河交汇口难觅踪影

由于长江河床的自然变化，泥沙淤积，或因城建需要，抑或是历史原因，徒儿浦早为秦始皇所废，甘露港于民国初年淤塞，1931年大京口填筑为路，这三处昔日舟船穿梭的古江河交汇口消失在人们的视野中。

（2）部分著名遗迹还未修缮

名闻遐迩的京口驿，其遗址至今还静静地躺在地下；铁瓮城等国宝单位，虽进行了考古，拟定了保护方案，但尚处于启动阶段。历史上跨越古运河的桥很多，且风格各异，留下了很多诗文佳话。目前镇江仅剩下宋代的虎踞桥，难以体现历史文化内涵。

（3）大运河保护有待加强

虽对古运河岸线进行了修复，但运河水质有时达不到标准，"河中游"还未能实现；运河通航段沿线的绿化美化有些地方标准不高，部分沿河企业的排放还未完全达标，岸线控制尚待加强。

二、运河文化保护传承与利用的对策建议

时任江苏省委书记李强同志要求认真贯彻落实习近平总书记关于大运河文化带建设的重要指示精神，把大运河江苏段建设成为高颜值的生态长廊、高品位的文化长廊、高效益的经济长廊，使之成为大运河文化带上的样板区和示范段。为此，建议镇江的大运河保护工作必须结合实际，加快

顶层设计，明确重点、依法管理、体现特色。

1. 强化领导，规划引领，循序推进

运河文化保护传承利用是一项庞大的系统工程，涉及沿河辖市区、街道（镇）和政府多个职能部门，以及大运河的保护、传承、建设、利用等众多领域，必须加强领导、顶层设计、科学规划、循序实施、依法推进。

（1）加强领导、规划引领

大运河保护功在当代，利在千秋，必须加强领导、规划引领。一是成立领导机构（目前镇江这方面的各项工作已经在统筹实施、协调推进）。由市委、市政府分管领导挂帅，市委宣传部、市发改委、规划、文化、社科联、住建、国土、交通、环保、水利、旅委、文旅集团等相关单位负责人和沿河辖市区分管领导组成领导小组，建立大运河文化带建设工作联席会议制度，成立镇江市大运河文化带建设研究中心。沿运河各辖市区也应建立联席会议制度，切实强化领导，加强顶层设计，深入开展研究。二是规划引领。科学制订和完善大运河总体规划和控制性详规，是保护好传承好利用好的前提。领导小组要站在中华文明传承的高度，组织专门力量，本着立足长远，抓好当前，着眼中长期，高水准高质量地完善运河文化保护规划。首先要坚持文化遗产"保护优先"的原则，大手笔划定运河沿线保护范围红线；其次要及时组织开展《大运河文化带镇江段建设规划纲要》的研究和编制工作，明确镇江段大运河文化带建设的目标定位、空间布局、体制机制、重点任务、保障措施等。还要将大运河遗产保护传承利用与城市建设、文化旅游、美丽乡村建设、特色小镇建设等结合起来，绘制运河文化带示范区的规划蓝图。同时要完善监测预警系统，严禁蚕食岸线及侵占文化遗迹遗存控制用地，确保文物安全。三是循序渐进。按照保护工作轻重缓急，确定项目任务清单，按先重点后一般、先易后难的原则，明确大运河文化带建设联席会议制度各成员单位职责任务，以及所属的三个长廊组年度工作计划、工作目标，谋划启动一批具有带动性、引领性的市级重大项目和平台建设，确定工作任务和完成时限，序时推进。

（2）明确主体、狠抓落实

习近平总书记指出，保护大运河是运河沿线所有地区的共同责任。完美的规划蓝图变为现实的美景贵在落实。一是落实责任主体。运河沿线各级政府是责任主体，必须理顺体制，完善机制，将规划、保护、建设的任务层层分解，落实到相关部门、辖市区、镇村，明确责任主体，做到职责分明，责任到人，减少推诿扯皮。研究制订大运河文化带建设示范城镇、示范街区、沿运河水利风景区、田园乡村等创建标准，适时开展系列创建活动。二是强化运河文化研究。将大运河文化带建设研究纳入全市年度社科应用研究指南，每年向市内外社科界广泛征集研究课题及成果，推出一批具有广泛影响的研究成果。开展与大运河相关的文化挖掘、内容搜集、词条编写、历史典故研究、民俗文化整理等工作。三是加强监督考核。监督检查和严格考核是推进工作、提高效能的有效途径。一方面，由市督查办牵头，随机深入现场，了解工作进程，定期听取项目实施情况汇报，协调解决困难和问题，形成台账，用以备查。另一方面，进行严格考核，这有利于激发积极性、主动性和创新精神，建议将各部门、辖区及相关责任人在保护传承利用运河文化中的工作实绩，纳入其年终考核的内容，与单位、个人年终绩效挂钩。

2. 筛选遗存，打造载体，重点保护

大运河文化元素，是镇江丰富多彩历史文化的精髓所在。必须在运河文化的传承弘扬上下功夫，立足实际，分清轻重缓急，突出保护重点，突破资金瓶颈，分步推进，加快建设一批遗址公园和主题博物馆，增强大运河文化的活力，全面展示大运河文化的博大精深。

（1）建设铁瓮城遗址公园，展示运河军事文化

铁瓮城建于运河古道旁，曾是三国时期东吴孙权的都城，历朝郡治所在地，早于南京的石头城和武昌的东吴城，现铁瓮城遗址基本完好。应在立足保护的基点上，根据地形地貌的变化，合理规划，再现铁瓮城。镇江自古以来是兵家必争之地，运河沿线留下许多可歌可泣的英雄事迹，有着深厚的军事文化遗存，建议在铁瓮城充分展示运河军事文化。

（2）串联北固楼等四大名楼，展示名楼文化、藏书文化、廉政文化

北固山上的北固楼在中国文学史上地位很高，辛弃疾的《京口北固亭怀古》影响最大。多景楼曾与岳阳楼、黄鹤楼齐名，为"万里长江三大名

楼"之一，苏东坡和许多名人骚客都在此留下千古佳作。辛弃疾的《京口北固亭怀古》和陈亮的《多景楼》曾引起毛泽东主席的高度关注。文宗阁因运河而建，因藏《四库全书》而闻名中外，是全国著名的藏书七阁之一。可利用其中收藏的《四库全书》，展开倡导读书的系列活动，助推全民阅读的开展。运河故道名楼芙蓉楼，楼以诗兴，在历史上有重要影响。楼中可进一步充实有关"廉"的诗文，与邻近的王仁堪纪念馆相得益彰，发挥其更大的作用。

（3）打造"运河第一街"——新河街，展示运河商埠文化、慈善文化

新河街和西津渡街区是历史上大运河商贸繁华的见证者，是以水兴市的典范。街区曾是重要商品交易市场，现存诸多会所类遗址，也是镇江重要的慈善机构同善堂的所在地，目前正在将其打造成为"运河第一街"。新河街修缮后，提高了街巷空间环境质量，既满足街区居民的生活需求，也延续街巷的传统风貌和尺度，保持整体格局，充分展示运河商埠文化、慈善文化。

（4）提升丁卯桥景区，完善宝塔山公园，展示运河诗词文化、非遗文化和科技文化

首先，镇江是全国诗词之市，历代文人骚客留下巨量的诗词传世之作，这是镇江文化的精髓之一。结合丁卯桥景区的修整和提升，重新雕琢其文化意境，将历代反映运河镇江段的诗词文化和非遗文化在这里集中展示，使自然生态与人文生态有机结合，形成特色。其次，完善宝塔山公园，展示科技文化。宝塔山公园以镇江四大名塔之一的僧伽塔为主景，要充实和完善园区内部设施，调整布局，出新学子亭等景观。依托龚自珍"不拘一格降人才"的诗文元素，展示镇江历代科技名人，如祖冲之的圆周率、苏颂的仪象台模型等，突出公园的文化与科技特色，展示科技名人成就和运河科技成就，与沈括的梦溪园旧址交相辉映。

3. 多措并举，加快建设，依法传承

大运河保护传承利用，事关中华文明的继承和发展、中华民族文化自信和中国梦的实现，意义重大。镇江是文化运河的富矿，要着力挖掘运河文化的丰富内涵，充分展现文化的力量。

（1）科学立法、依法管理

党的十九大提出要深化依法治国实践。镇江法治政府建设力度在加大，政府治理体系和治理能力现代化进程也在加快，依法管理越来越成为各级政府综合治理的重要举措。大运河文化带建设是宏大的系统工程，与文物保护、文化传承、水利建设、城市建设、环境保护、产业发展密切相关，涉及各方利益调整，不可能毕其功于一役，缺少一部综合性的地方法规，依法管理难度不小，必须加快立法进程，科学立法、严格执法。依据相关法律法规和文件政策，把《镇江市大运河保护条例》纳入地方立法计划，尽快及早出台，付诸实施，依法规范管理大运河保护传承利用的各项工作。

（2）加大古运河城区段沿岸整治力度

一是重点整治和改善文保单位的周边环境。例如，虎踞桥是全国重点文保单位，是古运河上的标志性建筑，经过修缮后，得到了有效保护，但周边的环境与古桥的氛围还不太融洽。建议对周边风貌进行整治，创造条件，适度恢复紧邻虎踞桥一段的南门大街的原貌。二是加强古运河管理。引用河长制的成功经验，明确责任主体，分段负责，加强大运河沿岸的管理，提升水质，优化绿化美化两岸环境，完善功能，贯通步道，使之成为大运河文化带上的"样板区"和"示范带"。

（3）深度挖掘运河文化资源

一是调动各层级、各方面的积极性，形成合力，加快大运河通航段沿岸一些历史遗存的保护和文化资源的整理挖掘，尤其是随着小城镇建设的加快，要高度关注谏壁、新丰、陵口、吕城等因河而兴集镇的文化遗存保护，每年精心组织大运河沿线深度采风活动，创出一批形式多样、丰富多彩的反映大运河生态风貌、人文精神、航运文化的文艺作品。对其文化资源进行深度挖掘，讲好运河故事，传播运河文化。二是加快对影响较大的文物古迹和遗址遗存的考古发掘、研究和修复。例如，京口驿源于宋代，止于清末，曾是江南江北达官显贵、文人雅士赴任途中或旅途中的汇聚点和重要的休息交流场所，描写京口驿的诗词众多，清诗人张问陶的《晚泊京口驿》是其中的代表作。"京口驿题壁诗十八首"是描写鸦片战争和抒发爱国主义情怀的杰作，这些诗作可编入反映鸦片战争的诗歌集，让爱国主义的佳作长传于世。

4. 科学利用，精准开发，发展经济

大运河文化带建设，既能更好地弘扬优秀传统文化，又能深入挖掘、保护、传承大运河文化，创造优秀新运河文化，还能够通过大运河文化与旅游产业、物流业等产业发展，带动地方经济、社会、生态等各个领域的建设，实现共赢。

（1）发掘运河文化资源，推动文化产业发展

站在实现民族复兴、弘扬社会主义核心价值观的高度看，推动文化产业发展是传承利用运河文化有效的路径之一。大运河镇江段积淀了众多历史事件、名人轶事、传说故事，仅爱情故事就有许仙与白娘子、刘备与孙尚香、董永与七仙女、华山女子与南徐士子、韩世忠与梁红玉等。这些文化资源是镇江的宝贵财富，为我们提供了传统的精神财富，我们应利用现代科技和现代创意手段，加快培育新型文化业态，大力发展数字创意产业，推进沿运河特色文化创意产业带建设，为将优秀文化资源优势转变为文化产业优势创造良好条件。首先，从基础抓起，加快打造镇江市大运河文化遗产保护利用数据库，整合文化、旅游、环保、交通等相关各部门现有的各类信息资源，建立综合数据共享交换机制，构建涵盖文化遗产、文化资源、生态保护、产业项目等多维度的大运河文化资源综合数据库，为大运河文化带三个长廊建设提供基础数据和统一的管理服务平台。其次，紧紧抓住重点，加快文化产品的生产，筛选其精髓，通过图书、戏剧、影视、动漫等，运用现代科技、创意、传媒手段，予以弘扬，以激励人们以古鉴今、观艺启智、传承创新，使运河文化这一软实力，转化为推动经济社会发展的硬资源。

（2）利用运河文化资源，发展文化旅游

依托大运河遗产资源的保护和修复，精心打造最具文化内涵、最具地方特色、最具观赏价值的文化旅游精品线路。一是加快运河沿线历史文化街区的修复，科学布局运河沿线生态空间，打造一批集世界文化风貌、民俗风情、手工艺传承、旅游休闲等于一身的运河旅游风貌小镇，推出一批

精品运河旅游景区。二是改善现有运河沿线景区环境，进一步挖掘运河文化内涵，提升运河沿线旅游景区质量。精心策划一批大运河精品旅游线路，打造系列精品河段，通过多种渠道，加大对大运河名人、名家、风物、名言和各类人文景观的宣传推介力度，推动大运河旅游向国际化、高端化、品牌化发展。例如，可以串联镇江主城区的南山北水，设计并开辟古运河旅游线，在市区打造一条"工"字形旅游线路，自北面沿江入河口一线的金山—西津渡古街区—京口驿—大京口—小京口—甘露岗—北固山—铁瓮城—焦山，进入主城区古运河，在珍珠广场或丁卯桥上岸，连接到南山景区。游客能够"一路杏花村"，直观了解镇江江河交汇的演变，领略沧海桑田的自然伟力。这样的旅游线路规划既能激发游客"游"兴，游览镇江古运河的遗存遗迹，又能接受镇江地域文化的熏陶，提升文化自信，还可带动食、住、行、购、娱的发展。

（3）利用运河通航段优势，发展物流业和实体经济

在高铁、航空运输高度发达的今天，水运以其运量大、能耗低、不占用土地资源的独特优势，其作用依旧难以替代。大运河镇江通航段"四改三"任务已经完成，能够满足千吨级船队常年通航条件，运输能力大幅度提升，可便捷到达省内及长三角其他地区，有利于镇江大力发展物流业和大运量的实体经济。具体建议如下：一是整合沿岸港口，完善港口功能，打造具备物流、仓储、商贸等综合服务功能的现代化内河港口。二是推进江河海联运，延伸港口产业链，使之发挥区域综合交通枢纽、现代物流平台的重要作用，发展港口物流业。三是推动"港产城"协调发展，引导大运量规模企业沿河入园发展；依托沿线的产业优势，引导高新技术企业、先进制造业落户，形成产业集聚规模效应，使之成为镇江经济新的增长点。

5. 生态优先，美化环境，彰显特色

大运河文化具有多元性、包容性和开放性特征，这是当今世界衡量文化先进性的核心标准。将大运河建设成为文化运河、经济运河、生态运河，是镇江各级政府的责任和使命。运河文化保护必须坚持生态优先、绿色发展的理念，着力改善沿线的生态系统。

（1）牢固确立生态优先发展理念

人与自然是生命共同体，必须尊重自然、顺应自然、保护自然，实现人与自然的和谐发展。将运河沿线的绿化美化提上运河沿线地方政府重要的议事日程，借鉴外地成功经验，对通航段沿岸着力推进退耕还林，使岸坡披上绿装，成为绿色长廊。按照十九大精神，立足镇江大运河沿线乡村实际，大力实施乡村振兴战略，积极推进新市镇建设和特色田园乡村建设，对现有农村建设发展相关项目进行整合升级，进一步优化山水、田园、村落等空间要素，打造特色产业、特色生态、特色文化，塑造田园风光、田园建筑、田园生活，建设美丽乡村、宜居乡村、活力乡村，展现"生态优、村庄美、产业特、农民富、集体强、乡风好"的镇江段特色田园乡村现实模样。

（2）加强运河区域环境保护

一要加强运河沿线工业污染治理，加快存量土壤污染防治，强化有毒有害物质管控，实行污染物排放总量控制，严禁超标排污，工业企业废水达标排放率100%。二要重点整合沿线港口码头，提升港区建设和作业的现代化水平。根据《镇江内河港总体规划》的要求，针对港口布局分散，岸线、水域、土地资源浪费等问题，抓紧对老旧码头的整治，对于不符合岸线利用规划要求、不在内河港口布局规划范围内的现有码头，建议结合城市建设、新市镇建设、环境整治等，按适度集约化、规模化的原则，逐步整合至规划港区。将作业区环境质量控制在国家和地方标准允许的范围之内。逐步实现环境与经济协调发展，促进经济效益、社会效益和环境效益的统一。

（3）加强大运河环境整治和环境修复

科学的生态系统水量优化配置能够确保大运河及其支流保持合理的生态环境水量，提高用水节水效率。一是高标准完成污水截流工程，推进大运河沿线污水处理设施和雨污分流管网、尾水截污导流工程建设。特别要加强诸如索普化工园区、京口工业园区及丹徒区辛丰镇、丹阳市运河沿岸乡镇工业园区等的污水处理厂尾水深度处理，确保达标排放。二是结合镇江市全力推进的"263"环境专项整治行动，加快运河两岸的城乡环保基础设施建设，加强农业面污染源综合防治，实行严格的环境保护制度。对威胁大运河遗产安全和环境的企业、房屋、设施、码头等进行综合整治，岸线开发利用率严格按照规定控制在50%以内。三是加强运河水生态修复，探索河滨带水草治理，开展大运河河底生态修复工程，改善水生态现状。加快修复河流沿线林带、湿地等生态功能区，促进关联河湖生态系统的修复保育。继续推进古运河风光带建设，加大绿化美化力度，加快滨河带绿化，形成优良生态与悠久文化交相辉映的运河景观带。

城乡一体化导向下的乡村发展与建设规划策略研究

——以丹徒区乡村建设规划为例

| 王金花 |

一、研究区概况

丹徒区位于江苏省西南部，隶属镇江市，东邻镇江新区、丹阳市，西接句容市，南连常州金坛市，北与扬州市仪征区和邗江区隔江相望。整个区域呈火炬状，环绕镇江市京口区、润州区，辖区面积617平方公里。

截至2016年底，丹徒区辖6个建制镇、2个街道，分别是高桥镇（含江心洲生态农业园区）、辛丰镇、谷阳镇、上党镇、宝堰镇（含荣炳盐资源区）、世业镇（世业洲旅游度假区）和高资街道、宜城街道（丹徒新城），共88个行政村，762个自然村，总常住人口30.8万人，城镇化水平56.5%。

二、乡村发展现状及特征分析

（一）调查方法

遵循公众参与原则，采取现场踏勘、乡镇座谈、入户访谈、问卷调查等多种调查方法，深入了解乡村发展现状。在丹徒区每个行政村发放调查问卷 15 份，主要问卷内容涉及个人及家庭情况、住房情况、设施及人居环境情况、生活愿景、生产愿景。

（二）调查结果分析

（1）调查区域老龄化现象严重，家庭留守老人偏多，规划应注重老年设施的配置。

据调查问卷分析，受调查者乡村家庭中 65 岁以上人口占 13%，而 0～14 岁人口仅占 8%，根据联合国最新标准：65 岁老人占总人口 7% 的地区视为进入老龄化社会。

而从被调查人员年龄结构来看，60 岁以上的占 28%，剔除老年人整体文化素质偏低这一因素后，该比例将更高，因此乡村留守的老人比重偏高；而且从 45～59 岁被调查人群的比例占 48% 来看，未来乡村老龄化趋势将更加严重。因此，乡村规划应当更加注重老年设施的配套与布局。

该项调查结果可能会受具体调查时间的影响，但是从镇江市民政部门和公安部门了解的数据来看，截至 2015 年年底，镇江市 60 岁以上老年人口达到 65.72 万人，占户籍总人口的 24.19%，其中镇江市区 60 岁以上老年人口为 24.89 万人，老龄化比重为 24.12%。

（2）调查地区农村外出打工人群比例较高，农民的收入也主要来源于打工，农民对耕地的依赖将逐步降低，只要补偿到位，集中居住的阻力将逐渐降低。

68% 的受访家庭有外出打工的成员，在市区或其他乡镇工作的人群所占比重相对较高。从家庭主要收入来源来看，有超过一半的家庭主要来自打工。因此，调查区域农民有很大一部分群体逐渐摆脱第一产业，开始从事第二产业和第三产业，农民对耕地的依赖性将逐步降低，未来集中居住的阻力随之降低。

（3）农村住宅总体偏旧，住宅形式基本为独栋，部分农民 5 年内有购房或建房需求，规划应加强农村住宅建设管控，为实现稳定的镇村体系提供基础。

农村住宅建设时间整体较久远，20 年以上的占 52%，根据住宅的使用年限，未来20年内大部分住宅将实现更新，需要对新建住宅需求进行合理引导，鼓励城镇化，避免"处处开花"，为农民逐步集中居住提供基础。

（4）农村居民幼儿园、小学、就医、购物地点主要在镇区。

一半以上的家庭小孩上幼儿园和小学主要在本镇镇区内，59.4%被调查人群就医主要在镇医院内，主要购物地点为镇区，主要是受距离镇区较近的影响。需加强规划发展村庄卫生服务站和村内超市的布局，幼儿园、小学和初中在镇区内统一配置。

（5）摩托车和电动车是调查区域村民出行使用较多的交通工具。

居民日常出行采用最多的交通工具为摩托车/电动车及汽车，二者比例超过50%，规划公共设施布局时，可适当扩大辐射范围。

（6）图书馆和棋牌室/室内活动场所是目前调查区域各村庄配套较为齐全的设施，也是村民使用较多的设施。

据调查，被调查村庄超过一半配套了棋牌室/室内活动场所，设置了篮球场和简单的健身器械，这也是村民使用最多的文体设施，未来规划应注重对该类设施的配置。

（7）村民对子女城市化的期望较大，农村活力亟须进一步激发。

有近74%的被调查人群希望自己的子女未来能够生活在县城和其他大中城市内，仅有7.6%的人群觉得未来还是希望他们生活在农村。而随着下一代人群的城镇化，未来农村人口将进一步锐减，只有通过进一步的规划整合才能再现农村活力。

（8）农民搬迁到集中居民点的意向较小，对规划提出更高要求。

调查区域仅有31.8%的被调查村民愿意未来搬迁到集中居民点，而更多的人是不愿意搬迁的，他们认为集中居民点的房子没有现在大，且耕种不方便。未来的规划一方面应提高集中居民点的配套标准，吸引人群；另一方面应该采用弹性规划方法对各类村庄进行分类，尽可能在现状基础上进行规划整治，尽量避免新建。

（9）交通便捷和公共设施配套齐全是村民对集中居民点重要的要求。

村民对集中居民点的要求主要集中在孩子上学方便、看病方便、购物方便、具有休闲娱乐设施和上班方便等方面，这些可以概括为公共设施配套齐全和交通便利两个方面。另外，村民更希望住在低层住宅内，延续传统村落的建筑形式。

（10）村民脱离农业，从事第二、第三产业的意向较大，有一半以上的村民希望脱离农业，进入本地企业打工或外出务工，这类人群未来不再受农业和农田的束缚，他们居住地的选择将更关注交通、公共设施配套等方面。

三、乡村建设规划策略

（一）底线思维，优先划定生态红线区域

生态红线对维护国家和区域生态安全及经济社会可持续发展具有重要战略意义，必须实行严格管理和维护的国土空间边界线，生态红线区域是具有重要生态服务功能的区域。依据《国家生态保护红线——生态功能基线划定技术指南》，结合生态资源本底和生态功能红线的保护目标，丹徒区涉及生态红线保护的区域主要有长江重要湿地、横山生态公益林、五洲山生态公益林、十里长山生态公益林、曲阳生态公益林、通济河洪水调蓄区、京杭大运河洪水调蓄区、长江江心洲丹阳饮用水水源保护区、长江豚类省级自然保护区等，生态红线总面积为137.04平方公里。

（二）以人为本，构建乡村功能圈

不同层级的村镇是一定地域范围内的服务中心，也是公共服务设施配置的集聚地。应从"以人为本"的角度出发，以提高农村居民的生活质量为目标，以"大分散、小集中"空间布局为基本原则，在提高空间效率、方便居民生活、促进城乡公共服务水平均等化的基础上，保持农村社会空间的有机性和整体性。

根据国内外相关研究表明，居民的日常生产、生活活动表现出不同层次的圈层结构，即"生活圈"理论。"生活圈"分为基本生活圈、一次生活圈、二次生活圈和三次生活圈等四个等级。其中，基本生活圈和一次生活

圈是居民日常出行步行可达的范围，与居住和生活联系最为紧密；二次生活圈是借助交通工具的短出行达到的范围；三次生活圈的空间范围基本可以覆盖全域。

通过分析"生活圈"体系，挑选基本"生活圈中心"作为重点村庄布局的备选点。一般居民出行以步行15分钟能够到达生活服务中心的距离为最佳。以此为标准，可以计算出区域内所需要的"生活服务中心"的数量。该"生活服务中心"作为"中心村庄"为周边村庄提供日常需求设施和基本服务。规划利用GIS平台，以步行15分钟距离（按60～100米/分钟步行速度，15分钟距离约为900～1200米）为标准计算，构建泰森多边形，计算出区域内所需要的"中心村庄"的数量为159个，即理想状态下的规划村庄为159个。实际规划重点村138个，特色村26个，规划方案与模型研究中理想方案的规划发展村庄总数基本吻合。

（三）因地制宜，分区分类引导村庄发展

通过对不同区域、不同建设类型的村庄加以不同的引导和管理措施，以发展的眼光、全局的思路，合理配置有限的公共资源，建立"设施有限配置、服务全面覆盖"的乡村公共服务体系。

1. 村庄建设分区

通过对丹徒区现状条件的综合评定，结合相关规划，将丹徒区村庄空间分为生态环境保护区、城镇化地区、重大基础设施建设区和一般农业地区。

（1）生态环境保护区

生态环境保护区主要指丹徒区范围内各类自然保护区、水源保护区等生态红线保护区域，以及重要道路、铁路和河流两侧的防护绿廊区域，此区域不适宜进行村庄建设。

（2）城镇化地区

城镇化地区主要指城镇规划建设用地范围以内的区域。限制村庄大规模发展，结合城镇建设活动，逐步对区域内村庄进行城镇化改造。

（3）重大设施建设地区

重大设施建设地区指规划重大基础设施建设用地范围及其周边限制建设范围内的区域。采用引导迁移的措施，逐步为基础设施建设预留空间。

（4）一般农业地区

一般农业地区指上述三类区域以外的地区。结合村庄发展潜力，同时结合镇、村意见和建议，对村庄实施分类引导，避免在城镇化进程中出现有限公共财政投入的低效率和过程性浪费，同时按照村庄的分类，进行差别化、特色化的公共服务设施的配置，合理引导乡村地区的空间布局和发展。

2. 村庄建设分类

在村庄建设分区基础上结合丹徒区村庄现状特征，对丹徒区村庄建设进行特征归类，主要分为五类：城镇化改造类、集聚发展类、特色保护类、迁建类和就地整治类。

（1）城镇化改造类村庄

城镇化改造类村庄主要包括位于中心城区和建制镇镇区规划建设用地范围内的村庄，对该类村庄主要结合城镇总体规划进行城镇化社区建设。

（2）集聚发展类村庄

集聚发展类村庄主要包括规划重点村，结合村庄内部空间使用强度，村庄建设引导为拓展型和提升型，以拓展型为主。拓展型村庄的规划建设用地应与土地利用规划相协调，确定其发展方向，注重新、老村落的肌理、风貌等方面的融合，以及配套设施的公平配置。提升型村庄的建设应从集约土地的角度出发，对村庄内部较为分散、建筑密度较低，尤其是地形较为复杂的应根据实际情况加强对村庄内部的整理，整理出的可利用地按照原有村庄的肌理和风貌进行规划与建设，较为完整的用地可考虑预留给宅基地或公共设施用地，空间较为异形或不适合建设的可作为小游园、广场等村民活动场地。

（3）特色保护类村庄

特色保护类村庄主要包括规划特色村。特色村是区域内在特色产业、历史文化、自然景观、建筑风貌等方面具有地域代表性的村庄，是最能体现当地自然、历史、人文、社会等多方面风貌的窗口。特色村的保护与建设是尊重地域特征、延续历史文脉的载体,也是当地村民无法忘却的乡愁。

根据各村庄拥有的不同特色,将特色村庄划分为历史人文类、自然山水类和特色产业类三大类。其中,历史人文类分为历史遗迹型、文化底蕴型和传统风貌型,特色产业类分为生态农业型和旅游度假型。特色村村庄建设以优化提升为主。

（4）迁建类村庄

迁建类村庄主要包括位于禁止发展区内的村庄。其中重大基础设施建设范围内的村庄,结合设施建设年限逐步迁建;各类自然保护区内的村庄,控制村庄进一步发展,结合农房更新逐步引导迁建。

（5）就地整治类村庄

就地整治类村庄指上述四类村庄以外的村庄,处在规划中的一般村范畴,主要基于人居环境提升对村庄进行整治。

3. 村庄建设引导

过去传统乡村规划存在照搬城市规划理念和方法、一刀切等问题,根据新型城镇化和美丽乡村建设的要求,丹徒区的农村建设宜按照村庄分区分类的结果,进行有针对性的规划引导。对于城镇化改造类村庄,这类村庄应纳入城镇化总体规划进行统一安排,不需要做单独的村庄建设规划。对于集聚发展类村庄和特色保护类村庄,这两类村庄发展条件优越、资源禀赋突出,村庄建设规划需要完善农房建设规划要求、村庄整治规划要求,并根据村庄特色资源增加相应规划内容。迁建类村庄或规模较小且位置偏远的村庄,发展条件相对较差,村庄建设规划只需编制农房建设管理要求相关内容。就地整治类村庄发展条件一般,村庄建设规划仅需完善农房建设规划要求和村庄整治规划内容。

（四）城乡一体,完善公共及基础设施配套

城乡一体化的一个重要标志即为城乡公共及基础设施共建共享。

结合丹徒区的乡镇等级及服务人口规模,按照"资源整合、共享互补、分级分类、构筑网络、统筹兼顾、城乡一体"的规划原则整合公共服务设施资源，优化布局，实现设施资源共享与互补，规划形成"区—镇—村"三个层级、覆盖全域、功能完善的公共服务设施体系，分别确立其配套标准，满足城乡居民对公共服务设施多层次、多样化的需求，推进城乡平衡发展。

公共服务设施配置以服务均等化为目标，以村庄共享为原则，即相邻的村庄在进行给水、排水、电力、通信、供热、供气及市场、学校、医院、文化活动场地等设施建设时，应考虑共同建设一个场站，以节约建设成本和运营费用。

基于供给侧结构性改革的
镇江新生代农民工就业能力提升机制研究

｜周德军｜

当前，中央把供给侧结构性改革提到了前所未有的高度，赋予供给侧改革提高社会生产力水平、提高全要素生产率等重要使命。农民工是中国经济社会转型时期的特殊概念，也是供给侧结构改革的重要人群，处理好供给侧结构改革中农民工的转型问题，推进我国农民工就业能力提升的"去产能、去库存、去杠杆、降成本、补短板"要素供给和机制建设，是改革取得成效的必要条件。镇江市近年来加速招商引资，吸引大量以"80后""90后"为代表的新生代农民工，他们的就业能力提升和职业化转型是供给侧改革的关键任务。为了实现镇江新生代农民工就业能力提升的持续发展，本课题立足于供给侧结构性改革视角，探究影响镇江新生代农民工就业能力提升的综合因素，构建镇江新生代农民工就业能力提升的保障机制，全面评价其取得的成绩与效果，提出完善镇江新生代农民工就业能力保障机制的对策建议。

一、基于供给侧结构性改革的镇江新生代农民工就业能力提升现状调查

（一）供给侧结构性改革背景下镇江新生代农民工就业能力提升的影响因素与制度供给分析

供给侧结构性改革背景下制约镇江市新生代农民工就业能力提升的影响要素主要包括教育成本要素供给、家庭财力要素供给、个体能力要素供给、社会支持要素供给等方面。这些要素的存在，一方面制约了新生代农民工个体的自我发展，另一方面阻碍了新生代农民工就业能力的提升。供给侧结构性改革背景下制约新生代农民工就业能力提升的制度供给主要包括社会住房制度供给、社会养老制度供给、社会户籍制度供给、社会教育制度供给、社会就业制度供给、社会保障制度供给等。尽管随着我国社会经济改革纵深发展的进一步推进，我国的社会保障制度、社会户籍制度、社会教育制度等已经不断地发展并完善，但是由于城乡二元的户籍制度根源和影响的长期存在，新生代农民工就业能力提升和自我发展的制度供给尚不能适应社会发展的需要，仍有待于进一步完善。

（二）供给侧结构性改革背景下新生代农民工就业能力提升的长效机制构建

农民工就业能力提升既是保证社会经济发展的源生动力，促进农民增收的重要因素，又是对经济发展新常态的积极回应。供给侧结构性改革背景下新生代农民工就业能力提升的长效机制构建主要从主体要素、激励机制构建和实践效果层面进行分析。对此，镇江市各级政府部门做出了积极有效的探索和努力。新近出炉的《镇江市服务农民工行动计划（2017—2020年）》明确指出，到2020年，镇江市全市扶持农民创业8000人，农村劳动力转移率达80%以上，有培训愿望的农民工免费接受职业培训达100%。农民工参加社会保险全覆盖，实现城乡基本公共服务均等化全覆盖的常住人口城镇化率达到72%。同构中长期规划的制定和执行，将有效实

现供给侧结构性改革视野下的新生代农民工就业能力提升长效机制的构建。

（三）供给侧结构性改革背景下新生代农民工就业能力提升的保障机制构建

农民工职业化转型是工程共同体供给侧改革的关键任务，要提升供给侧的供给质量，必须实现供给侧工程共同体中农民工群体的就业能力提升。根据《镇江市服务农民工行动计划（2017—2020年）》，镇江市将积极推进实施公共服务共享行动、社会关爱融合行动，推进实施包括加快城乡均等就业服务进程、加强农民工综合服务平台建设、保障农民工随迁子女平等接受教育、稳步推进农民工落户城镇等有效措施，加快供给侧结构性改革背景下新生代农民工就业能力提升的保障机制构建。2016年，镇江市丹徒区人社局积极组织开展农民工工资支付专项检查行动，为456名农民工追回工资518万元，责令补签劳动合同280份，维护了农民工合法权益，促进了社会公平正义和稳定。

二、镇江新生代农民工就业能力提升存在问题分析

（一）新生代农民工就业能力提升相关要素供给质量不高

就目前镇江市的新生代农民工就业培训而言，相关的工作已经广泛开展并已取得一定的效果，正朝着积极的方向发展。调查显示：近年来，镇江市大力组织开展农民分类培训，落实农村劳动力技能培训鉴定获证奖补政策，收集整理200余个涉农创业项目，推进农民创业园等创业载体建设，鼓励帮助农民投身创业热潮。但是就调查结果来看，目前镇江市新生代农民工的就业技能培训和相关要素供给仍然处于低水平的层次，普遍质量不高。

（二）新生代农民工就业能力提升长效机制建设要素供给缺失

近年来，我国农村人口逐年降低，但是教育需求仍有增无减。随着经

济发展水平的提高和新兴产业的兴起，缺乏转岗就业技能的农民工就业难度越来越大。在进城务工的过程中，农民工已经充分意识到现有的文化素质及劳动技能很难适应新形势的发展，他们希望通过参加相应的教育和培训来提高自己的素质，从而提高择业的竞争力。新生代农民工就业能力提升是一个长期持续的过程，很显然需要连续的政策支持。现实中各级政府部门的政绩考评倾向于短期化，部分机关部门缺乏长远眼光，不愿意花大力气在新生代农民工就业能力提升的长效构建上，重视面子工程，在新生代农民工就业渠道开拓、就业培训落实、就业技能提升等方面尚未构建有效机制，未能从根本上提升新生代农民工的就业能力。

（三）新生代农民工就业能力提升保障机制建设要素供给不足

新生代农民工就业能力提升保障涉及法律法规、教育培训、社会保障等诸多层面，需要各级政府一脉相承的政策指引和地区协调，与长三角的其他地级市相比，镇江目前的经济发展相对乏力，对新生代农民工缺乏长久吸引力，再加上社会保障制度建设尚处于摸索阶段，尤其是医疗保障和养老保障制度尚不完善，直接导致了新生代农民工就业能力提升保障机制建设要素供给不足，因而制约了镇江新生代农民工就业能力的迅速提升。

三、供给侧结构性改革背景下镇江新生代农民工就业能力提升的对策建议

（一）提升新生代农民工就业能力必须提高各要素供给质量

新生代农民工就业能力提升是一项涉及诸多要素供给的系统工程，提升新生代农民工就业能力，必须深入贯彻落实科学发展观，以服务就业和经济发展为宗旨，以提高新生代农民工职业素质和技能为核心，坚持城乡统筹、就业导向、技能为本、终身培训的原则，建立覆盖对象广泛、培训形式多样、管理运作规范、保障措施健全的职业培训新机制，逐步建立健全面向全体新生代农民工、全职业生涯、全过程衔接的职业培训制度，整

体提升城乡劳动者就业能力、职业转换能力和创业带动能力，为打造五大新兴产业、加快镇江市产业转型升级、推动跨越发展提供强有力的技能人才保障。通过实施创业就业促进、职业技能提升、劳动保障维权、公共服务共享、社会关爱融合等系列行动，落实各项政策措施，坚持五大发展理念为指引，推进新生代农民工服务工作的全面开展。扬中市近年来强化新生代农民工就业能力培训的相关举措取得了显著实效，在新生代农民工培训过程中注重创新模式、勤于开发，针对适应"互联网＋"的经济转型和创业环境新要求开展的新生代农民工就业能力提升培训，尤其值得借鉴和推广。

基于要素供给层面，当前应积极采取措施支持农民工就业的企业开展自主培训，把岗前培训、岗中滚动培训和上门指导结合起来，探索企业培训的新路子。结合本地实际，建立自己的培训教室，也可以与定点机构开展合作培训等。通过整合资源，建立设施良好的就业能力提升培训基地，提升新生代农民工就业水平。从公共教育资源供给、社区培训服务供给、权利救济法律援助供给等不同要素层面，提高要素供给质量。

基于制度供给层面，现阶段亟须解决的首要问题是进一步完善户籍制度。完善的户籍政策是新生代农民工就业能力提升的前提，它不仅仅是取消农业户口，更重要的是赋予城乡居民平等的社会公共服务供给，尤其是依附于户籍政策的各种社会福利和待遇的共享。此外，加强教育培训是新生代农民工就业能力提升的基础，终生教育理念不仅应在城市居民中实现，同时也应该包括新生代农民工群体。因地制宜、因人而异的平等的教育培训为新生代农民工就业能力提升提供可能。

（二）提升新生代农民工就业能力必须完善培训要素供给机制

新生代农民工就业能力提升要有长远的眼光和长远规划，要健全新生代农民工就业促进制度，扩大新生代农民工就业渠道，提升新生代农民工就业能力。首先，必须进一步构建和完善新生代农民工就业能力提升的培训机制，从政府、企业、社会及新生代农民工个体的角度形成新生代农民工就业能力提升的系统培训机制。其次，必须建立健全城乡一体的公共就业服务网络，为新生代农民工提供政策咨询、职业指导、职业介绍等服务。有针对性地组织开展"就业援助月""春风行动"等系列专题活动，搭建新生代农民工就业供需平台。再次，必须建立健全新生代农民工培训的多元化资金投入机制，推进培训模式创新。依托街道和社区综合服务设施、就业和社会保障服务平台等基层公共服务资源，突出管理服务、权益维护、文化教育、党团活动等四大功能，为新生代农民工提供就业创业、职业培训、社保经办、计生卫生、法律援助、文化娱乐、宣传教育、党团管理等基本公共服务。

抓好农民工培训基地建设是提升新生代农民工就业能力的重要举措。地方政府应该按照政府推动、多方参与、市场运作的思路，整合地方教育培训资源，推进农村劳动力转移培训定点机构规范运作，建设地方城镇成教中心、职业中学培训网络，形成由行业主管部门牵头、龙头企业和民办培训机构为主体、覆盖区镇村三级的农村劳动力培训体系。

明确企业职工培训责任是新生代农民工就业能力提升的条件，改进社区管理是新生代农民工就业能力提升的关键。城乡一体化进程赋予了新生代农民工越来越多的社会公共服务的权利，城市社区承担着新生代农民工管理和教育培训的重要责任，将新生代农民工就业能力培训落到实处是实现新生代农民工就业能力提升的关键。企业是新生代农民工实现自身价值的重要平台，亦是为新生代农民工提供就业能力提升的重要主体，明确镇江市企业职工培训社会责任是实现镇江市新生代农民工就业能力提升的重要条件。

（三）提升新生代农民工就业能力必须加强保障机制建设

户籍保障既是制度供给的重要内容，同时也是其他制度供给实现的前提和基础。改革开放以来，阻碍城乡劳动力要素流动的户籍制度开始松动，对劳动力流动的限制作用不断减少。时至今日，户籍制度及附着于户籍制度之上的社会公共福利对于农民工就业和企业对工人的定向选择仍然具有相当影响，导致就业中的身份歧视、区域歧视。新生代农民工社会保障体系建设是供给侧结构性改革视野下新生代农民工就业能力提升的根本保障，必须进一步取消镇江市嵌套在户籍之上的各种限制劳动力合理流动的政策规定，消除就业歧视，促进劳动力在城乡之间、地区之间的有序流动，从整体上提升镇江市新生代农民工的就业能力。

养老保障既是制度供给的重要内容，同时也是其他制度供给实现的核心保障。实现养老保障是新生代农民工就业能力提升的核心。目前镇江市新生代农民工群体的社会保障制度中最重要的养老保障仍未得到真正的实现。解决好新生代农民工的后顾之忧，是他们积极提升就业能力的本质要求。落实政府责任是新生代农民工就业能力提升的重要组织保障。各级政府是经济发展和社会发展的重要组织机构，政府部门的方针、政策的有效实施和切实履行，是新生代农民工就业能力提升的重要组织保障。在新生代农民工就业能力提升机制构建和运行过程中，必须注意相关制度的设计和接续，以期充分实现农民工就业能力提升的现实可能。

构建镇江改革创新容错机制研究

| 马红霞 |

2017 年 6 月，江苏省委办公厅印发了《关于建立容错纠错机制激励干部改革创新担当作为的实施意见（试行）》，在省级层面上明确建立了容错纠错机制（以下简称《实施意见》）。"容错纠错"或"容错免责"是指，党员干部在改革创新、干事创业中，如果不是因为主观故意，没有谋取私利，出现了失误，符合文件所规定的情形，可以从轻、减轻或者免于追究责任。为了给镇江的干部营造良好的干事创业环境，我们建议镇江尽快建立容错机制。

一、全面深化改革、经济新常态的现实，要求构建容错机制

目前我国全面深化改革进入了深水区和攻坚期。面对深层次矛盾的逐步凸显和利益关系的深度调整，改革必然会遭到既得利益者的干扰和阻挠，加之其他各种不可抗力的出现，使得改革之路不可能一帆风顺，甚至可能出现反复与倒退。另外，在经济新常态下，面对新情况新问题，没有先例可循，没有前车之鉴，只能在探索中前进，这就很有可能走弯路或发生错误。总之，改革创新者在探索中出现失误或失败，是在所难免的。现实要求我们应该在制度上构建容错机制，允许试错，让改革创新者放开手脚去干事创业。

十八大以来，随着全面从严治党力度的不断加大，"做多错多"的改革者因为怕出错，产生了"不求有功，但求无过"的消极心态，"为官不为"的现象不断出现。为消除党员干部的思想顾虑，激励广大党员干部干事创业的积极性、主动性、创造性，迫切需要建立容错机制。

习近平总书记在省部级主要领导干部学习贯彻党的十八届五中全会精神专题研讨班上的讲话中，在谈到尽快扭转一些干部"为官不为"问题时明确提出，要做到"三个区分开来"，即"把干部在推进改革中因缺乏经验、先行先试出现的失误和错误，同明知故犯的违纪违法行为区分开来；把上级尚无明确限制的探索性试验中的失误和错误，同上级明令禁止后依然我行我素的违纪违法行为区分开来；把为推动发展的无意过失，同为谋取私利的违纪违法行为区分开来，保护那些作风正派又敢作敢为、锐意进取的干部。"

发展中国特色社会主义，是一项艰巨的没有任何经验可以借鉴的探索性伟业，我们只能摸着石头过河，在探索实践中逐步形成正确的认识。而在探索的过程中，很可能会"摸错石头"。因而，我们构建容错机制，对于勇于探索的先行者所犯的错误采取宽容态度是合情合理的。

二、江苏省容错机制总体实施情况

目前，江苏各地都逐渐探索并建立了容错机制。地级市层面除了常州、扬州、镇江、南京、盐城外，其他地级市都先后出台了关于建立容错机制的文件，逐渐形成了支持改革、鼓励创新、宽容失败的良好环境，在实施容错纠错机制的过程中，也涌现了一批典型案例。省委《实施意见》为全省各地进一步建立和完善容错纠错机制提供了政策指导，为全省党员干部放开手脚干事创业吃了一颗"定心丸"。但是各地出台的文件中也存在不少缺陷和不足，尤其是不少地方出台的文件对于如何进行容错的规定过于笼统，缺乏可操作性。

江苏各地出台的文件尽管表述各有不同，但总体上都以习近平总书记

"三个区分开来"等相关指示精神及有关党内法规规定作为容错机制建立的理论和政策依据。多数城市出台的文件中都对"容错纠错"或"容错免责"的概念进行了界定，对容错机制适用的范围、容错机制坚持的原则、容错的条件和情形、容错的程序、容错免责的内容等进行了规定，都能坚持"纠错与容错并行"，但是多数没有对纠错的问题进行明确规定。

三、构建镇江容错纠错机制的对策

（一）进一步完善问责机制，为建立和实施容错纠错机制提供良好前提

党员干部在干事创业中出现了失误和错误，要被问责，然后才能根据情况容错免责，所以问责是容错的前提。我们在建立和实施容错机制之前，必须进一步完善问责机制，让领导干部清楚哪些行为不可为，给领导干部头上时刻悬着一把剑，才能防止以权谋私情况的出现，也才能防止容错纠错机制变成假改革者的保护伞。

镇江市在江苏省乃至全国都较早地建立了问责机制，而且建立的问责机制可操作性较强。但是，几年过去了，国家、省、市的形势发生了不少变化，原来的问责办法，需要在对 2016 年 7 月中共中央印发的《中国共产党问责条例》等文件进行准确把握的基础上，融入新的中央精神；针对新出现的情况，要进一步完善问责的情形，特别是对公共事业单位需要特别规定具体的问责情形。以更加完善的问责机制，为建立镇江市的容错纠错机制提供良好的前提。

（二）准确把握容错纠错机制建立的理论和政策依据

通过对江苏各地出台的关于容错的文件的分析，可以确定，容错纠错机制的建立和完善，要以习近平总书记提出的"三个区分开来"的要求作为总原则；以省委出台的《实施意见》为总指导；根据《中国共产党纪律处分条例》《中国共产党问责条例》等有关党内法规规定，制定出台镇江市的容错纠错文件。在容错的标准条件上，要着重从有禁与无禁、为公与为私、

有意与无意、集体决策与独断专行等方面进行研判。

（三）对容错的条件和情形，进行具有可操作性的规定

省委出台的《实施意见》首次明确了容错的五种条件八种情形。镇江市应该在参照省委的《实施意见》规定的容错条件和情形的基础上，结合镇江实际，研究制定出镇江市党员干部在干事创业中，可以容错的条件和情形，而且所规定的情形要尽可能具体、明确、全面，具有可操作性。

（四）要明确"不予容错"的情形，划出容错边界底线

我们的容错机制，不但要明确哪些错能容，还要明确哪些错不能容，要划分出容错的边界底线，不能让容错机制成为某些犯错者的避难机制。省委的《实施意见》坚持在遵规守纪前提下实行容错纠错，明确规定了"不予容错"的情形。镇江市在制定容错纠错文件时，也应该参考省委《实施意见》对于"不予容错"情形的规定，明确镇江市"不予容错"的情形，让镇江市党员干部清楚什么错可以容，什么错不可以容。本课题组在研究中考虑是否应该把"给国家和人民造成重大经济损失的"也列入"不予容错"的情形。

（五）严格规范容错认定程序，保证容错认定的可操作性、公正性

镇江市在规定容错认定程序时，一定要在参照省委《实施意见》的相关规定的基础上，吸收借鉴其他地市好的做法，完善其他地市在规定程序时存在的缺陷，制定出合乎镇江实际的严谨规范的容错认定程序，务必保证容错认定的可操作性、公正性。

本课题组认为容错程序的第一项应该是"启动"，而且要像泰州市规定的那样："当事人出现失误受到追责，责任追究职能部门启动责任追究程序时，应当同时启动容错程序，并告知当事人据本办法具有容错申请权利。"坚持问责调查与容错认定同步。第二项应该是"申请"，而且这里一定要明确"向谁申请"及"申请的时限"是什么。第三项应该是"受理"或者"核查"，在这里也要明确"由谁来进行核查"。为了保证"核查"的公正

性，本课题组考虑是否应该有第三方机构的参与。至于"核查"结束后，对核查结果需不需要进行"公示"等，可以根据容错事项的具体情况决定，但有一项程序是必须要有的——"认定"，而且要规定"认定的时限"，最后还应该"报备"。

（六）在建立容错机制的同时，建立和实施纠错机制

在改革创新过程中，发现错误要追究责任，要根据情况容错免责，可更重要的是发现错误后要及时纠错，想方设法改正错误，挽回和消除错误所带来的损失和影响。镇江市应该参照省委的规定，在制定容错纠错文件时，在规定完容错的条件和情形、容错认定的程序、容错免责的范围等之后，要同时对如何纠错进行明确规定，必要时要单独出台有关文件，对建立和实施纠错机制进行专门规定。

（七）加强对容错纠错政策及容错纠错典型案例的宣传，在全社会营造一个良好的容错氛围

尽管我们清楚发展中国特色社会主义没有现成经验可循，我们是摸着石头过河，出现失误和错误在所难免，但是"改革探索只许成功不许失败"的思想已经根深蒂固，社会也缺乏宽容失败的人文环境，党员干部一旦出错，舆论的各种指责就会蜂拥而至。这样的社会氛围，对于我们构建容错纠错机制非常不利。我们要大力宣传国家、省、市的容错纠错思想和政策，让容错纠错的理念深入人心，让全社会正视和理解改革创新中出现的失败和错误，让社会对创业创新者有一个包容、支持的心态。另外，对容错纠错的典型案例要进行大力宣传，用实际案例来诠释容错纠错机制，让干事创业者真正放下思想包袱，在全社会形成崇尚创新、允许试错、宽容失败的浓厚氛围。

（八）建立和完善其他相关机制，构建良好的容错机制运行系统

容错机制是一个系统的运行机制，为了保证容错机制的良性运行，除了严厉的问责机制、适度宽容的容错免责机制、及时纠错机制外，还应该

建立提前防错机制、澄清保护机制、跟踪回访机制等其他相关机制。

　　容错纠错机制需要各种配套机制的建立和实施，需要人大、纪检、组织、人事等各相关部门的密切配合。容错纠错机制的实施和运行，也是一个不断试错的过程，需要在实践中不断修正和完善，从而真正建立起一个为作风正派、敢于担当、勇于负责的干部担当、撑腰、鼓劲的良性容错纠错机制。

法治核心竞争力提升策略研究

| 章延杰 |

依法治国是我国的基本治国方略，党的十八届四中全会出台《全面推进依法治国若干重大问题的决定》，提出要"建设中国特色社会主义法治体系，建设社会主义法治国家"。此后，法治建设得到各级政府的高度重视。江苏省"七五"普法规划中，明确提出"法治宣传教育水平居于全国领先行列，全社会法治信仰不断提升，努力使法治成为江苏核心竞争力的重要标志"。

30 多年来，政府驱动和地方政府竞争模式成为中国经济社会发展的主要动力源之一。这种模式在未来仍然会有相当大的效应，当前及今后较长时间内，地方竞争最主要的是综合环境（公共产品）的竞争，其中最主要的是法治环境的竞争，这是经济社会发展最重要的基础设施和前提保障，是吸引各种资源集聚的关键，将越来越引起各级地方政府的高度重视。

在江苏省乃至全国，镇江市的法治建设一直走在前列，取得了不菲的成绩，因此能够荣获全国社会管理综合治理工作最高奖项"长安杯"。但是也要看到，在产业结构升级和发展竞争日益激烈的长三角地区，镇江市要推动经济社会跨越式发展，就需要更加重视经济社会发展环境的建设，其中，法治环境是十分重要的因素。

继续提升镇江市法治核心竞争力，为经济社会发展提供最佳公共产品，是建设"强富美高"新镇江的重要前提条件。

一、法治核心竞争力内涵

（一）竞争力与区域竞争力

竞争力是指个人或集体在双边或多边竞争关系中的取胜能力，就主体而言，竞争力可以分为个体竞争力和集体竞争力，集体竞争力又可以依据集体和地域的类型进行分类，各种经济集体和非经济集体、各级地方区域都可以表现出自身的竞争力。本文主要关注的是区域竞争力。

区域竞争力，就是一个区域在与其他同类区域的经济社会发展竞争中的综合能力。区域竞争力狭义上是一个经济学概念，但广义上却是一个社会学概念，涉及极其复杂的诸多因素，关于区域竞争力的构成因素，目前学术界尚无一致的观点。

有的学者尝试对区域竞争力的构成要素进行分析，认为区域全面发展竞争力主要由经济发展竞争力、社会发展竞争力和环境发展竞争力三个二级指标构成，每个二级指标各由四个三级指标构成，其构成关系如图1所示。

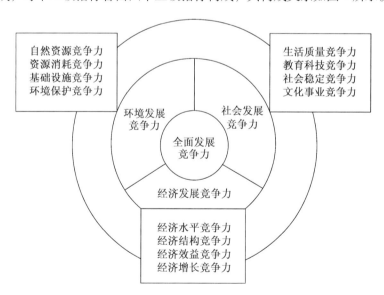

图1 区域全面发展竞争力的构成要素

也有学者将区域竞争力分为三个层次：基础竞争力、核心竞争力和绿色竞争力，并且使用一些二级指标加以测度，其构成关系如表1所示。

表1 区域竞争力的三个层次

区域竞争力	构成关系
基础竞争力	① 人均GDP；② GDP增长率；③ 三产增长值占GDP比重；④ 高速公路占比；⑤ 人均居民可支配收入；⑥ 人均社会消费品额度；⑦ 政府效率
核心竞争力	⑧ 每万人在校大中专及以上学历学生数；⑨ 每万人大中专及以上学历教师数；⑩ 固定资产投资额占GDP比例；⑪ 进出口额占GDP比重；⑫ 科教文卫事业支出占财政支出比例；⑬ 人均利用外资额
绿色竞争力	⑭ 人均绿化面积；⑮ 人均年碳排放量；⑯ 污染达标企业所占比重；⑰ 区域空气质量≥二级的天数；⑱ 污染治理支出占财政支出比重

还有学者对区域经济的国际竞争力做出了更为复杂的因子分析，将区域竞争力分为10个二级指标及数量众多的三级指标，这10个二级指标是经济实力竞争力、经济国际化竞争力、产业竞争力、金融竞争力、科技创新竞争力、基础设施竞争力、环境竞争力、国民素质竞争力、政府管理、国民生活水平。

由此可见，对于区域竞争力构成要素的分析，学术界的意见分歧很大。

总的来说，区域竞争力涉及经济因素、社会因素、政治因素和环境因素。如果要对这四个方面进行二级指标的划分，则要另外专门讨论。这里，笔者要强调的是，世界银行及许多学术研究机构和研究者对城市竞争力的研究成果，可以为区域竞争力因子分析提供较好的资料参考，在这些研究成果中，制度环境、政府管理等政治因素往往都是城市竞争力的重要构成要素。

（二）法治核心竞争力

在区域竞争力的诸多构成要素中，法治为什么是核心竞争力呢？

秩序和民主是经济社会发展的基础性公共产品，也是经济社会发展最重要的制度保障，在现代社会里，这两者都需要法治才能得以确立，只有法治才能确保持久稳定的秩序和民主，只有持久稳定的秩序和民主，才能有可持续发展的良好制度保障，因此，法治是经济社会发展的核心竞争力。

党的十八大之后，尤其是十八届四中全会之后，法治国家建设得以快速推进，许多地方政府也纷纷提出要让法治成为地方发展的核心竞争力这类发展理念。

法治化程度的高低与城市综合竞争力之间存在直接的正相关关系，法治化的基本要件包括有序化、公信度、高效率、民主与自由度。在建设现代国家的过程中，国家治理法治化需要准确的目标定位和充分的知识资源，对于地方经济社会发展而言，法治具有举足轻重的作用。

国内外学者曾深入研究过腐败（或清廉指数）与经济社会发展之间的关系，目前虽然仍有争论，但是总的来说，经济社会的持续健康发展，需要逐渐杜绝腐败，而政府和社会的清廉程度主要取决于法治水平。法治程度与企业的绩效表现之间也存在直接正相关关系，制度环境对于创新能力、企业表现具有决定性作用，类似的研究在制度经济学和新政治经济学家们那里都有充分的研究成果。

总的来说，法治化程度对于国家和地方经济社会发展的直接关系是得到普遍认可的，由于法治是制度的根本基础，而制度决定经济社会的发展，因此，法治也就成为区域竞争力的核心要素，就此而言，法治是核心竞争力。

二、镇江市法治核心竞争力现状

在法治建设方面，镇江市一直走在全国前列。加快镇江市经济社会发展，需要在良好的制度软环境上做出更多的努力，使得法治成为镇江市的核心竞争力。

较之于全国其他地级市，镇江市委、市政府更早地认识到法治对于推动地方经济社会发展的重要作用。早在 2004 年，镇江市就颁布了《法治镇江建设纲要》，对镇江市的法治建设进行了全面部署。在法治核心竞争力建设方面，镇江市已经取得了良好成效，当然也还存在一些问题。

（一）主要成就

1. 立法的科学性和民主性得到提升

2015 年获得地方立法权之后，镇江市制定了《关于加强地方立法工作的意见》，地方立法工作成效显著，在省人大的地方立法综合评估中名列同期获得地方立法权的六个城市之首。《镇江市人民政府规章制定程序规定》对地方立法的有关程序等问题进行了立法规范，对于地方立法科学性和民主性的提高发挥了重要作用。

2. 执法的规范性和透明性得到完善

执法是法治建设的关键环节，镇江市在"职权法定、依法行政、政务公开、有效监督、高效便民"的法治政府建设方面成效显著，颁布了《镇江市行政权力阳光统建平台运行管理办法》，对行政部门的权力清单进行了细致的规范，推进了政府部门信息公开和行政执法体制改革。

3. 司法的公正性和公信力得以提高

镇江市大力推进司法的规范化、公开化和去行政化。例如，检察院建立网上警示教育基地和"移动网上警示教育"平台，法院司法审判中推进审判文书签发制度改革，还权于合议庭，法院通过网络平台公开司法审判信息，推进网上办案，将司法全流程进行网上公开，这些措施提高了司法的公正性和公信力。

（二）存在问题

1. 立法的科学性和民主性尚需完善

法治建设的前提是立法，立法工作的质量直接关系到后续的执法和司法环节。依法治市的法源，除了各种上位法之外，还有地方立法。地方立法的本意是授权地方政府根据各地的实际情况，在不违背上位法基本精神的前提下，对上位法进行细化和补充，使其更加适应地方经济社会发展的需要。

地方立法，需要符合《中华人民共和国立法法》的立法要求，符合地方规章制定程序的规定。目前的地方立法，在立法的提案主体、立法草案的拟订和法案的通过程序等方面，还存在科学性和民主性欠完善的问题。

2. 执法的规范性和透明性尚需改进

官本位腐朽思想在一些领导和公务员的头脑中仍然存在，对公共权力的规范制约意识和对公民权利的尊重保障意识仍然不足，少数领导和公务员习惯于行政强制手段，粗暴执法、违法执法及其他侵害公民合法权利的现象仍然存在。

尤其需要注意的是，在部门利益的驱使下，行政执法部门以执法谋求部门私利的现象是群众较为不满的，在一些行政执法部门尤其明显。在公民权利受到侵害的时候，相关的救济渠道还不够充分。

3. 司法的公正性和公信力尚需提高

司法是社会正义的最后保障线，保障司法的公正性和公信力，是法治核心竞争力建设的重要环节。镇江市在司法建设方面有了很大进步，但是在司法公正性和公信力建设方面，仍然有待进一步提高。

司法的垂直管理与横向关系，一直是中国司法体制的一个重要问题。地方政府领导不得随意干预司法，是保障司法公正性的一项重要规定。但是在现实中，错综复杂的政务关系和人际关系，使得司法的垂直管理与横向关系之间时常产生张力，权力司法、人情司法时有发生。

三、镇江市法治核心竞争力提升路径

在经济新常态条件下，经济社会发展模式需要尽快转变，软环境的重要性越来越突出，提升法治核心竞争力是改善软环境的最重要的环节。建设"强富美高"的新镇江，需要更好的制度软环境。进一步提升镇江市法治核心竞争力，有利于推动镇江市经济社会的可持续发展，推动法治政府和法治社会建设的进一步完善。

（一）提升立法能力

强化立法的有序性，依照立法规划有序立法。提升立法的科学性，在地方立法的提案发起、草案拟订和法案通过等环节，完善立法协商、评估论证等机制的科学性和民主性，建立地方立法的广泛参与机制，推进立法的技术规范。尤其在立法草案的论证环节，强化立法论证的民主性。

（二）推进依法管理

推进法治政府建设，严格权力清单制，落实执法责任制，切实促进政府部门的职能转变，推进规范执法和公正执法，完善执法全过程记录制度、重大行政执法决定法制审核制度、行政执法信息公示制度，规范行政执法程序。尤其是要彻底解决执法利益化、部门利益化的行政执法弊端，推进依法依规严格执法。

（三）完善司法公正

按照现代司法制度的基本精神，完善司法责任制、办案质量终身制和错案问责制，建立健全案件审理全过程记录制度和责任追究制度，完善法院内部的人事制度改革、绩效改革，建立科学的奖惩制度和监督制度，逐步改革人民陪审员、人民监督员等司法制度。

（四）营造法治氛围

重视公务员法治意识的培育和提高，通过宣传教育，尤其是健全的权力责任制和行政问责制等措施，促进公务员进一步增强法治意识，养成法治观念；注重培养法治人才，在法治行政部门有序提高执法人员的法治素养和法治能力；在社会中广泛宣传法治思想，培育和提高公民的法治意识，逐渐提高地方社会的法治意识和法治水平，营造良好的法治氛围。

参考文献：

[1] 罗海成：《中国省域全面发展竞争力比较分析》，《综合竞争力》，2009年第1期。

[2] 张延伟：《区域竞争力评价指标体系的构建研究》，《商》，2014年第22期。

［3］朱冬辉，杨柯玲，彭跃：《区域经济国际竞争力指标体系的构建及评价方法》，《统计与决策》，2013 年第 18 期。

［4］尤俊意：《城市法治化与城市综合竞争力》，《法治论丛》，2003 年第 2 期。

提升镇江民众获得感的法律问题研究

| 叶 朋 |

"获得感"是近些年来一个非常具有中国特色的词汇。《咬文嚼字》编辑部发布的《2015 年十大流行语》显示,"获得感"已成为近年来"十大流行语"之首,其多用于指人民群众共享改革成果的幸福感。① "获得感"一词首次出现在 2015 年 2 月 27 日,习近平总书记在中央全面深化改革领导小组第十次会议上指出,把改革方案的含金量充分展示出来,让人民群众有更多获得感。这是民众获得感问题被首次提出,并且将它与改革的成效联系在一起。2015 年 12 月 31 日,新年前夕,习近平总书记发表 2016 年新年贺词。在贺词中,总书记指出,"经过全国各族人民共同努力,'十二五'规划圆满收官,广大人民群众有了更多获得感";在地方考察调研时,总书记强调"在整个发展过程中,都要注重民生、保障民生、改善民生,使人民群众在共建共享发展中有更多获得感"。在 2016 年 2 月 23 日召开的中央全面深化改革领导小组第二十一次会议上,以习近平为总书记的党中央提出改革的评价新标准:"把是否促进经济社会发展、是否给人民群众带来实实在在的获得感,作为改革成效的评价标准。"至此,"获得感"不仅成为一个热门新鲜词语,而且成为一个可以被触摸和理解的含义丰富的词汇。获得感因与新时期的改革发展实践联系在一起,从而具有了丰富的内涵与

---

① 《咬文嚼字》编辑部:《2015 年十大流行语》,http://www.cssn.cn/yyx/yyx_ tpxw/201512/t20151216_ 2783970. shtml.

伟大的意义。

一、当前镇江民众获得感的基本情况

1. 对镇江民众获得感的调研精要

（1）镇江民众获得感调研的评价指标体系

获得感是主体基于对客观上获得的对象或内容（包括物质、精神、文化等方面的获得）而产生的一种愉悦、幸福、满足、认同的主观心理感受。与主观幸福感相比，获得感更加强调实实在在的得到，依据获得的内容不同，获得感包括主观获得感与客观获得感。虽然与幸福感相比，获得感更加容易被感知，但是由于其本身仍具有主观性与隐蔽性，获得感本身也较难以被实际掌握。因此如若需对镇江民众获得感进行客观合理的评价，在进行调研之前需要制作一套科学合理的民众获得感评价指标体系。课题组通过前期对获得感详细研究，借鉴了国内学者对获得感评价指标的若干研究成果，总结出本课题组调研所适用的获得感评价指标体系，主要包括居民收入、就业、住房、养老、医疗、交通、生态环境等与民生密切相关的客观获得感指标，以及以政治地位、民主权利、经济权利、法律权利等为内容的主观获得感指标。

（2）镇江民众获得感调研问卷的设计

第一部分为被访者的基本情况，设计了3个问卷题目，分别是：

序号	问卷题目	选项
1	您的年龄段	A. 18 ~ 30 周岁；B. 31 ~ 40 周岁；C. 51 ~ 60 周岁；D. 60 周岁以上
2	您的受教育程度	A. 初中及以下；B. 高中或中专、职校、技校；C. 大专；D. 大学本科；E. 硕士研究生；F. 博士研究生
3	您的职业或身份	A. 工人或者职员；B. 农民；C. 国家机关或事业单位人员；D. 在校学生；E. 离退休人员；F. 无业；G. 其他

第二部分为对被访者的实际获得情况的了解，依据评价指标体系设计了11个问卷题目，分别是：

序号	问卷题目	选项
4	您的家庭年收入	A. 5 万元以下　　　　　　B. 5 万 ~ 15 万元 C. 15 万 ~ 50 万元　　　　D. 50 万元以上
5	您是否有自己的住房	A. 有　　　　　　　　　　B. 否
6	您家庭对教育的支出占家庭年收入比例	A. 10% 以下　　　　　　　B. 11% ~ 30% C. 31% ~ 50%　　　　　　 D. 50% 以上
7	您的养老保险金年均缴纳数额	A. 5000 元以下　　　　　　B. 5000 ~ 20000 元 C. 20000 ~ 50000 元　　　　D. 50000 以上
8	您的医疗保险报销比例	A. 10% 以下　　　　　　　B. 11% ~ 50% C. 50% ~ 70%　　　　　　 D. 70% 以上
9	您的家庭就业率	A. 0　　B. 30%　　C. 60%　　D. 100%
10	镇江市公共交通基础设施使用频率	A. 偶尔使用　　　　　　　B. 很少使用 C. 经常使用
11	您住处周围的公共生态环境与设施（如公园、绿地等）使用频率	A. 偶尔使用　　　　　　　B. 很少使用 C. 经常使用
12	您是否曾参与过镇江市公共政策的决策过程、表达过诉求，或者提出过监督批评意见	A. 从未参与　　　　　　　B. 偶尔参与 C. 较少参与　　　　　　　D. 广泛参与
13	您是否关注过镇江市党政机关工作人员的廉洁从政情况	A. 从未关注　　　　　　　B. 偶尔关注 C. 较少关注　　　　　　　D. 非常关注

第三部分为对被访者的获得感的基本情况的了解，依据评价指标体系设计了13个问卷问题，分别是：

序号	问卷题目	选项
14	近五年来，您对家庭收入情况的获得感	A. 提升非常明显　　　　　B. 提升明显 C. 一般　　　　　　　　　D. 差

序号	问卷题目	选项
15	您对居住条件的获得感	A. 提升非常明显　　　B. 提升明显 C. 一般　　　　　　　D. 差
16	您对享受公共教育的获得感	A. 提升非常明显　　　B. 提升明显 C. 一般　　　　　　　D. 差
17	您对享受基本养老保险的获得感	A. 提升非常明显　　　B. 提升明显 C. 一般　　　　　　　D. 差
18	您对享受基本医疗保障的获得感	A. 提升非常明显　　　B. 提升明显 C. 一般　　　　　　　D. 差
19	您对家庭就业率的获得感	A. 提升非常明显　　　B. 提升明显 C. 一般　　　　　　　D. 差
20	您对享受公共交通基础设施的获得感	A. 提升非常明显　　　B. 提升明显 C. 一般　　　　　　　D. 差
21	您对享受公共生态环境的获得感	A. 提升非常明显　　　B. 提升明显 C. 一般　　　　　　　D. 差
22	您对公共政策参与权、诉求表达权、知情权等政治权力的获得感	A. 提升非常明显　　　B. 提升明显 C. 一般　　　　　　　D. 差
23	您对党和国家重拳反腐的获得感	A. 提升非常明显　　　B. 提升明显 C. 一般　　　　　　　D. 差
24	您对政府依法行政、法院公正司法的获得感	A. 提升非常明显　　　B. 提升明显 C. 一般　　　　　　　D. 差
25	近五年来，让您的获得感提升得最多的事项有哪些？（多选）	A. 家庭收入　　　　　B. 住房 C. 公共教育　　　　　D. 养老保险 E. 公共医疗　　　　　F. 食药品安全 G. 公共交通　　　　　H. 生态环境 I. 政治权力　　　　　J. 依法行政 K. 司法公正　　　　　L. 反腐 M. 其他

序号	问卷题目	选项
26	未来五年，能给您带来更多获得感的事项可能是哪些？	A. 增加家庭收入 B. 改善居住条件 C. 公共教育均等化 D. 领取养老保险金额提高 E. 医疗保险覆盖范围更广，报销比例更高 F. 食药品更加安全 G. 公共交通更加便捷 H. 生态环境更加美好 I. 民众行使政治权力更有保障 J. 政府依法行政，更加合法公开高效 K. 司法公正且便民 L. 反腐制度化 M. 其他

2. 当前镇江民众获得感的总体状况

从本次对镇江民众获得感调查情况来看，当前镇江民众获得感的总体状况可概括如下：

（1）镇江民众分享了改革发展实践的红利，民众实实在在的获得有了长足的提高。

本次调查问卷第二部分将民众实际的获得分解为 10 个指标，分别包括收入、居住、教育、养老、医疗、就业率、公共交通、公共生态环境、政治诉求等，均与普通民众的日常生活密切联系。其中"家庭年收入"一项中 62% 的被访者选择"5 万 ~ 15 万元"，37% 的被访者选择"15 万 ~ 50 万元"以上，表明 99% 以上的家庭已经达到十六大提出小康社会的标准（城镇人均可支配收入 1.8 万元，农村人均纯收入 8000 元，若算上近年 CPI 上涨 35%，近年小康家庭年收入标准为 5 万 ~ 11 万元，中产家庭标准为 7 万 ~ 12 万元等），多年改革发展实践的红利实实在在体现了镇江民众的家庭收入中。"家庭就业率"一项中 35% 的被访者选择"100% 就业"，47% 的被访者选择"60% 就业"，19% 的被访者选择"30% 就业"，表明绝大多数家庭实现全面就业。"自有住房"一项 97% 的被访者选择拥有自己的住房，表明几乎所有民众实现了居者有其屋。"养老保险金年均缴纳额"一项中 71% 的被访者选择"5000 ~ 20000 元"，"医疗保险报销比例"一项中选择"10%以下"的仅为5%，表明与民众生存发展休戚相关的养老保险与医疗保险不仅几乎全覆盖，而且缴纳额与报销比例大大提高。另外，分别有42%与65%的被访者选择"经常使用""镇江公共交通基础设施"及"公共生态环境与设施"。所有这些不仅表明镇江民众能够参与分享镇江改革发展带来的成果，而且表明镇江政府对民生事业给予高度关注。

（2）随着镇江民众获得的增加，镇江民众的获得感也相应地增强。

本次调查问卷第三部分将"镇江民众获得感"相应地分解为 11 个指标，分别为镇江民众对收入、居住、教育、养老、医疗、就业率、公共交通、公共生态环境、政治诉求、依法行政与司法公正等事项的获得感。对该 11 个指标，以每个指标总分 100 分进行统计分析，每个指标得分如表 1所示：

表 1　镇江民众获得感的基本指标得分

序号	指标内容	指标得分
基本指标 1	近五年来，您对家庭收入情况的获得感	54
基本指标 2	您对居住条件的获得感	79
基本指标 3	您对享受公共教育的获得感	77
基本指标 4	您对享受基本养老保险的获得感	61
基本指标 5	您对享受基本医疗保障的获得感	63
基本指标 6	您对家庭就业率的获得感	70
基本指标 7	您对享受公共交通基础设施的获得感	78
基本指标 8	您对享受公共生态环境的获得感	85
基本指标 9	您对公共政策参与权、诉求表达权、知情权等政治权力的获得感	62
基本指标 10	您对党和国家重拳反腐的获得感	79
基本指标 11	您对政府依法行政、法院公正司法的获得感	63

由以上统计可看出，当前镇江民众对绝大多数获得感的相关指标得分均处于 70 ~ 85 分的范围，表明当前镇江民众的获得感较强。其中得分最高的指标为"您对享受公共生态环境的获得感"，这表明镇江民众从镇江政府大力打造的"山水园林城市"等一系列生态环境建设中获得了普惠，从中实实在在感受到了好处，并在民众心理产生了深切的认同感与满足感。得分第二的指标为"您对党和国家重拳反腐的获得感"，这表明虽然党和国家重拳反腐并没有给民众带来切实的利益，但是重拳反腐的行为契合了民众对正义的渴求，因而在民众心里同样产生了深切的认同感。得分第三的指标为"您对居住条件的获得感"，这表明近些年来镇江政府主导的城镇化建设也为镇江民众带来了切实的利益，普通民众的生活居住条件有了较大改善，95% 以上的民众实现居者有其屋，这些改善和变化同样在镇江民众心里产生了强烈的获得感。

（3）当前镇江民众获得感呈现出多样化的需求，民众对政府提升获得感充满期待。

本次调查最后部分分别考察了镇江民众对当前带来获得感的主要事项及未来能为民众带来更多获得感的事项。图 1 为"近五年镇江民众获得感提升情况"。

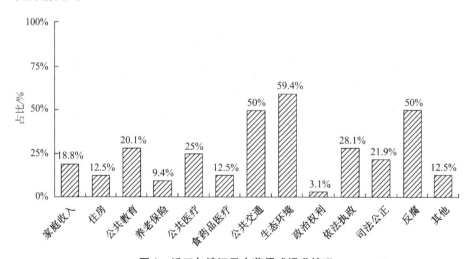

图 1　近五年镇江民众获得感提升情况

从图 1 各柱状图来看，近年来已经给镇江民众带来较强获得感的事项分别为"生态环境""反腐""公共交通"等，基本上与表1所列各指标得分相印证。

本次调查最后一项考察镇江民众对未来获得感提升的期待事项（如图2所示），统计发现，当前镇江民众对获得感提升的事项具有多样化的需求，在调查所列的11项"未来获得感"指标中，被访者的选择涵盖了全部选项，并且各个"未来获得感"指标的比例几乎均衡，没有特别明显的对未来获得感的期待指标，也没有不会对民众未来获得感造成影响的指标。这些都表明，镇江民众对未来获得感的提升充满期待，无论是物质利益的获得感提升，还是精神利益获得感的提升，都成为镇江民众对未来获得感提升的重要内容。当然，如果一定要进行排序的话，镇江民众对未来获得感提升最为关注的指标分别是"生态环境更加美好""医疗保险覆盖范围""增加家庭收入""公共教育均等化""改善居住条件"等。

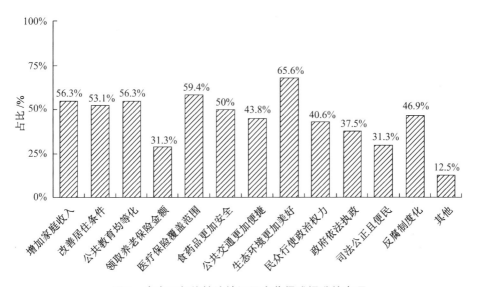

图2　未来五年能够让镇江民众获得感提升的事项

二、当前镇江民众获得感方面存在的主要问题

总体上看，当前镇江民众获得感现状总体让人比较满意，近些年来镇江经济发展所带来的红利与成果不仅让民众获得了实惠，而且在镇江民众心里产生了较大的获得感，取得了镇江民众的认同。但是对当前镇江民众获得感方面存在的主要问题，仍然不能忽视，应该引起高度重视。

（1）镇江民众的物质性获得感明显高于精神性获得，精神性获得感被忽视。

（2）当前镇江民众的实实在在的获得有了较大的提升，但是获得感并没有得到相应的提升，镇江民众的主观获得感与客观的实际获得之间存在一定程度的割裂。

三、提升镇江民众获得感的法律路径

千方百计提升民众的获得感是近年党和国家对民众的尊严许诺。各级党组织和地方立法机关、政府组织与司法机关都应切实承担起提升民众获得感的主导性作用。在提升镇江民众的获得感方面，镇江党政机关可以从下方面有所作为：

1. 大力提升民众物质性获得与获得感的同时，更加关注对民众政治性权利的制度供给

获得感虽然是一种主观心理状态，但是却依托于实实在在的获得。正如"目前中国所有问题的解决在于经济的发展"，而提升民众获得感的前提在于让民众获得更多实实在在的实际利益。这些实实在在的利益之中首要的是提升民众的物质性利益，只有增加了民众的物质性利益，让民众有了更多的物质性获得，如让民众的收入水平有了普遍的显著的提高、养老医疗保障水平获得普遍性的提升、居住教育生态等生活条件有了普遍性的改

善等，民众的物质性获得感才会相应地获得提升，民众才能有更多的精力去关注政治性权利等精神性获得。

如前所述，民众的精神性获得感相比较物质性获得感而言，由于不需要依赖于直接物质成果，一方面它的提升会显得更加容易，另一方面它可以弥补物质性获得感的不足而帮助提升民众的整体获得感。因此对于地方各级党政组织而言，理性上应该更加关注民众精神性获得感的提升。帮助民众提升精神性获得感需要地方政府等党政组织切实地通过各种方式保障民众基本的政治性权利，如加强地方法治建设，全面推进依法行政与司法公正，实现有法可依、有法必依、执法必严、违法必究，更好地保障人民群众各项合法权益；加快推进社会主义民主政治进程，促进社会主义民主政治制度化、规范化，发展更加广泛、更加充分、更加健全的人民民主，充分保障人民民主权益；想尽办法让民众广泛参与地方的立法、执行与司法实践，做到立法、行政与司法信息公开与公正，切实保障民众当家做主的权利。

2. 继续增加与完善社会保障等公共产品供给，提高弱势群体的获得感，维护社会的公平正义

获得感的提出本身就与社会公平正义紧密联系在一起，为了实现改革发展成果公平共享，习主席强调民众的获得感以取代更加主观的幸福感。因此当人们评价和权衡自己的获得时，必须感受到相对公平正义，以相对公平正义为基础的获得感才是稳定而持续的，否则，即使有再多实实在在的获得，也因为相对公平感的缺失而难以转化为获得感。让人民群众有更多的获得感，不仅要通过经济发展以确保实实在在获得的"蛋糕"做大，更要注重将"蛋糕"切好，实现相对公平。由于多年来的改革发展实践更多强调经济发展速度与水平，即怎样将"蛋糕"做得更大，而忽视了怎样将"蛋糕"切得公平合理，因此才会导致民众虽然与过去相比已经切实分享了更大蛋糕带来的好处，但是由于社会不公现象的存在而导致民众的获得感与实际获得之间较大的落差。为此，党和政府应该更加关注利用制度或法律的建设来消除社会不公，弥合民众获得感与获得之间的裂缝。

消除社会不公，实现相对公平，各项法律制度供给必不可少。首先，

最基本的法律制度供给就是继续加大面对社会全体成员的社会保障体系建设，建立公平的社会保障机制，打造更加公平的制度环境，促进公共服务均等化，使人民群众在教育、养老、医疗等方面享受到相对公平的公共服务；其次，更加关注社会弱势群体的获得与获得感建设，社会弱势群体的就业和收入很不稳定，收入增长缓慢，相对而言高收入群体获得感的提升机会远远大于社会弱势群体。税收和财政转移支付是政府增加社会弱势群体收入的最有效工具，通过不断完善收入分配制度，积极用财政、税收等有力杠杆工具，依法打击非法收入，调节过高收入，保障低收入者的基本生活，缩小群体之间、行业之间的收入差距。面向低收入或无收入阶层，财政转移支付的重点应是尽快建立对困难群体的利益保障机制，帮助困难企业的困难群体解决社会保险金和医疗费拖欠等问题，补贴支持低收入或无收入者参加大病医疗保险，支持建立民间救助制度，补助慈善基金会、红十字会等民间组织充分发挥社会救助的作用。

3. 利用法律手段培育社会主义核心价值观，增强民众的社会认同感

通过民众获得感的调查发现了一个特殊的现象，如民众普遍对党和国家近些年的持续高压的"反腐"行动有着较高的获得感。其实对于普通民众来说，党和国家的"反腐"行动并没有直接给其带来若干切实的利益或好处，但是民众却有着较高的获得感。究其原因，大概可以解释为"反腐"行动符合普通民众对某种社会道德和价值的期待，取得了民众对这些社会道德和价值的深度认同。确切地说，党和国家的"反腐"行动维护了社会民众对公务员这一群体的职业道德和价值判断的预期，"反腐"行动强化了公务员的职业道德，恢复公务员应有的"廉洁从政"的基本职业道德规范，这些行动符合民众对公务员职业道德规范的认识，取得了社会民众的广泛认同感，从而促使民众对该获得感的提升。因此可见，民众获得感的提升与民众对社会基本道德与核心主流价值观的认同感有着密切关系。

在多年的片面强调和追求经济发展的过程中，社会的深刻变革、经济的快速发展和文化的相互激荡对人们的思想观念、生活方式和价值取向产生了多方面的影响，人们的价值取向出现多元的价值认同。因此，面对社会认同方面的问题或危机，政府通过法律确立了社会主义核心价值观，这

有利于形成全社会一致的社会认同感，也有利于形成国家、民族的凝聚力。在培育社会主义核心价值观、增强社会民众对此认同感的过程中，各级国家机关既可以通过地方立法，发挥教育、宣传的重要作用，加强社会主义理想信念教育，创新载体，大力弘扬民族精神和时代精神；也可以通过执法与司法活动，将法律认知与社会主义荣辱观教育相结合，培育知荣辱、讲法律的文明道德风尚。通过大力加强社会主义核心价值观教育，增强民众对于核心价值观的认同感，从而增强民众对于国家的各项事物的整体社会认同感，为提升民众获得感打下坚实的情感与心理基础。

互联网时代基层法治文化建设研究

——我国智慧法院建设的关键命题与发展路径：以基层人民法院为视角

| 何　铭　李炳烁 |

当前，以互联网、大数据、移动互联和人工智能为代表的信息技术正在极大地改变着社会生活，互联网已经成为这个时代最具活力和创新力的领域。2016 年，国务院发布《国家信息化发展战略纲要》和《"十三五"国家信息化规划》，明确提出将"智慧法院"作为未来国家信息化发展的重要内容。在信息科技新浪潮的推动下，司法改革与互联网的深度融合发展，已经成为本轮司法改革的重要特征。加快信息化建设，以"智慧法院""互联网法院"推动司法公开和诉讼便利化，提升审判质效和办案效率，有效应对不断增加的诉讼压力，成为中国司法改革拥抱科技革命的新型发展道路。"信息化建设工程与司法改革进程是我国法治事业不断推进的车之两轮、鸟之双翼。"① 自 2016 年以来，全国法院系统基本建成以互联互通为主要特征的法院信息化 2.0 版，② 在全业务网上办理、全流程依法公开、全方位智能服务等领域取得明显效果，在缓解案多人少矛盾、破解执行难等问题上实现了重要突破，现代信息技术不断融入法院审判工作的各个领域。在司法改革的进程中，面对信息技术的迅猛发展，如何构建网络化、阳光

---

① 此表述最早源于 2015 年 7 月全国高级法院院长座谈会上最高人民法院院长周强的讲话。在此次会议上，周强提出，力争到 2017 年底建成全面覆盖、移动互联、跨界融合、深度应用、透明便民、安全可控的人民法院信息化 3.0 版，把中国法院建设成为"网络法院""阳光法院""智能法院"。从此次会议开始，中国法院的信息化进程大大加快，法院的信息化建设也提升到与司法改革并列的同等高度。

② 李林，田禾：《中国法院信息化发展报告（2017）》，社会科学文献出版社，2017 年。

化、智能化的"智慧法院",更好地维护社会公正,推进审判能力现代化,服务国家治理,是人民法院应当认真思考的重要理论命题,也是司法机制创新需要积极探索的实践领域。同时,不同区域法院之间的发展不均衡、基础设施建设的差异等问题也有待进一步考量。

一、我国智慧法院建设的关键命题与实践反思

"大数据"(Big Data)的兴起始于2012年。大数据对于各国政府来说,都是一个巨大的基础性战略资源,基于社会经济数据的有效分析,将更好地帮助政府管理社会。相应地,网络空间国家主权要求对于相关数据资源进行合理的存储与利用、有效的控制与管辖。[1] 2015年8月,国务院发布的《促进大数据发展行动纲要》提到,运用大数据推动经济发展、完善社会治理、提升政府服务和监管能力是我国大数据战略的重要内容。[2]

作为拥有世界上最多网民的国家,我国在网络大数据方面具有较大的优势。但目前大数据发展的重心已经从早期的获取更多的数据,发展到如何对数据进行有效提取,去冗分类、去粗取精,从数据中发现和挖掘更多的知识,为公共决策、经济运行提供帮助。近年来网络大数据的急剧增长,主要是网络上传播的各种非结构化或半结构化数据。因此,对于社会科学而言,从法学、经济学、社会学、心理学等不同学科的角度去分析数据的关联性,挖掘这些分散的、模糊的小概率事件背后汇聚的舆情、民意、民智,以此来预测和评估社会发展的基本规律,为立法、执法、司法、公共决策提供技术支持,成为大数据应用的主要途径。

从我国司法大数据的建设情况来看,近年来法院信息化的数据渠道建设工作已经完成。最高人民法院以全国所有法院为依托,成功建设了数据集中管理平台,预计实现与人事信息系统和司法统计系统的并轨。该平台

---

[1] 唐皇凤:《大数据时代的中国国家治理能力建设》,《探索与争鸣》,2014年第10期。

[2] 参见《促进大数据发展行动纲要》,http://www.gov.cn/zhengce/content/2015-09/05/content_10137.htm.

集合了全国法院共计9533万桩案件的相关信息，以及4745万件有关文书信息，所有数据每5分钟即自动更新，实时统计并更新全国法院每日新收案件的情况。截至2016年底，各级法院公开审判流程信息突破27.3亿项，中国裁判文书网公开的裁判文书多达2600万篇，访问人数超过49亿人次，执行信息公开网公布执行信息已逾4711万条，互联网法庭庭审直播超过43.9万件。① 我国在司法大数据方面，已经积累了庞大的案件审判数据，为大数据应用、智慧法院建设打下了坚实的基础。

但是，不断增加的海量数据，也对司法大数据的有效适用提出了巨大的挑战。其一，司法大数据的非结构化增加了数据利用的难度。其二，大量低密度、低效的数据增加了司法适用过程中分析和研判的难度。其三，司法大数据的孤岛现象不容小觑。

人工智能技术的发展是近年来科技领域的重大突破。2017年，计算机AlphaGo战胜中国围棋选手柯洁，让AI技术再次成为人们热议的话题。许多学者认为，随着人工智能的发展，越来越多的领域会被计算机和网络所代替。因此也引发了有关人工智能在智慧法院建设中能否取代法官判案的争论，② 迫使我们思考人工智能在司法实践中的合理边界问题。

人工智能在智慧法院建设中居于重要地位，法院信息化3.0版的特征就是深度拥抱智能科技。但是人工智能能否代替法官？解答这一问题，首先必须思考人工智能在法律世界的"能与不能"。

人工智能尚无统一的定义，但基本的共识是，计算机模拟人类思维过程，获取知识并能自动运用知识的技术。在法律领域，人工智能的机器深度学习技术、自然语言处理在语义检索、文件自动生成、案件预测等方面具有很大的优势。例如，世界首个机器人律师的ROSS就是基于IBM的Watson系统的智能检索工具，利用强大的自然语言处理和机器学习技术向律师呈现最相关、最有价值的法律回答，而非像传统法律数据库那样，仅

---

① 参见《中国法院的司法公开（2013—2016）白皮书》，http：//www. court. gov. cn/zixun - xiangqing - 36952. html. 其中有关数字与《中国法院的司法改革》一书的数据略有差异。笔者发现，不同时期最高人民法院的表述也存在不同。

② 倪艳：《人工智能代替法官？》，《南方周末》，2017年8月3日。

仅呈现一大堆检索结果。① 另外，计算机的优势在于随着数据的积累，可以深度学习并且不断自我改进，在海量数据的基础上将相关数据连接起来，形成持续改进强大的法律应用数据库。毫无疑问，智能化的法律检索将深刻地影响法律人进行法律研究的方式。这一点，国内律师实务界已经走在了最前沿。笔者近期曾经试用 Icourt 公司研发的 Alpa 律所管理系统，其中的高智能、自动化法律检索，令人叹为观止。同时，随着计算机算法的不断优化，起诉书、备忘录、判决书等高级法律文件的自动生成也日渐成为现实。

人工智能的案件预测已经用在了诸多实务领域。比如，Lex Machina 公司整合了成千上万份判决书，并对其进行自然语言处理，进而对案件结果做出预测，提供服务。这个软件不仅可以通过分析精确到哪位法官更加支持原告诉求，哪位法官更加支持被告，从而对特定法院或者法官形成有效论证，而且会事先对对方律师做大体上的评估，综合其过去处理的案件找到他的弱点，形成本方的诉讼策略，等等。②

在这样的背景下，我们看到，法律人的角色已经被人工智能技术所改变。一些角色可能被计算机取代，比如常规性、重复性、事务性的工作；一些任务可能被增强，比如法律文书写作、案件评估；而对于案件的价值判断，法律人仍然需要扮演核心角色。

从司法的本质上来说，裁判一种基于证据事实的价值判断，法官需要基于自己的知识、理性、价值观、经验法则，在面对案件证据时，运用自由心证去判断证据是否有证明力、证明力的大小、相互之间的因果关系。这种内心的确信必然是一个专业而复杂的人类思维过程。③ 同样，在《关于民事诉讼证据的若干规定》中也有所展现，第 64 条规定："审判人员应当依照法定程序，全面、客观地审核证据，依据法律的规定，遵循法官职业道德，运用逻辑推理和日常生活经验，对证据有无证明力和证明力大小独立进行判断，并公开判断的理由和结果。"因此，法官审判案件在任何时候都

---

① 腾讯研究院：《法律人工智能十大趋势》，http：//www. vccoo. com/v/jx4l5_ 2.
② 腾讯研究院：《法律人工智能十大趋势》，http：//www. vccoo. com/v/jx4l5_ 2.
③ 吴习彧：《司法裁判人工智能化的可能性及问题》，《浙江社会科学》，2017 年第 4 期。

不是简单的三段论推理或自动售货机，审判过程必然是包含了法官个体法律知识、理性、价值判断和生活经验，在此基础上的推理，是人类特有的价值判断过程。[①] 以人类社会的复杂多变，至少目前，计算机算法尚无法企及，这一点和围棋世界的人机大战不可同日而语。例如，离婚案件中的"夫妻感情破裂"，如何理解"感情破裂"？哪些情形、何种程度可以判定为"感情破裂"？连经验丰富的法官都无法穷尽其情形，对情感世界的变化无常不敢妄下断语，何况是算法固定的机器？

因此，我们认为，智慧法院建设中，人工智能的目标是服务于法官办案，为司法审判提供技术支持、决策辅助，而非直接取代法官办案。无论技术的力量多么强大，在法律世界中，人的价值判断永远居于核心地位。法律世界的精彩变幻、思维碰撞，远非机器算法所能涵盖。网络办案、一键审判固然便捷，但不可能取代法官去和当事人面对面的交流，不能实现心与心的协调，无法体会到司法实践中的温度与情感。所以，我们在热情拥抱信息技术的同时，也要谨防陷入"技术依赖"的另一个极端。司法程序的运用仍然应该以当事人的纠纷解决为目标，以司法公正为最高原则。作为法律人，我们在积极学习技术的同时，更要在这个过程中，坚守对法律的信念，防止技术削弱甚至损害法律共同体所秉持的价值观念，让信息技术促进司法正义，而不是背道而驰、舍本逐末。

二、我国基层智慧法院建设的路径探索

目前，法院信息化 3.0 版和智慧法院建设已经成为各级人民法院的重点工作。在这一进程中，基层人民法院由于资金、专业人员等硬件设置的限制，以及案件数量、案件性质和社会环境的差异，在智慧法院的建设过程中，呈现出若干不同的特点，因此也需要因地制宜，突出重点，建设符合基层人民法院特点、满足基层社会公众需求的智慧法院。

---

① 郭富民：《人工智能无法取代法官的审慎艺术》，《人民法院报》，2017 年 5 月 12 日第 005 版。

（一）基层人民法院信息化建设的环境优化

其一，科学合理、因地制宜地规划建设方案。基层人民法院，尤其是农村和城乡结合部的法庭，每天面对不断增多的诉讼案件，直面复杂的法律问题，协调不同社会主体，还要处理繁杂的事务性工作，时间精力有限，工作压力极大。法院信息化建设和智慧法院在 2015 年以后才进入快车道，主要是由司法高层通过顶层设计的方式自上而下推行。对于基层法院来说，还无法感知到信息化建设对于加快审判方式转变、提高审判质量和效率所具有的重大意义；在具体的工作中，也在逐渐开始学习使用现代化科技手段。加之各地经济发展不均衡，经济好的区域信息化程度较高，经济落后一些的地方对于耗费巨大人力物力且尚无短期效应的建设项目，缺乏有效的激励机制。这项工作大体呈现上热下冷的局面。最高人民法院和省级法院力度较大，成果也较为丰硕。在基层法院层面，一般是量力而行，探索发展。因此，在最高人民法院或上级法院限定的建设时间节点内，要想快速建成法院信息平台，难免会出现缺乏严谨细致的长期规划和长远考虑，缺乏统筹性、信息管理与整个法院管理无法完全对接的情况，难以实现以法院信息化提升整个法院审判管理、司法效率的目的。在这个问题上，既不能懈怠也不能盲目无序地发展。研究和了解信息技术的未来发展方向，对其有一个总体的思路，结合本法院在一定时期内的实际情况，拿出具体的规划和制定可行的方案与目标并稳步推进。

其二，基层人民法院信息化的保障工作需要庞大的经费支持。信息化建设作为一项需要超高技术作为基础，并辅之以高额的投入，建设完成后能够发挥高效能的具有现代化特点的基础建设，首先要保证投入足够的建设经费。它所涉及的硬件设备、软件系统都需要大量的资金。根据调查，一个 60 人左右的基层人民法院（不含 20 名辅助人员），建设智慧法院系统，需要的电脑硬件、网络铺设、软件系统采购等资金在 300 万元以上。而该院全年的所有财政预算才一千万元左右。在某种意义上说，法院的信息化建设程度是与资金的投入直接相关联的。

其三，技术人才短缺是基层法院信息化建设的普遍难题。智慧法院的系统运作、安全维护，必须要有完整的网络管理中心和专业的管理人员。

一般的办公室或后勤管理人员还不具备管理庞大信息系统的能力。在目前基层人民法院编制紧张的情况下，或是从社会上招聘兼职网络管理人员，或是委托给专业的网络公司。前者不固定，不了解法院运作和司法工作的特点，后者则需要专项资金的支持。基层人民法院每年招录人员时，也是优先考虑法律专业，以加强审判队伍建设，计算机网络专业技术人员的缺位几乎困扰着所有的基层人民法院。人才的短缺也使得省级法院下放配备的一些价值不菲的软件系统、设备长期处于闲置状态，无法发挥其效用，造成基层人民法院的信息化建设无法实现升级改造。这已经成为制约法院信息化发展的重要因素。

（二）提升司法大数据的采集与应用能力

智慧法院的有效运作必然建立在全面、翔实的司法大数据基础之上。注重司法大数据的采集、研究和应用，认真研判司法数据所呈现的有价值命题，是基层智慧法院建设的另一个重点工作。

其一，司法大数据的采集。基层人民法院位于司法系统的最末端，承担着全国 70% 以上案件的审理，也构成了司法大数据最重要的来源。对于基层法院来说，由于人力资源紧张，司法大数据的采集主要是由司法统计来完成。长期以来，司法统计都承担着记录、搜集、整理、分析、提取、保存法院审判活动所产生和形成的各种数据的功能。[1] 通过动态的数据，为立法决策提供依据，反映法院审判权运行的具体情况，同时对案件信息进行跟踪监测，实现案件的动态监控。目前的司法统计系统主要由案件信息束、裁判文书、司法统计数据三部分组成。其中案件信息束包含了案件审理过程中各个信息项的集合，比如案由、当事人情况、诉讼标的、立案时间、结案方式等。[2] 而数量庞大的裁判文书是审判活动的结果及反映，也折射出社会经济运行的重要信息。我国目前的司法统计模式仍然沿袭传统的方法，以案件信息为核心，以统计报表（主表、派生表、台账）为直观呈

---

① 顾韩君：《司法统计学》，上海社会科学院出版社，1991 年。
② 张军：《人民法院司法统计理论与实践》，人民法院出版社，2012 年。

现方式。1996 年以前，法院司法统计工作主要以手工操作为主，需要有专门人员报送。1997 年以后，最高法院开发了"人民法院案件信息管理与司法统计系统"，统计指标也从单项指标评价发展到综合指数研究，比如案件质量评估指标体系，其科学性进一步增强。

首先，对于司法大数据的采集而言，在如今大数据时代，从大规模数据管理和利用模式平台的视角来看，以往数据显得过于单薄，数据涉及面狭窄、覆盖不够，指标也比较缺乏。尤其是数据主要集中在对案件数量的整理，而非对于司法机关全部审判工作信息的收集。[①] 其次，以往数据采集过于粗放，一般是从大框架的角度进行收集。以精细化确保数据全面具体是司法大数据收集的重点。因此，"在采集内容上，传统的案件信息是不可缺少的部分，其次还需要采集案件存在的风险、当事人对判决的意见、公众对法院判决的态度，同时也要注意采集一些司法热点，以及不同社会群体在司法方面隐含的需求；在采集方法上，注重在法院系统内进行数据信息的采集，通过购买方式、委托社会调查咨询机构采集相关司法数据。"[②]

其次，司法大数据的进一步应用。在收集大数据的基础上，更加需要对数据进行加工分析利用。由于思想观念和司法统计机制等原因，基层法院的很多司法数据并没有得到充分利用，致使大量的数据沉睡。[③] 因此司法大数据应用下一步要做的就是对数据进行有效的分析利用，深入发掘，把数据中蕴含的内涵，诸如案件审判效率、司法流程服务、公众的反应、案件所引发的社会效果等有用的信息挖掘出来，强调司法数据在信息咨询、决策辅助方面所发挥的作用。

与此同时，更要探寻建立司法大数据的共享平台，打破信息孤岛桎梏。数据沟通有益于各部门的衔接和交流，这不仅是指司法执法机关内部的沟通，还包括与社会部门、社会组织之间的联系。通过司法大数据的协同分享，建立覆盖面广的信息采集共享系统，这将为迅速发现审判工作中的不

---

① 高绍安：《大力加强司法统计工作 服务人民法院科学发展》，《中国审判》，2013 年第 9 期。
② 张化冰：《加强大数据的司法应用》，《人民法院报》，2013 年 10 月 9 日。
③ 王姗姗：《唤醒沉睡的数据——从统计数据的角度谈司法统计改革与发展》，张军《人民法院司法统计理论与实践》，人民法院出版社，2012 年。

足，提升司法效率带来极大便利。譬如，"以法院为中心构建一个包括执行联动信息平台、政法信息协同平台、信用信息自助查询平台，融合各类信息，形成一站式个人信息化智能查询终端，把所有数据平台集结在一起，形成统一的'云端'，以供共享和智能调取，极其有利于破解法院面临的执行难问题。"①

（三）以社会公众为中心的司法公开与诉讼服务平台建设

前文已述，法院信息化建设过程中存在法院单向度信息输入，以法院为中心设置信息平台、忽视社会大众需求的倾向，因而也导致某些信息系统的设计或流于形式，或实践错位。在基层法院信息化的建设初始，我们必须树立以社会公众需求为导向的技术开发理念，以社会公众为中心推动司法公开与诉讼服务平台建设。首先，智慧法院的建设必须以人为本，深入调研，了解大众对于司法系统的信息需求，以符合受众需求习惯和心理特点为前提，注重技术的人性化和便利化。其次，基层人民法院应该转变思维，以积极心态迎接新媒体时代的到来。

---

① 孙振东：《司法大数据助推"智慧法院"建设》，《人民法院报》，2016年12月9日第3版。

推进双拥工作八连创　助力军民融合谱新篇

| 黄宝红 |

　　"拥政爱民、拥军优属"是我党我军的优良传统，创建"全国双拥模范城"事关国防建设和经济发展大局，有利于推进军民融合发展战略的实施、提升城市整体形象、加快镇江产业转型升级，意义十分重大。2017 年 6 月 20 日，习近平主席主持召开中央军民融合发展委员会第一次全体会议，强调"把军民融合发展上升到国家战略"，明确提出"把军民融合搞得更好一些、更快一些"的时代要求。市委、市政府高度重视创建"全国双拥模范城"工作，成功实现"七连创"。如何采取扎实有效的举措，"八创全国双拥模范城"，继续保持全省领跑地位、全国领先格局？笔者认为，应从四个方面加强顶层设计，发挥驻军多的优势，走军民融合深度发展路子，促进镇江市国防建设和经济建设良性互动，抓出新亮点、培育新典型、再创新特色。

一、强化驻军优势，集中开展"八百"双拥行动

　　素有"军事重镇"之称的镇江，驻有 30 多家团级以上单位，向来有"驻军多给镇江带来人气，驻军的示范作用给镇江带来正气，驻军的贡献给镇江带来福气"之美誉。发挥部队装备、人员、技术优势，促进和带动地方经济发展。鉴于"名城大驻军，城市大双拥"的特点，大力弘扬驻军

"学习镇江、热爱镇江、宣传镇江、融入镇江、维护镇江、服务镇江、建设镇江、奉献镇江"的一贯精神，号召驻镇部队融入第二故乡，善用这股有形力量，开展"八百行动"，即百个连队帮创优美村、百支医疗队服务到基层、百名团以上干部结对帮贫困、百台机械参与大工程、百座营区文明当标杆、百部电影放映到社区、百场国防知识讲座进课堂、百对共建对子结对争先进等。参加结对"一连助一户、一团扶一村"精准扶贫工程，开展义务植树护林、义务献血、文明城市创建、军民融合、民生工程援建、安保维稳、军警民联防、抗洪抢险、扫雪除冰、应急救援、森林救火、社区村庄环境整治、农村沟渠治理、江河堤坝加固、爱心献功臣、春播秋收、服务"三红""三属""三老"送温暖等系列活动，引导驻镇部队和广大民兵预备役人员认真履行"驻守一方、服务一方"的神圣使命。积极当好重大任务的尖兵、民生"三安"的卫兵、文明新风的标兵。坚持驻守镇江、热爱镇江、宣传镇江，为镇江经济社会发展做出应有贡献。

二、放大双拥效应，推进"八任书记接力固长城"

"全国双拥模范城"和"党管武装好书记"荣誉规格高、影响大、意义深远。中央每四年一轮进行命名表彰，每一轮都由时任中共中央总书记主持会议，党和国家领导人及政治局常委集体出席会议，同时接见与会代表并合影留念。会议当天，《人民日报》《解放军报》《中国国防报》央视新闻联播、各大网站等主流媒体大幅整版刊登先进个人简要事迹，充分体现了党和国家对这项特殊工作的高度重视。争取获评"党管武装好书记"不仅是取得一块"金字招牌"和获得崇高的政治荣誉，对激发320万镇江人民干事创业的斗志热情和激情，增强党委政府的号召力、凝聚力、向心力，提高镇江的知名度和美誉度，提升城市的品位，都具有十分重要的意义。市委历来高度重视创建工作，原市委书记方之焯、张卫国、史和平等先后荣获"全国十佳党管武装好书记""全国十佳国防动员新闻人物"。双拥工作政治性、政策性、社会性很强。一方面，应开展形式多样的双拥活动。

围绕典型引路、丰富活动、媒体宣传等形式，有效开展双拥"进社会、进军营、进机关、进学校、进企业、进乡村、进社区、进家庭"等活动，通过宣传评比表彰"党管武装好书记""好军属""优秀转业退伍军人""拥军优属先进单位""最佳实事""办实事热心人""雷锋式辅导员""军歌嘹亮""参军报国建功立业""心连心"等系列双拥套餐，从而彰显镇江双拥的独特魅力。另一方面，要争取获评全国"党管武装好书记"。要发挥"党管武装好书记"荣誉称号的政治效应和典型引领作用，重点推进"八任书记接力固长城"活动，加大典型事迹宣传报道的力度，在江苏双拥工作简报、中国双拥、新华日报、中国国防报、解放军报、人民日报进行宣传报道，营造"宣传典型就是宣传镇江，深化双拥就是出彩镇江"的双拥氛围。确保"八创全国双拥模范城"成功，争取再次荣获全国"党管武装好书记"的荣誉称号。

三、发挥三方作用，传递党管武装接力棒

2017年是军改的收官之年，新的军事体制变革，军分区划归中央军委国防动员部，国防动员力量实行地方党委牵头与军事系统共管，地方党委书记担任同级军事机关党委第一书记，履行"应急应战的指挥部、地方党委的军事部、后备力量的建设部、同级政府的兵役部、军民融合的协调部"的职能使命。书记要把党管武装政治责任扛在肩上、拥军优属优良传统抓在手上，就必须充分发挥驻镇部队、军分区、双拥部门三方面的作用，传递好党管武装接力棒。一是发挥驻镇部队参建助困、示范带动作用；二是发挥军分区军事职能、桥梁纽带作用；三是发挥双拥职能部门牵头协调、参谋助手作用。三方同心同德，向心发力，谱写镇江"军民一家亲"的华丽篇章。建议市委发挥引领作用，整合军地各方资源，调动各方力量，以双拥活动为抓手，打造"双拥进行时""军地议事园"等双拥品牌。2017年市委、市政府第25年签订责任书，每年为部队办理20件实事，成为镇江党管武装的重要抓手，双拥的内容进一步拓展，主要内容涵盖全民国防教育、

法制拥军、智力拥军、科技拥军、军民共建、军警民联防、军民融合、优抚安置、政策咨询、涉军诉求、军民纠纷、应急维稳、职业培训、需求提报、潜力对接、军地协调、任务落实、双拥研究等方面。

四、发挥倍增器作用，创建国家军民融合发展示范区

中央把军民融合发展放在推进"四个全面"战略布局、实践"五大发展理念"的全局中考量。下活军民融合产业发展这盘先手棋，可以产生集聚效应，形成双拥亮点，创出双拥特色，推出双拥典型，创新双拥模式和品牌效应。对于军民融合发展，镇江本身有较好的基础，也是镇江双拥工作的新特色、代名词和得分强项。2012 年在全省率先制定《镇江市推进军民融合式发展实施意见》，2014 年出台《镇江市关于加快推进军民融合深度发展实施意见》，2014 在丹阳成功举办军民融合技术成果转化展示交流会。2017 年 6 月 13 日，全省首家"镇江市军民融合产业联盟揭牌"，镇江市军地资源共享程度得到提高，军民融合产业蓬勃兴起，取得了较好的军事效益、经济效益和社会效益。镇江籍（含在镇服役）官兵拥有将军多、专家多（如国宝级院士马伟民）、搞科研的多等优势，要发挥好他们的作用，必须搭建双拥平台，为镇江籍国防人才服务家乡（第二故乡）提供保障。具体建议如下：一是军地齐心协力共同推进国家级军民融合发展示范区创建工作。以军民融合推进产业发展为基础，向纵深推进，创新特色、展示亮点、打响品牌，创建国家级军民融合发展示范区。二是军地合作共同打造产业发展信息交流平台。镇江船艇学院（军改后更名陆军军事交通学院）、三五九医院、"参军"企业（派驻军代表的六家本地企业）等单位和企业，既具有产学研的核心竞争力，能够帮助地方培训技术人员、促进科技成果转化，也具有横向纵向联系科研院所、高科技部队的靶向优势。只要政府搭建信息交流平台，就可以让这些单位和企业围绕"专利—技术—产业—市场"间的关联渠道，牵线搭建"军转民"和"民参军"。例如，特邀军队和军工领域专家介绍《军用技术转民用推广目录》和《高新技术与产品推荐目录》

相关技术，致力于发展军品"高端化、智能化、数字化、品牌化"，推动军民用技术成果双向转移，促进军工经济与地方经济融合发展，增强镇江市新材料、航空航天、船舶与海工等战略性新兴产业的整体竞争优势，为地方经济和社会发展，为全国双拥模范城的创建做出贡献！

基于权责制综合财务报告的
地方政府治理指数研究

| 李靠队　殷文玺　季　蔚　张庆年　邹牧云　张　媛

夏　炜　郭蕙珺　张　韵　练　清　潘慧凡 |

政府治理问题一直是人们关心的问题，政府治理的好坏直接关系到人们生活的方方面面，同时也是地方政府治理能力与效率的一个体现。但是如何更加有效地评价政府所取得的效果，以及以什么标准来评价则是现在面临的难题。十八届三中全会提出在政府部门也实行权责制的综合财务报告制度，这为一筹莫展的我们指明了一条新思路，并在此基础上提出了权责制综合财务报告的地方政府治理指数。

一、地方政府治理指数与地方政府治理现代化

因治理现代化的要求，我国地方政府治理应具备以下几个特征：一是治理模式的转变，即由"管理"模式走向"治理"模式，与时俱进地形成各国政府所普遍实施的治理模式；二是治理方式的转化，由"人治"向"法制"迈进；三是治理范围的转变，从"全能"走向"有限"；四是治理职能的转变，政府传统的管制已经不适应时代的需要，而要向服务型政府转化；五是治理格局的变化，地方政府治理格局要从封闭走向透明。

本文关于地方政府指数的研究则可以归类于政府效率的提高，而效率的提高往往是地方政府多方面改变综合作用的结果。所以地方政府治理指

数可以说是地方政府治理现代化的一种实现方式，而地方政府治理现代化又是地方政府治理指数研究的目标。公共治理指数、国家治理指数和公司治理指数研究的日益成熟，在一定程度上给地方政府治理指数的架构提供了参考。

二、地方政府治理的现状与问题

（一）地方政府治理的现状

政府作为维护社会稳定的重要存在，使得政府治理问题成为全民关心的焦点，当然对于地方而言也不例外。关于政府治理问题最核心的部分便是：如何切实提高政府的办事效率与能力，最终达到政府"善治"的目标。要想切实提高各级政府的治理能力与水平，首先要从其地方政府入手，各下级地方政府则需要了解当地政府治理发展的现状及存在的问题。通过初步的分析调查，目前我国地方政府治理的现状大致都可以归纳为三点：① 治理主体的扩大。在地方政府主导的前提下，社会各成员有序参与，其中包括公民、社会组织、企事业单位等。现代社会治理的多主体构成，使得社会能够有效地运行。② 治理范围的延伸。地方政府治理的范围从经济领域向各个领域延伸。这对地方政府治理提出了新的挑战，要求地方政府治理不能局限于经济领域，而要向其他领域扩展。地方政府还应该关心当地的政治、文化、生态等领域的发展。③ 治理手段的更新。地方政府治理引进互联网，互联网政务的开展构建起以互联网为平台，适应社会发展过程中所需要的政府组织形态。互联网政务的引进，从根本上改变了地方政府办事的方式。

（二）地方政府治理存在的问题

1. 高成本低效率

很多地方政府并不清楚自己在提供的公共服务花费多少成本。即使有些政府能够清楚记录每项服务的价值，也难以反映其真实情况，因为这一项目所包含的间接成本往往被忽视，诸如管理费用、资本成本等。

2. 服务意识薄弱

目前，虽然我国政府奉行的是"治理"模式的新治理理论，强调社会各组织、成员参与管理公共事务。但是，意识的薄弱导致了政府办事效率的低下，严重影响了政府的服务质量。

3. 缺乏完善体制

由于地方政府在治理的过程中所涉及的本区域内的事务多而杂，所以要想提升地方政府的治理水平，还应该建立起完备的体制以保障政府措施的有效实施。这就需要政府的相关部门过程制定一套完善的法律法规体系。

三、地方政府治理指数构建

（一）地方政府治理指数构建原则

构建地方政府治理指数体系应该遵循以下几个原则：

（1）科学合理。在构建地方政府治理指数指标的过程中，应该注重其指标的科学性与合理性。这是运用该指数评价政府治理水平的保障，所以在构建该项指数时既应该包括定量的刚性指标，也应包括定性的分析指标。

（2）简单明了。选取的考核评价指标应该简单并且易于理解。因为该指数不仅仅面对地方政府及其领导班子和领导干部，还要面对很多政府治理的监督者，甚至一些学术界的研究者。由于人员构成复杂，且受教育程度不同，为了便于大家理解，选取的指数应通俗易懂。

（3）便于操作。选取考核指标时应该注重少而精，数据来源力求简洁易行。如果指标过多，则给整合带来很大的困难，耗费很多人力物力，但也不能为了简化操作而影响其代表性。

（二）地方政府治理指数的指标组成

通过对公共治理与国家治理的分析，我们知道这两个概念与政府治理存在着诸多交叉。因此构建地方政府治理指数可以参考公共治理指数与国家治理指数的指标构成。其中公共治理指数主要由公共服务、公共权利、治理方式三个一级指标组成，国家治理指数则是从基础性指标、价值性指标、可持续性指标等三个一级指标出发。它们大致都是从人们的衣食住行、民主自由、未来发展趋势出发。因此参考相关治理指数并结合地方政府自身特点，主要从两方面来评价地方政府水平：一是政府绩效状况；二是人民满意度。

1. 政府绩效

"政府绩效"是一个综合性概念，结合国内外的相关研究，大抵可以归类为经济性、效率性和效果性三个方面。即从政治管理能力、经济发展能力、人民生活质量等多方面综合考察政府的绩效状况。而本研究主要从权责制的政府综合财务报告出发，分析地方政府的资产负债率、收入、支出、净资产四个财务指标。其中，资产负债率可以反映地方政府的负债水平，有利于对政府的财务风险状况做出评估，防止出现过度的财政赤字。同时也是政府衡量自己利用债权人资产提供各项公共服务与产品的能力。收入包括税收收入、非税收收入等，一定程度上可映射该地方的经济发展状况。支出主要指政府部门提供社会公共事务、社会福利、各项补助等。而政府的净资产则体现了当地政府履行自身职责的持续性，当然在资产与负债确认时要遵循合理性和对称性原则。

2. 人民满意度

对于政府治理水平的评价，不仅需要客观的数据作为评判的基础，当然还少不了当地人民对于该地方政府治理的判断。因此，我们可以通过调查问卷的形式，来归总当地人民对于当地政府的满意度情况。但人民满意度作为一个整体概念，仅仅通过调查问题很难准确把握细节。而地方政府通过为人们提供公共产品与服务紧密地联系在一起，比如脱贫攻坚、教育、就业、社保、健康和医疗卫生等。通过分析和归纳，把该一级指标细分为基础性指标、价值性指标和可持续性指标三个二级指标。其中，基础性指标主要是指当地政府为保障人民基本生活，为人们提供的设施、公共秩序和一定水平的服务等；价值性指标则是指当地政府所表现出的公平、公正、公开的程度；可持续指标是指政府治理过程中的产出是否具有可持续性。

（三）地方政府治理指数的编制

1. 地方政府治理指数编制说明

（1）指数概况：地方政府治理指数（Local Governance Index）是为了评估某一地方政府治理能力与水平的评价体系。该指数主要由两个一级指标和七个二级指标构成。具体结构如图1所示：

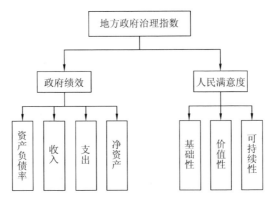

图1　地方政府治理指数指标结构图

（2）评估对象：包括国内所有的县级及以上地方人民政府。

（3）评估内容：主要包括人民关心的基本问题，这里主要从政府绩效和人民满意度出发，全面综合的反映政府某一阶段的治理状况。

（4）权重设置：每个地区都有其自身的特点，所以各指标的权重也应该是不同的，另外，同一地方发展的不同的阶段特点也是不同的。所以在权重的设定上就需要追求其真实性和科学性。由于权重的设定是一个复杂的过程，所以人为设定必影响其指数的客观性。这里主要借鉴其他指数在处理权重时所用的方法，即运用层次分析法把目标分成多个层次，然后通过解矩阵特征向量，求得每一层级对应与上一级的权重。而由于计算过程的复杂烦琐，因此这里借助 yaahp 层次分析软件来计算。

（5）数据来源：地方政府治理指数主要是在权责制的政府综合财务报告的基础上提出的，所以毋庸置疑，财务报告是其数据的主要来源，包括报表中的资产负债表、收入费用表及代替现金流量表作用的预算执行表。

（6）指数的计算模型：根据上述指标构建地方政府治理指数 LGI 模型。

$$LGI = \sum \alpha_i LGl_i + \alpha\ (n)\ (i = 1,\ 2,\ 3\cdots)$$

其中：*LGI*——地方政府治理指数；α_i——第 i 项指标所占的权重；LGI_i——第 i 项指标的指数状况；$\alpha(n)$ ——余项，指其他非主要要素对地方政府治理的影响，在实际操作中可以忽视不计的变量。

2. 地方政府治理指数的评价指标体系

政府绩效中四项二级指标即主要参考权责制政府综合财务报告下的资产负债表与收入费用表。另外，还有代替现金流量表的政府预算执行表中的相关数据。资产负债率的数值最好能稳定在区间［0.45，0.7］内，一般可以通过折线图来粗略表示财务指

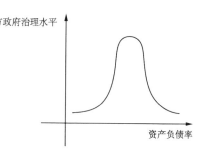

图 2　指数与资产负债率的关系

标与地方政府治理的状况（如图 2 所示），另外，收入、支出和净资产三项变量可以在相关表中直接取得，它们与地方政府治理主要呈现正比例关系，因为收入、支出、净资产越高，表明地方的经济水平越高，进而从侧面反映地方政府治理的状况。

对于政府绩效中的四个指标，其中资产负债率属于比率数据，而其他三个属于实际数据，口径的不一致使得在处理时无法进行简单的加减。为了统一口径，可以对数据进行标准化处理，把各项指标的平均值通过映射的方法投影到区间［0，1］上。其表达式为：

$$x = \frac{\bar{x} - \mathrm{Min}}{\mathrm{Max} - \mathrm{Min}}$$

其中：x 表示得到的新数据，$\bar{x}$ 表示所求的地区的下辖政府的相关指标的平均数。则政府绩效指数运用加权聚合模型得：

$$LGI_1 = \sum \bar{x}_i w_i (i = 1,2,3\cdots\cdots)$$

其中：LGI_1 代表政府绩效指数；x_i 代表 i 个新数据；w_i 代表各指标的权重。

为了更清楚地了解地方政府治理指数与各政府绩效二级指标间的相关性，可以运用 SPSS 软件，对地方政府治理与其二级指标进行回归性分析。

人民满意度则是从基础性、价值性和可持续性三个指标出发，这里主要运用代替现金流量表的政府预算执行报告。为了统一口径，需要将相关

数据映射到区间［0，1］内，得到一个新数据 x。根据镇江政府 2016 年的预算执行表的情况，可以把相关项目分配到三个二级指标下，具体情况如表1所示，然后根据合理分配这三个指标的比重，计算出人民满意度的指数，公式如下：

$$LGI_2 = \sum x_i w_i (i = 1,2,3\cdots)$$

其中：LGI_2 表示人民满意度指数；x_i 表示第 i 个指标得到的新数据；w_i 表示第 i 个指标的权重。

项目与对应指标一览表如表1所示。

表1　项目与对应指标一览表

一级指标	二级指标	预算项目
基础性指标	设施	交通运输
	秩序	国防、公共安全
		粮油物质储备
	服务	教育
		一般公共服务
		文化体育与传媒
		医疗卫生
		国土海洋气象等
价值性指标	公平	社会保障和就业
		城乡区域支出
		农林水支出
可持续性指标	环保	节能环保
		资源勘探
	创新	科技研究

由于权责制的综合财务报告尚处于试编阶段，所以相关数据很难获得。希望权责制下的政府财务报告制度能够尽快完善，从而进一步完善地方政府治理指数体系，早日实现该指数的运用，并在评价政府治理状况的过程中不断完善；此外，也为国家治理体系与治理能力的现代化做出一点贡献。

注重史志成果转化　发挥资政育人功能

——对史志文化成果走进人民大众的研究与思考

| 镇江市史志办公室课题组 |

"治天下者以史为鉴，治郡国者以志为鉴。"史志文化成果是指辉煌的地方党史和丰富的地情文献资料，是大众公共文化的重要组成部分，在推进"两聚一高"新实践和建设"强富美高"新镇江中发挥着"以史鉴今、资政育人"的独特作用。

一、史志文化的意义

"欲知大道，必先为史。"史志包括中共地方党史和地方地情权威性文献资料，属最有价值的"官书"，承载着一座城市的文明历史，是经济社会发展的价值基础、智慧源泉和文化渊源。

1. 史志文化成果走进大众是"以史鉴今、资政育人"的内在要求

习近平总书记指出，历史是最好的教科书，历史是最好的老师，历史是最好的清醒剂。史志工作是一项具有重要意义和深远影响的工作，是推进中国特色社会主义伟大事业的重要力量源泉，对认识世界、传承文明、服务社会发挥着独特的作用。党史工作是党的事业的重要组成部分，客观记述了党的历史经验，总结了党的新鲜经验。地方志是传承中华文明、发掘历史智慧的重要载体。史志对全面推进经济建设、政治建设、文化建设、社会建设及生态文明建设提供历史借鉴和智力支持，发挥着经世致用的价

值取向和社会功能。

2. 史志文化成果走进大众是人民群众文化自信的现实需要

文化自信是对中华民族优秀传统文化、社会主义先进文化等的深刻领悟与传承创新。党史是一门研究中国共产党历史、从党的活动揭示党的事业和党自身发展规律，进而揭示近现代中国社会运动规律的科学；方志流传绵延千载，是全面系统地记述本行政区域自然、政治、经济、文化和社会的历史与现状的资料性文献，是涵养人们文化自信、自觉、自强的肥沃土壤。自古以来，人们对自己的民族文化怀有一种由衷、深沉、真诚的崇敬、热爱和自信。随着经济社会发展和人民生活水平的提高，越来越多的人对历史产生了浓厚的兴趣，迫切希望从历史中汲取经验智慧，提升对城市的历史自信感、心灵认同感和空间归属感。

3. 史志文化成果走进大众是人们学习党史国史的迫切诉求

史志文化成果是记忆历史文化的宝库，可以让人们在穿越沧桑岁月与喧嚣世事中得到历史文化信息，对解决当代面临的问题提供许多极为有益的启发。随着经济社会的发展，中国社会已经从追求 GDP 中解脱出来，进入深度文化融合阶段，文化发展需求正逐步替代物质发展的需求，越来越希望史志文化能够以公共文化的身份、标识和形象，由内部走向外部、由后台走向前台、由专业走向大众。全社会已经对党史和地方志有较为普遍的了解，而且人们普遍认为党史和地方志具有广泛的应用价值，特别是在弄清一些史实问题时可以从中找到准确答案。

4. 史志文化成果走进大众是弘扬传统历史文化的根本途径

一个城市的历史人文，更是领悟文化认同、民族认同、国家认同的重要力量。史志文化不仅系统地反映了各地不同时期的历史与现状，而且昭示了当地经济社会发展的历史轨迹和内在规律，是保存、研究和弘扬镇江历史文化最好的载体。在众多的书籍资料中，史志是一个更为严谨准确的坐标，地方最忠实的文化守护者，人们可以在不知不觉中触摸历史文化。特别是经过转化的接地气的"公共文化产品"史志文化成果，很容易成为人们了解过去、感知过去、探寻过去的重要选择。镇江很多感人的历史故事，在地方志书中都可以追寻到。在公共文化的传播中，史志文化成果担当着传承历史、资政育人、启迪未来的历史责任，承担起打造核心价值观、开展爱国主义传统教育和市情教育的社会责任。

二、史志文化发展的现状

1. 党委领导重视

习近平总书记指出："历史是一个民族、一个国家形成、发展及其盛衰兴亡的真实记录，是前人的'百科全书'，即前人各种知识、经验和智慧的总汇。"李克强总理指出："地方志是传承中华文明、发掘历史智慧的重要载体。"党和政府历来高度重视史志工作。2006 年 5 月 18 日，国务院颁发的《地方志工作条例》（国务院令第 467 号），明确规定了党史研究、宣传和教育及积极开展方志资源收藏、研究、展示和咨询的作用，要求地方志服务地方经济社会。2010 年 6 月 19 日，中共中央印发了《中共中央关于加强和改进新形势下党史工作的意见》（中发〔2010〕10 号）。各级新上任的领导，都把阅读地方党史和地方志书作为第一时间最大限度了解掌握区域情况的主要工具。镇江广大史志工作者倾注心力编写了《中国共产党地方党史（一、二卷）》，编纂了《镇江市志（1982—2015）》等一大批史志文献资料，全面系统地反映了区域经济社会发展的情况，为培育和践行社会主义核心价值观提供了丰富、优秀的精神文化产品。

2. 成果积淀深厚

镇江修志历史悠久、名家辈出、佳作众多，被誉为"方志之乡"，留下浩繁独特的文化遗产，真实地记录了区域文明发展的历程，体现了自然和历史资源的掌控。一直受到社会的高度重视，为传承文明与进步发挥了重要作用。宋《嘉定镇江志》、元《至顺镇江志》、清《光绪丹徒县志》等，都是镇江地方志著作中的瑰宝，特别是清乾隆修纂《四库全书》中编辑的五种志书中，就有［嘉定］（镇江志）、［至顺］（镇江志），在全国具有很高的地位。改革开放以来，镇江编纂出版地方党史和市县（区）、行业、乡镇志百余部，形成了两亿多字的第一手文献资料，构成了一座以地方党史和地情文献资料为主要资源并不断丰富的资源宝库，无声地诉说着镇江历史。

3. 资治功能专业

长期以来，地方志工作存在远离大众"养在深闺高阁无人识"的问题，还不为广大群众所熟知，能将地方志资料应用于日常工作的更少，特别是地方志体例板式化，又平铺直叙、述而不论，使人感到太枯燥、不生动、缺乏观点，不容易引起人们广泛的翻看阅读兴趣，仅成为专业人士和文史专家的"资料馆"和"研究部"，写史修志人自我循环，"曲高和寡"甚至"乏人问津"。人们习惯地认为，写史、修志由知识分子编纂，为官员阅读和利用，一直以来都是格调高远的精英文化，是一门高度专业化的学科。除了史志文化爱好者外，主动阅读志书的人不多，也因史志书籍编纂的体例比较专业、严谨、呆板，人们很难在这些书籍中找到历史与个人记忆的契合点。

4. 传播平台滞后

千辛万苦完成的史志文化成果，却有不少被束之高阁，难以进入民众视野，主要原因有：一是场所设施缺乏。目前，镇江还没有建立方志馆，仅在市档案馆二楼设立了45平方米的史志资料室，以供民众查阅史志资料。二是宣传传播不广。宣传传播因循守旧、形式单一、广度不够，以至于成果转化与党的光辉历史还不相称，与广大党员、干部、群众系统学习史志的强烈需要也不相称，与史志文化的彰显作用更不相称。三是信息平台不多。到网上去，已经成为民众搜索查询资料的一条重要途径，但除建立"史志文化网站"外，还没有建立健全QQ、微博、微信公众号等信息互动平台，存在资源联通共享短板，客观地影响了史志文化成果的宣传、传播和转化。

三、对策

"史志工作要促进文化事业繁荣发展"，最直接的标准，就是史志文化成果能否为现实服务，能否转化成社会资源，能否为文化事业发展服务，能否为党政机关、社会各界和人民群众服务。

1. 科学定位，确立史志文化成果走进人民大众的鲜明导向

坚持以人民为中心，科学定位史志文化成果的大众公共文化属性，谋求史志文化成果走进大众的最大公约数。一要树立大文化的全局战略。习近平总书记在庆祝中国共产党成立95周年大会上的讲话中，把文化自信与中国特色社会主义道路自信、理论自信、制度自信并列，充分反映出党中央对文化建设的高度重视，为史志文化大发展大繁荣带来了前所未有的历史机遇。要深刻认识和把握史志文化在推进社会主义大文化大繁荣中的重要意义、地位和作用，把史志工作放到社会主义文化大发展大繁荣的战略高度来思考，放到本地区经济社会发展的重要地位来谋划，放到丰富人民群众精神文化生活的现实需要来推进，为服务经济社会发展、弘扬社会主义核心价值观做出贡献。二要树立服务中心工作战略。要紧紧围绕党委、政府的中心工作，加大修志编鉴和开发地情书籍的力度，深化旧志整理、理论研究、读志用志等工作，推出"资政"成果，为领导决策提供依据，为专家研究提供咨询，为民众生活提供信息，为宣传交流提供教材，为推进经济社会全面发展、丰富人民群众精神文化生活做出贡献。三要树立可持续性发展战略。《中共中央关于加强和改进新形势下党史工作的意见》（中发〔2010〕20号），从加强党史研究、宣传、教育的可持续性发展战略的高度，就发挥党史工作对推进党的建设新的伟大工程和中国特色社会主义伟大事业的重要作用提出了具体的意见，把党史工作纳入科学化、法制化轨道。国务院《地方志工作条例》和《全国地方志事业发展"十三五"（2015—2020）规划纲要》，对地方志工作的定位和发展给予了法律的保障。要把地方志工作上升到政府决策层面，写入政府工作报告，纳入政府工作部署。要加大史志工作宣传与普及，特别要把党员领导干部、广大青少年作为党史和地情史学习教育的重点对象，增强他们对党、对人民、对社会主义祖国的感情，使他们"知党、爱党、跟党走"。

2. 多元驱动，形成史志文化成果走进人民大众的有效机制

尽管不同文化有着不同的起源和演进轨迹，但所有富有生命力的文化都必须在新的时代环境中继承、利用和创新。一是党委、政府领导制度落实。地方党史和地情文献资料，具有鲜明的政治和意识形态属性。各级党委、政府要站在巩固党的执政地位和执政基础的高度，坚持和完善"党委领导、政府主持、各级史志编委会组织实施"的工作体制，将史志工作纳入经济社会发展规划，纳入领导责任机制，纳入政府督查内容，纳入年度目标考核，加强对史志工作的领导、投入、保障和监督，确保认识、领导、机构、编制、经费、设施、规划和工作到位。二是系统内部职能作用发挥。习近平指出，传道者自己首先要明道、信道。史志工作部门要全面履行党史研究、业务主管的职能，在承担和组织党史研究、教育、宣传、纪念活动和党史资料征编、咨询等工作中承担重大的责任。要挖掘史志文化的内在价值追求，主动组织编纂鲜活、灵动、丰富的特色史志书籍，向社会民众提供叫得响、传得开、留得住的借鉴、资政、育人优秀文化产品，为社会民众提供更加直观、现实、实用的史志成果。三是社会各界力量营造借助。要广泛联系机关部门、大专院校、科研院所等单位，共同开发方志资源。要充分发挥民间文化艺人、能人和经纪人在传承史志文化方面的积极作用，鼓励市场、企业和民间资本投入史志资源开发利用。要积极联络和鼓励本地史志爱好者参与史志工作，为家乡史志文化建设贡献力量。

3. 创新机制，拓展史志文化成果走进人民大众的多元平台

创新表达方式，力求通俗化、直观化、形象化，打通史志文化成果转化的"最后一公里"。一要建设地情资源平台。要坚持高起点规划、高标准建设、高效能管理的原则，加强纪念馆、镇江方志馆建设，充分发挥场馆存放、展览、传播的场所功能，扩大史志文化的辐射力。要通过逐年购买、搜集各种书籍不断丰富馆藏，夯实查阅利用基地，努力成为地方党史和地情史编纂文献收藏与地情研究服务中心、历史文化名人与人文历史展示中心，以及全国地方志鉴文献收藏与交流中心，成为展现史志文化魅力、人们学习历史、领略文明的重要窗口。要通过建立全天候具有集成能力与负载能力相结合的史志网站、微博、微信公众号等新媒体信息平台，实现互联互通互享，满足民众在不同时间空间内、不同阅读终端上和不间断阅读的需求。二要利用媒体传播平台。要充分依托和借助媒体，主动与电视台

联手合作，宣传地方志工作，让更多人认识、了解和热爱史志文化。通过联合电视台开辟"史志成果进万家"电视专题节目，讲述镇江历史上的今天，让史志文化大众化，进入寻常百姓家，使民众不出家门就能在自觉与不自觉中接受熏陶教化。要通过拍摄影像史志，把沉淀的历史智慧和遗存的图文资料数字化立起来、动起来、响起来，实现史志成果从可读到可视、从静态到动态、从一维到多维的转变，在阅读、观赏和体验中有"此时此刻"的互动感、参与感和分享感。三要创新服务社会平台。要积极探索服务社会路子，拓展服务领域，通过开展送史志文化成果进军营、社区、企业、学校、机关等活动，延伸服务。要注重用户体验，用简练的语言提炼史志文化成果的内容，清晰地告诉读者哪些信息、栏目和功能，使读者能点击、能互动和能利用，实现史志文化成果渗出效益最大化。

（课题组成员：吴海平、张国平、毛向阳、翁红霞、郭杰）

以审判为中心背景下侦诉审新型量刑模式构建研究

——以近三年来的毒品案件为分析样本

| 镇江市中级人民法院课题组 |

侦诉审新型量刑模式的构建前提和动力源是结合中国司法实践确定当前侦诉审量刑模式面临的现实问题，而在缺乏深入细致实证研究的基础上分析构建侦诉审新型量刑模式只能沦为空谈。鉴于此，本课题采用数据收集、案例分析、法官访谈等方式展开实证分析，以镇江市中级人民法院2014—2016年全部一审毒品案件作为分析样本，评查案件共计20件54人，并与部分刑事法官进行了座谈，通过对量刑建议、辩护意见、合议庭评议笔录、刑事判决书等文本资料的解读研判，特别是裁判文书对于控辩意见的采纳情况及法官心证过程的展示程度，全面考察现行侦诉审量刑模式的运行实效。

一、现行侦诉审量刑模式的基本运行情况

通过对样本案件的分析研判，可以发现，侦诉审量刑模式在现实运行中主要呈现以下特点：

1. 量刑事实发现机制尚未建立，事实发现在一定程度上呈现出随机性

量刑事实的发现主体既可能是侦查机关，也可能是检察机关或者审判机关，然而侦诉审三机关对于量刑事实的重视程度明显不一。量刑事实发现机制尚未有效建立，导致量刑证据搜集工作在操作层面上具有一定的不

规范性。镇江中院近三年毒品案件量刑事实发现机制如表1所示。

表1 近三年毒品案件量刑事实发现机制一览表

序号	罪犯人数	量刑事实的发现主体、内容和路径					
		侦查机关		检察机关		审判机关	
		内容	路径	内容	路径	内容	路径
1	7	累犯、立功	侦查	前科情况	补查2次	毒品含量、立功情况	补查2次
2	2	累犯	侦查	主从犯	2	立功线索	1
3	4	累犯	侦查	主从犯	2	前科情况	3
4	6	坦白	侦查	毒品含量、主从犯	1	非法证据排除	2
5	3	累犯	侦查	无	2	主从犯	2
6	4	无	无	毒品含量是否吸毒	1	立功线索	2
7	2	无	无	被告年龄	2	毒品含量	1
8	1	无	无	无	无	无	无
9	2	无	无	无	无	毒品含量	1
10	2	立功、坦白	侦查	无	1	毒品来源	1
11	3	累犯	侦查	无	无	立功线索	1
12	1	无	无	无	无	毒品含量	1
13	2	立功	侦查	毒品含量	3	无	无
14	3	累犯、坦白、未遂	侦查	前科情况	2	无	无
15	3	无	无	主从犯	3	立功线索	1
16	1	无	无	无	无	无	无
17	3	坦白、自首	侦查	毒品含量	1	前科	1
18	1	坦白	侦查	无	无	无	1
19	1	累犯、毒品再犯	侦查	无	无	前科情况	1
20	3	累犯、自首	侦查	无	2	立功线索、前科情况	1

侦查机关提供的量刑证据集中于自首或者坦白、立功、累犯或者毒品再犯、犯罪未遂等法定量刑情节，忽略被告人的前科情况及毒品含量是否明显偏低等酌定量刑情节，这也成为检察机关和审判机关要求补充侦查的重要内容，其中尤以毒品含量为甚，补充毒品含量鉴定的案件占比42.11%。从程序运作来看，检察机关要求补充侦查24次，案比为1.2；审判机关要求补充侦查22次，案比为1.1。上述数据从侧面反映出量刑事实发现机制存在的问题。

2. 量刑对抗严重不足，控辩双方明显缺乏对法官量刑行为的足够指引

司法实践中，量刑程序已独立于定罪程序，即法庭辩论分成两个部分，首先进行犯罪事实与定性部分的法庭辩论，然后就量刑部分进行辩论。然而，这一做法的实效性亟待提升。镇江中院量刑建议、量刑辩护和量刑结果的基本情况如表2所示。

表2　量刑建议、量刑辩护和量刑结果的基本情况

序号	罪犯人数	量刑建议	量刑辩护	量刑结果
1	7	累犯、立功	未遂，主从犯，立功，坦白，部分毒品未流入社会、社会危害性小，初犯、偶犯，认罪悔罪，犯罪起因系家庭困难	累犯、立功、主从犯
2	2	累犯	主从犯，坦白，认罪悔罪	累犯，均系主犯
3	4	主从犯、犯罪未遂、累犯、坦白	主从犯，犯罪未遂，犯罪预备，自首，坦白，认罪悔罪	主从犯、犯罪未遂、累犯、坦白
4	6	主从犯、坦白	主从犯，坦白	主从犯
5	3	累犯、毒品再犯	主从犯，犯意引诱	累犯、毒品再犯、主从犯
6	4	主从犯	主从犯，犯罪未遂，重大立功，坦白	主从犯，犯罪未遂，提供立功线索
7	2	犯罪未遂、前科	无罪辩护	犯罪未遂，认罪态度好
8	1	累犯、毒品再犯	坦白	累犯、毒品再犯、坦白

序号	罪犯人数	量刑建议	量刑辩护	量刑结果
9	2	主从犯、坦白	主从犯,以贩养吸	主从犯,以贩养吸
10	2	重大立功、坦白	重大立功,坦白,以贩养吸,犯意引诱	重大立功,坦白,前科,以贩养吸
11	3	主从犯、累犯	主从犯,坦白,毒品含量,以贩养吸,预缴罚金	主从犯、累犯、坦白
12	1	无	毒品含量,初犯,认罪悔罪	毒品含量
13	2	无	立功,认罪悔罪,毒品未流入社会,初犯	认罪悔罪
14	3	无	主从犯,立功,认罪态度好	主从犯,犯罪未遂,累犯、毒品再犯,提供立功线索,坦白
15	3	主从犯,立功	主从犯,立功,初犯、偶犯,认罪态度好	主从犯、立功,认罪态度好
16	1	无	无罪辩护	无
17	3	主从犯、自首、累犯	主从犯,自首,立功,	均系主犯,自首、坦白,累犯
18	1	坦白	坦白	坦白
19	1	累犯、毒品再犯	毒品数量小,主观恶性小	累犯、毒品再犯
20	3	坦白、自首、重大立功	坦白,重大立功,认罪悔罪	主从犯、坦白、自首、重大立功

通过样本案件可以发现,控辩双方的量刑对抗呈现以下特点:① 从量刑事实和量刑证据来看,控方更为关注法定量刑情节,较少关注酌定量刑情节;辩方一般对于法定量刑情节和酌定量刑情节均予关注,但是很少提供量刑证据。部分案件中辩方以家庭经济困难、身体状况不良等为由向法院提出的"求情辩护"基本不会被法院采纳,至多只能成为法院是否裁量判处死刑立即执行的理由之一。② 就量刑过程而言,控辩双方对于主刑的关注程度明显高于附加刑。控方的量刑建议主要集中于主刑,附加刑则完全

交由法院自由裁量。辩方多数更为关注相应的量刑情节是否成立，基本不会提出包含具体量刑结果的辩护意见。特别是对于财产刑而言，被告人财产状况调查表这一重要量刑证据的缺失导致诉讼对抗未能形成，控辩双方几乎不会针对财产刑量刑问题展开辩论。③ 就量刑结果而言，样本裁判文书对于控辩双方的量刑回应差别明显。对于控方的量刑建议一般直接在裁判理由部分予以表述，而对于辩方的量刑辩护则多数予以详细论证。从法院的处理意见来看，控方的意见多数被法院采纳，量刑结果基本在量刑建议范围之内，占比85.19%；与此相比，辩方的量刑意见被法院采纳的比例相对偏低。

3. 量刑程序缺乏规范性和科学性，法官主要采用"估堆式"量刑方法

首先，就证据审查而言，法官对量刑证据的审查和对量刑事实的认定主要不是通过庭审而是通过阅卷来完成。在诉讼过程上，庭审程序缺乏对审前程序的有效制约，对法官心证的影响作用有限；证据规则上，重定罪轻量刑，重法定量刑情节轻酌情量刑情节；审理方式上，庭外阅卷为中心，法官心证非公开化。量刑程序的随意性最终表现为量刑结果的随意性。

其次，就量刑结果而言，刑罚适用呈现出不规范性。虽然最高人民法院对于13种常见罪名予以规范量刑，但中级人民法院不受此限，法官仍主要采用"估堆式"量刑方法。"估堆式"量刑方法导致裁判文书的量刑说理不强甚至根本不说理，一般仅在"裁判理由"部分对量刑情节和要素进行表述，至于这些量刑情节和要素如何影响量刑结果及幅度，法官裁量确定刑罚的具体路径和方法等，均缺乏明确说明。以量刑建议为例，样本案件中有8人的量刑结果均不在控方的量刑建议范围，样本裁判文书对此均未予以说明。量刑结果仿佛掌握在一只"看不见的手"中，缺乏透明度和公信力。

二、理论诠释——通过角色理论探究侦诉审量刑模式功能错位的根本原因

（一）理念方面——刑事司法观念依然陈旧，量刑活动尚未得到足够重视

作为社会个体，无论是侦查人员、检察人员还是审判人员，均承担多重角色，现实条件的限制不可避免地造成角色内部及不同角色之间的冲突。就侦诉审量刑模式而言，诉讼资源有限性背景下的现行考核机制必然导致侦诉审三方针对定罪部分和量刑部分形成不同的诉讼行为模式。

1. 重定罪、轻量刑

现行考核机制影响侦诉审三方的行为模式。侦查机关主要将目光投注于定罪事实能否认定，对量刑问题普遍不够重视，主要体现在对关乎量刑事实的证据搜集工作明显重视不够，这也成为检察机关和审判机关补充侦查的重要内容。检察机关的"重定罪、轻量刑"倾向在量刑建议和针对量刑问题提起抗诉的案件数量可见一斑。

2. 重主刑、轻附加刑

无论是理论研究还是司法实务，对于生命刑和自由刑的重视程度远非附加刑可比。

3. 基于司法现实的无奈选择

案件压力和审判效率妨碍侦诉审新型量刑模式的建构，侦诉审量刑模式的运行错位显示出侦诉审三方基于现实背景的无奈之选。

（二）程序方面——对抗式诉讼模式形同虚设，估堆式量刑方法缺乏科学性

从表象来看，侦诉审三方均是按照固有的行为模式演进司法运行过程，但是，量刑证据的缺位、诉讼对抗的缺失使得司法运行具有一定的随机性，不仅呈现出角色中断的司法镜像，甚至可能衍生角色失败。"在每一个可能

有不同意见的题目上，真理都像是摆在一架天秤上，要靠两组互相冲突的理由来较量。"① 当关注量刑问题时，我们不难发现，侦查机关和检察机关在量刑程序中存在双双失语、审判机关一方独决的尴尬场景。

1. 量刑证据严重阙如

重定罪、轻量刑的错误理念导致司法机关不愿将精力过多地放在量刑领域。

2. 诉讼对抗流于形式

从程序运作上来看，量刑证据严重缺失，量刑思维亦未成为法庭辩论的重点。

3. 量刑程序运行失范

裁判依据不足，量刑方法简单，量刑程序呈现出"隐形操作"的司法样态。

（三）实体方面——相关法律规定过于宽泛，法官自由裁量权缺乏有效规制

法律对裁判标准的概括性规定使得量刑活动具有灵活性特点，这就导致司法操作缺乏明确具体的指引，从而出现"相似或相同的个案而裁判结果却相去甚远的现象。不同地区的法院、同一法院的不同法官或同一法官在不同时间，对相同或相似案件的裁判结果大相径庭，影响了刑罚的公正。"② 法律规定的过于宽泛是导致侦诉审量刑模式运行错位的主要原因。

1. 刑幅的裁量缺乏规制

无论是主刑还是财产刑的刑格均过于宽泛和笼统。

2. 刑种的选择过于随意

刑种的选择主要是指财产刑。法律规定的过于抽象最终带来财产刑的量刑不一，对于同样判处无期徒刑的罪犯，既可以并处没收个人全部财产，也可以并处没收个人部分财产。

---

① ［英］约翰·密尔：《论自由》，程崇华译，商务印书馆，1959 年。
② 王琼：《罚金刑实证研究》，法律出版社，2009 年。

三、弥合路径——在明确基本内涵和本质要求的基础上构建侦诉审新型量刑模式

侦诉审新型量刑模式的建构，需要我们具有强烈的问题意识，依靠全新的视角和方法，从制度与实践、理念与技术、事实与价值等多重维度去发现与建构。"法治的理想必须落实到具体的制度和技术层面。没有具体的制度和技术保障，任何伟大的理想不仅不可能实现，而且可能出现重大的失误。"①

（一）侦诉审新型量刑模式的基本内涵及本质要求

首先，以审判为中心的内涵和要求是控辩审三种职能主要围绕审判中事实认定、法律适用的标准和要求而展开，控辩双方在法官主持下进行充分的诉讼对抗，最后由法官依证据裁判原则做出裁判。因此，此处的"量刑"应当从广义的角度理解，它不仅指法院裁量确定刑罚的诉讼运行程序，还包括延伸至包括侦查机关全面搜集量刑证据、检察机关提出量刑建议直至审判机关做出量刑结果的完整诉讼流程。

其次，侦诉审新型量刑模式的本质要求是通过法庭审理发现量刑疑点、理清量刑事实，合理裁量刑罚。因此，侦诉审新型量刑模式的关键是如何细化证据标准，合理规制侦诉审三机关的职能作用，实现引导、规制、过滤的刑事诉讼新构造；如何转换角色定位，对庭前程序、庭审程序和评议程序的量刑机制予以调整，使得三个阶段之间既紧密衔接又重点突出，有限的司法资源向庭审程序倾斜。

（二）侦诉审新型量刑模式的构建路径及未来走向

侦诉审量刑模式的功能运行呈现出与立法本意的背离现象，其根本原

---

① 苏力：《送法下乡——中国基层司法制度研究》，中国政法大学出版社，2000 年。

因就在于侦诉审三方均存在角色不清的现状。运用现代刑法中的责任主义原理及程序主义进路深入探究量刑因素及模式选择是破译制度谜团的刑法学任务之一，刑罚目的理论的导入则为量刑模式的路径优化提供了崭新的研究视角和对策思路。

1. 澄清理念：通过准确的职责定位化解角色冲突

以刑罚目的理论为分析范式，以量刑公正的实现为目标统摄，立足于现行量刑规范中的现实问题，即可发现，侦诉审新型量刑模式的建构路径，首先是改变司法理念，重视量刑过程和量刑结果。

量刑不仅会让犯罪分子承受相应的痛苦，而且充分体现刑罚的威慑、剥夺和鉴别功能。因此，不仅法官要高度重视量刑程序，侦查机关和检察机关也要提高认识，将刑罚裁量与定罪置于同等地位，这也是罪责刑相适应原则的应然之义。

2. 正本清源：借助细化的量刑因素明确角色期望

对于量刑情节的认识缺位成为侦诉审量刑模式运行错位的重要原因。而制度经济学、社会心理学等多学科的深度整合则为侦诉审量刑模式的路径优化开辟理论与实践通道。

（1）影响量刑的因素分析

量刑活动本身是一项专业程度非常高、过程非常复杂的活动，需要立足于刑罚目的，在综合评估行为人责任的基础上，以法律规范为依托，依靠程序运作进行综合判定。因此，必须全面突破量刑证据收集的局限性。一般而言，影响毒品犯罪的量刑因素分为法定量刑情节和酌定量刑情节。多数量刑因素同时作用于主刑和附加刑，少数量刑因素仅影响附加刑，例如预缴财产刑、被告人的经济状况等，仅能作为财产刑的量刑影响因素。

（2）构筑毒品案件的量刑因素体系

一般情况下，除了作为量刑根据的毒品犯罪数量、犯罪次数等因素外，影响量刑的因素主要包括犯罪形态、共同犯罪中的地位和作用、自首、立功、累犯、毒品再犯等法定量刑情节及毒品含量、以贩养吸等酌定量刑情节。部分案件中被告人的犯罪动机和原因也是影响量刑的重要因素，对于迫于生活压力走上犯罪道路的被告人（如由于面临突然的家庭困难而贩卖毒品）和出于挥霍甚至将犯罪行为作为职业的被告人（如职业毒枭），量刑结果自应有所不同。镇江中院影响量刑的要素及相关量刑证据如表3所示。

表3 影响量刑的要素及相关量刑证据一览表

序号	法定量刑情节		酌情量刑情节	
	量刑要素	证据名称	量刑要素	证据名称
1	毒品犯罪次数、人数、毒品数量	无	毒品含量明显偏低	毒品含量鉴定
2	犯罪预备	无	毒品被现场查获	发破案经过、勘查笔录
3	犯罪未遂	无	受雇运输毒品	无
4	犯罪中止	无	以贩养吸	尿样检测
5	从犯	无	职业毒贩、毒枭	前科材料
6	利用、教唆未成年人或者向未成年人出售毒品	无	犯意引诱	发破案经过
7	未成年人或老年人	户籍资料	数量引诱	发破案经过
8	自首	发破案经过	犯罪动机和原因	讯问笔录
9	坦白	讯问笔录	认罪态度好	讯问笔录
10	立功	发破案经过	预缴财产刑	缴款通知书
11	重大立功	发破案经过	提供立功线索	发破案经过
12	累犯	前科判决书	前科情况	前科材料
13	毒品再犯	前科判决书	被告人的经济状况	被告人经济状况调查表

3. 群策群力：依托规范的量刑程序强化角色协作

长期以来，量刑被法官"包揽"，成为司法公开大背景下的"隐性程序"，这种运作模式必然带来量刑的专断和随意。正当程序模式通过对司法权力的制约和限制契合了程序法治的基本要求。就量刑活动而言，正当程序不仅要求关注量刑结果的正当性，而且重视"这种结果的形成过程或者结果据以形成的程序本身是否符合一些客观的正当性、合理性标准"。①

首先，完善量刑证据调查制度。通过确立事实发现方法、证据认证规则、裁判结果形成的规范化量刑路径，实现对侦诉审量刑行为的全方位指引。合理设置证据收集和证据审查的标准与路径，规范庭前程序、庭审调查和庭外调查三者的关系，实现证据认证的当庭化；注重实现庭审对于审前程序特别是侦查行为的指引和监督，以审判"倒逼"侦查和起诉；将庭审实质化与量刑规范化结合起来，突显量刑程序的实质化。

其次，深化量刑对抗和监督机制。坚持以过程控制为中心，通过量刑对抗机制"有效展开量刑基础和具体步骤的对话与交锋，主审法官由此整理两者争议的起点、论证过程和结论"。量刑建议的依据和理由公开不仅是深化量刑对抗的需要，还能为法官的最终量刑提供全面参考。此外，检察机关还应对量刑结果进行监督。当然，检察机关的量刑监督主要是合法性监督而非合理性监督，除非一审判决错误或者适用刑罚明显不当，否则，量刑监督作用有限。

最后，细化刑罚适用裁量制度。法官裁量确定刑罚时必须充分考虑控方的量刑建议和辩方的量刑意见，并至少关注以下问题：① 量刑不仅涉及对法律事实的判断，还是一个合理与否的价值判断问题，因此必须坚持实体与程序并重。实体上，法与情共同组成量刑领域的参考依据；程序上，以量刑对抗为基础，通过规范的程序运作追求实现量刑公正。② 建立量刑说理制度，在加强证据调查、证据交换、证据责任等配套规定的基础上，法官应充分展示其评判证据效力及裁量确定刑罚的心路历程，裁判文书应"对证据的真伪、采信与否、量刑的理由均做出逐一的分析，说明对被告人判处刑罚的原因，载明对犯罪人判处刑罚的思维过程和理论依据"②。

① 陈瑞华：《程序正义论——从刑事审判角度的分析》，《中外法学》，1997 年第 2 期。
② 辽宁省高级人民法院刑一庭课题组：《辽宁省法院系统实施量刑规范化情况的调研报告》，《刑事法律适用与刑罚功能发挥》，法律出版社，2013 年。

社会治理背景下学校志愿服务的可持续发展

巫 蓉 徐 剑 翁 佩

2013 年党的十八届三中全会明确提出"创新社会治理体制"。2016 年党的十八届六中全会进一步指出,加强和创新社会治理,构建全民共建共享的社会治理格局。可见,由"社会治理"取代"社会管理",已经成为一项重要的创新政府行为的工作。所谓社会治理,就是政府、社会组织、企业单位、事业单位、学校、个人等以合作平等的关系共同依法协同管理社会事务,实现公共利益的过程。当前我国正处于改革发展的重要战略转型期,改革进程中社会矛盾凸显,在政府无法立刻合理调配资源满足社会需求的背景下,志愿服务是促进社会和谐的重要力量,可以减轻政府负担,推进社会公平公正,缓解社会矛盾。

一、社会治理中志愿服务的本质与内涵

社会治理提倡治理的主体多样化,从而共同达成善治的最佳状态。社会治理的根本目的是通过多元主体的自治,解决各类社会问题,提高人民生活质量。当社会主体间有着共同的利益和目标并且能够进行分工合作时,社会治理就较为顺畅,而当政府出现暂时无力和困难的局面时,志愿服务可以为政府解忧,缓解各类社会矛盾,成为社会治理的重要手段和有力工具。

首先，志愿服务的利他本质符合社会治理可持续发展内生动力要求。"理性经济人"理论认为，人的一切行为都是为了最大限度地满足自己的利益。但是，人毕竟是社会人，不仅需要其他人的协助，他的利益也由一系列利益构成，当他面临社会选择时就需要进行利益之间的权衡。志愿服务倡导的关爱他人、无私奉献的利他本质，充分体现了人的利益的综合性，激励人们积极参与公共治理。

其次，志愿服务的精神内涵符合构建和谐社会基本要求。在"社会治理"概念提出之前，我国主要采用的是"社会管理"模式，虽一字之差，却反映了社会治理方式、范围、主体等方面的显著变化，是社会主义现代化建设进程中的显著变革。正是因为志愿服务的健康和积极的方向，与当下社会治理的理念和价值一致，所以才能有效维护社会稳定。

二、社会治理与学校志愿服务工作的契合

学校志愿服务是志愿服务体系中的主力军，是教育服务社会的延伸。学校志愿服务与社会治理有着一致的理论价值和社会价值。社会治理的最佳状态是让每一个社会成员在不妨碍他人的情况下，得到最大程度的发展，学校志愿服务作为一支综合素质较高的社会力量，相对其他社会组织来说更具有专业性和组织性，能更为有效地提供各类服务。社会治理志愿服务和社会治理都是将"以人为本"作为核心理念，学校志愿服务的精神为社会治理创新模式注入了活力，缓和了社会矛盾，协调了社会关系；而社会的稳定也为学校志愿服务的发展提供了和谐环境和有力保障。广泛开展社会、学校特别是高等学校的志愿服务工作，探索志愿服务社会化运作模式，不仅有利于弘扬民族和时代精神，加强大学生思想政治教育，形成政府、高校、社会共同参与大学生志愿服务活动的良好局面，更有利于创新社会治理，探索社会化运作的志愿服务方式。

三、社会治理背景下学校志愿服务工作的变革

在社会治理的大背景下，学校志愿服务事业面临着四个方面的变化。

（一）志愿服务工作定位的变化

志愿服务事业在国家事业中的定位发生了根本性变化。过去，志愿服务被定位为精神文明活动；当前社会治理背景下，已经演变为国家社会治理的重要内容。

（二）志愿服务工作格局的变化

工作格局由共青团"一家独大"到各方面协同参与。1993 年启动青年志愿者行动时，学校志愿服务工作主要是共青团组织主抓；2008 年，汶川地震暴露出一些志愿者管理的无序，而北京奥运会展现了志愿者管理的有序，国家也意识到需要对志愿者加强管理。在社会治理背景下，共青团不再独揽志愿服务事业的所有荣誉，也不能独立承担志愿服务发展的所有责任。志愿服务工作格局已经演变成多部门协同推进参与。

（三）志愿服务运作模式的变化

志愿服务的运作模式由组织化推动为主逐步过渡到以社会化推动为主。志愿服务从一个人的"学雷锋做好事"演变成项目化、常态化的工作，需要组织的存在和介入。可以说，组织化是志愿服务的内核，社会化是志愿服务的生命力。目前志愿服务处于组织化推动与社会化推动并行的阶段，但从长远看，以社会化推动的志愿服务项目更具生命力。

（四）志愿服务总体趋势的变化

志愿服务总体呈现多样化、专业化、常态化的趋势。以前，服务对象的需求比较低，志愿者能来提供服务就很感激；而且志愿服务大多数是一阵

风，零零散散。当前，志愿服务需要细分和多样化，也需要专业化和可持续化。例如，残疾人需要的也许并不仅仅是简单的身体上的帮助，更是残疾人康复专业化、心理等方面的帮助，志愿者需要掌握专业的助残知识；相比物质，留守儿童更急迫的是心智方面的帮助。也就是说，细分的需求才具有影响力和吸引力。

四、学校志愿服务可持续发展的路径建设

如何在完善管理体制、夯实组织基础、规范运作机制、争取社会支持等方面克服制约因素，营造出社会治理背景下的可持续发展环境？本文结合长期学校和社区志愿服务工作实际的摸索，认为可以从引入服务学习模式准确定位、工作格局注重社会治理需求、运作模式探索公益创业、多样化社会实践道路这四个方面联动展开。

（一）服务与学习相结合，实现志愿服务的长效机制和良性发展

所谓服务与学习相结合，即在学习中服务，在服务中学习，只有坚持服务学习相结合的模式，才能解决目前社会治理背景下学校志愿服务变革中出现的种种问题。服务和学习是相互依存的关系，不仅能促进青年学生的专业课程的学习，更能培养学生的公民意识和社会责任感。通过学校和社区课程整合，在将知识与技能满足志愿服务真实需求的同时，体现志愿服务的规模化、深度化和服务效果。只要能全面把握社会需求，并从学生专业学习的角度出发，就一定能设计出各种各样切实可行的服务学习项目，使学生专业课程学习和志愿服务水平协同发展。

（二）服务与需求相结合，走常态化、专业化的志愿服务道路

实现志愿服务可持续发展的一个重要有效方式是品牌化，志愿服务的品牌之路需要学校推动和建设一批具有全国影响力的项目和团队。因此，学校志愿服务应该以社会为依托建立长期的志愿服务合作项目。由离散型

模式走向固定型模式，根据社会治理的需求，将服务扎根于一线。

（三）服务与实践相结合，走多样化的志愿服务道路

高校志愿者组织为满足社会各级人士的需求，争取活动的多样化，除了开展品牌活动外，还应该与社会组织开展志愿服务合作活动。笔者所在学校与市中心血站共同开展无偿献血志愿服务、与部队开展军地青年共成长工程等。通过社会项目的参与，使大学生在实践中不断增强志愿者意识，升华思想认识，体验民情，观察社会，增强社会责任感。

在迎来全面建成小康社会的"十三五"蓝图新的征程上，学校共青团、青年志愿者们毫无疑问肩负着实现中华民族伟大复兴中国梦的使命，要让青年学生汇聚在志愿服务的大旗之下，让志愿服务成为青年学生中的一种新常态和新风尚。学校志愿服务组织要坚持弘扬"奉献、友爱、互助、进步"的志愿精神，深化志愿服务内涵，拓展志愿服务领域，扩大志愿服务队伍，打造志愿服务品牌，健全完善志愿服务机制，全力推动青年志愿服务工作向着持久、规范、制度化的方向发展。

参考文献：

[1] 谢志强：《创新社会治理：治什么谁来治怎么治——我国加强和创新社会治理面临的问题挑战与对策建议》。http：//theory. people. com. cn/n1/2016/0915/c83845－28717546. html. 2016－07－13.

[2] 党秀云：《论志愿服务的常态化与可持续发展》，《中国行政管理》，2011 年第 3 期。

[3] ［英］亚当·斯密：《国民财富的性质和原因的研究（上卷）》，商务印书馆，1996 年。

[4] 张勤：《现代社会治理中志愿服务可持续发展的路径选择》，《学习论坛》，2014 年第 30 期。

[5] 刘海春，姚岱虹：《社会治理视域下大学生志愿服务长效机制构建》，《思想教育研究》，2014 年第 6 期。

［6］苏玉刚，张洪峰：《浅谈社会管理创新背景下大学生志愿服务的可持续发展》，《湖南社会科学》，2014 年第 Z1 期。

［7］刘冰：《大学生志愿服务项目的拓展》，《中国电力教育》，2011 年第 4 期。

镇江市非物质文化遗产项目代表性传承人的立法保护研究

| 张志耕 顾雄林 孔 波 薛玉龙 周明磊 张 冰 |

悠久的历史和灿烂的古代文明，为镇江这座国家历史文化名城留下了极其丰富的文化遗产。当前，随着经济的快速发展和社会的不断进步，非物质文化遗产生存环境渐趋恶化，代表性传承人队伍的培养壮大情况令人担忧。

一、镇江市非物质文化遗产及代表性传承人基本情况

（一）镇江市非物质文化遗产基本情况

镇江市非物质文化遗产保护工作起步相对较早，"十二五"期间已完成第一批非物质文化遗产普查工作，成立了市非物质文化遗产保护中心，辖市区非物质文化遗产保护工作由本地区文化馆等基层相关单位负责。

目前全市已构建了相对完善的非物质文化遗产项目保护体系。镇江市已形成国家、省、市、区（市）四级非遗保护名录，镇江市有1项人类非物质文化遗产项目、9项国家级非物质文化遗产项目、31项省级非物质文化遗产项目、52项市级非物质文化遗产项目、208项区级非物质文化遗产项目。同时，还拥有2个省级非物质文化遗产生产性保护示范基地。镇江市国家级非物质文化遗产项目涵盖民间文学、传统音乐、传统戏剧、传统美术、

传统技艺 5 个类别；市级和省级非物质文化遗产项目均涵盖民间文学、传统音乐、传统舞蹈、曲艺、传统体育、传统美术、传统技艺、传统医药、民俗 9 个类别，分别如图 1 和图 2 所示。国家级非物质文化遗产项目所占比重的前三名分别是传统音乐、民间文学和传统技艺。省级非物质文化遗产项目所占比重前三名分别是传统技艺、传统舞蹈和传统美术。这些项目见证了镇江市的历史发展变迁，是镇江历史文化宝库中的优秀代表，也是镇江文脉延续的重要力量。

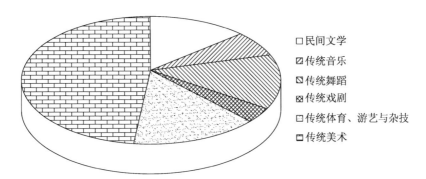

图 1　市级非物质文化遗产项目分类图①

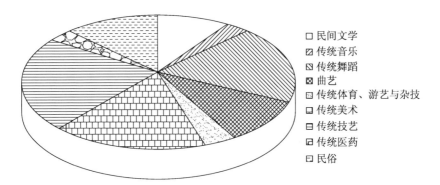

图 2　省级非物质文化遗产项目分类图②

民间文学和传统音乐是镇江非物质文化遗产中最具代表性的项目。为保护镇江的特色文化，镇江市文广新局、镇江非物质文化遗产保护中心不

---

① 数据截至 2016 年 2 月，镇江民间文化艺术馆提供。

② 数据截至 2016 年 2 月，镇江民间文化艺术馆提供。

断创新工作方法，积极推动传统文化的传承。如国家级非物质文化遗产"白蛇传传说"的保护工作。"白蛇传传说"是镇江市首批入选国家级非物质文化遗产名录的项目，其保护工作一直是镇江市传承工作的重心之一，镇江市率先提出"'白蛇传传说'跨区域联动保护"理念，与浙江省杭州市、河南省鹤壁市、四川省乐山市建立"白蛇传传说"城市保护联盟，打破区域的限制，探索保护的新途径。2011—2014 年，镇江市相继举办了"中国传说——海峡两岸白蛇传文化研讨"系列活动，"白蛇传传说"相关藏品赴杭州西湖博物馆举办"千年等一回——白蛇传艺术精品赴杭展"，参与"'白蛇传传说'城市保护联盟系列活动"，"白蛇传传说"全国剪纸邀请赛等活动，以活动促进非物质文化遗产的传承。

（二）镇江市非物质文化遗产项目代表性传承人基本情况

代表性传承人是非物质文化遗产的重要承载者和传递者，他们以超人的才智、灵性，贮存、掌握和承载着非物质文化遗产相关类别的文化传统和精湛技艺，他们既是非物质文化遗产活的宝库，又是非物质文化遗产代代相传的"接力赛"中，处于现时赛段的"执棒者"和代表人物，正是这些代表性传承人的存在，才使得非物质文化遗产与物质文化遗产区别开来。

镇江市目前国家级、省级、市级非物质文化遗产项目代表性传承人共有 84 人，其中，国家级非物质文化遗产代表性传承人 5 人，平均年龄 68 岁；省级非物质文化遗产项目代表性传承人 14 人，平均年龄 65 岁；市非物质文化遗产项目代表性传承人 65 人，平均年龄 58 岁。全市市级以上代表性传承人中男性 58 名，女性 26 名；30 ～ 40 岁 6 人，41 ～ 50 岁 15 人，51 ～ 60 岁 23 人，61 ～ 70 岁 23 人，71 ～ 80 岁 13 人，81 ～ 90 岁 3 人，91 岁以上 1 人。全市市级以上代表性传承人年纪呈梭形。30 ～ 40 岁的代表性传承人数量明显偏少，绝大多数代表性传承人集中在 61 ～ 80 岁。

以单个项目为例，扬剧作为镇江市国家级非物质文化遗产项目，有 2 名国家级代表性传承人，现在的年龄分别是 83 岁和 70 岁；有 1 名省级代表性传承人，现年 70 岁；有 2 名市级代表性传承人，现年分别是 70 岁和 42 岁。现已形成相对合理的代表性传承人队伍，但还是缺少 30 ～ 40 岁的青年代表性传承人。灯彩也是镇江市最早入选国家级非物质文化遗产目录的项目，1名国家级代表性传承人60岁，目前镇江市没有灯彩项目的省级及市级代表性传承人。另外，如马灯阵舞等项目，省级、市级代表性传承人的年纪都在50岁以上，而阵舞当中的某些阵势、动作是需要体力保障的，目前的代表性传承人年纪相对偏大，也是缺少青年代表性传承人。

（三）镇江市非物质文化遗产传承工作中的困难

1. 非物质文化遗产项目代表性传承人后继无人

"招不来，留不住，传不下去"是目前非物质文化遗产项目代表性传承人队伍中最严峻的问题。非物质文化遗产项目代表性传承人，在很多地区被称为"民间老艺人"，很多非物质文化遗产项目都是在相对艰苦的环境里生产创作的。例如，竹编、刻瓷、泥塑等项目，生产创作都是在工厂车间，噪声、粉尘污染相对严重，其中竹编的基础工序劈竹篾对于体力要求很高，同时也要求细致、耐心，稍有不慎，就会伤到手。这些传统工艺都需要长时间的学习与锻炼，而现在的年轻人更愿意把时间投放在快速获得回报的事情上，往往不愿意从事像传统技艺这样的工作。从全市各辖市区的调研中，我们发现，各个项目后继无人，缺少年轻人从事非物质文化遗产项目的学习与传承是目前非常普遍的现象。代表性传承人队伍的规划与培养，是目前非物质文化遗产保护中迫切需要解决的问题。

2. 市级非物质文化遗产项目代表性传承人固定资助不足

《国家非物质文化遗产保护专项资金管理办法》明确指出，国家级代表性传承人补助费，用于补助国家级代表性传承人开展传习活动的支出。目前国家级非物质文化遗产项目代表性传承人补助资金是每年2万元，江苏省级非物质文化遗产项目代表性传承人补助资金是每年8000元。

市级非物质文化遗产项目代表性传承人目前并没有财政上的固定补贴，代表性传承人开展传承、传播活动存在一定的困难，也缺少相应的积极性。

二、各地关于代表性传承人立法保护的对比分析

（一）现行上位法对代表性传承人的保护规定

2011 年 2 月 25 日，全国第十一届人大常委会十九次会议审议通过了《中华人民共和国非物质文化遗产法》，这是我国非物质文化遗产保护中里程碑式的标志。在该法律中，第 29、30、31 条对传承人的相关内容进行了规定，具体包括传承人的认定、权利和义务，并提出了退出机制。但从实际工作的操作层面，《非物质文化遗产法》的规定相对宽泛，可为传承工作提供指引，缺乏可操作性。

2013 年 1 月 15 日，江苏省第十一届人民代表大会常务委员会第三十二次会议修订《江苏省非物质文化遗产条例》，结合江苏省非物质文化遗产保护实际，对非物质文化遗产保护相关工作进行了规定，其中不乏对非物质文化遗产代表性传承人相关内容的规范。但毕竟代表性传承人的相关规定只是整部法律的一小部分内容，所以各地在管理代表性传承人时，仍存在适用法律模糊、甚至是空白的情况。

（二）各地关于代表性传承人的立法保护现状

近年来，随着对非物质文化遗产保护重视程度的不断提高，各地在对非物质文化遗产及代表性传承人的立法保护工作不断推进，各地纷纷出台了《非物质文化遗产保护条例》。笔者了解到，浙江省、贵州省、重庆市、湖北省、山东省、山西省、广东省、河南省、甘肃省、西藏自治区等地都在非物质文化遗产保护方面出台了条例，对代表性传承人的传播传承活动和资金补助等方面做了规定。

对于代表性传承人的保护，目前江苏省内无一城市有地方性法规，国内也尚未找到可参照的先例。各地对于代表性传承人的保护，基本是采用地方政府规章、规范性文件的要求。笔者对省内外关于代表性传承人保护的相关规定进行了梳理（如表 1 所示），并突出研究了各地对于代表性传

人保护的先进理念，以求为镇江市非遗代表性传承人的立法保护提供参考意见。

表 1　关于非物质文化遗产代表性传承人的政府规章及规范性文件

序号	标题	发布单位	特色内容
1	福建省非物质文化遗产项目代表性传承人认定与管理暂行办法	福建省文化厅（2010.4.20）	① 抢救和保护濒临失传危险的项目 ② 代表性传承人实行动态管理
2	上海市非物质文化遗产项目代表性传承人认定与管理暂行办法	上海市文化广播影视管理局（2009.4.8）	明确代表性传承人义务
3	海南省非物质文化遗产项目代表性传承人认定与管理的办法	海南省文化厅（2009.1.6）	① 明确代表性传承人的责任与义务 ② 明确对国家级代表性传承人的管理
4	山西省省级非物质文化遗产项目代表性传承人认定与管理暂行办法	山西省文化厅（2008）	省级非物质文化遗产项目传承人要进行定期考评，对优秀的项目传承人继续保持名誉，并根据传承业绩颁发奖金
5	宁夏回族自治区非物质文化遗产项目代表性传承人认定与管理暂行办法	宁夏回族自治区文化厅（2008.3.18）	明确传承人应承担的责任与义务
6	深圳市非物质文化遗产项目代表性传承人认定及保护暂行办法	深圳市文体旅游局（2009.9.4）	① 明确对正常开展活动代表性传承人给予补助 ② 原则上每年为代表性传承人体检
7	杭州市非物质文化遗产代表性传承人（民间老艺人）补贴实施暂行办法	杭州市文化广电新闻出版、财政局	明确传承人（民间老艺人）应承担的责任与义务

序号	标题	发布单位	特色内容
8	滁州市非物质文化遗产项目代表性传承人认定与管理暂行办法	滁州市文化广电新闻出版局	对无经济收入来源、生活确有困难的市级非物质文化遗产项目代表性传承人，所在地文化行政部门应积极创造条件，并鼓励社会组织和个人进行资助，保障其基本生活需求
9	舟山市非物质文化遗产项目代表性传承人认定与管理暂行办法	舟山市文化广电新闻出版局	各级文化行政部门按资助协议书的内容对受资助的市级非物质文化遗产项目代表性传承人进行检查、指导和监督
10	长沙市非物质文化遗产代表性项目市级代表性传承人认定与管理办法	长沙市文化广电新闻出版局（2016.12.1）	明确开展代表性传承人年度考核

注：文献及数据来源于中国非物质文化遗产保护与研究网。

三、镇江市非物质文化遗产代表性传承人立法建议

（一）地方性法规需要明确的主要内容

从目前各地关于非物质文化遗产代表性传承人保护的工作实践来看，各地的文件效力位阶相对较低，而保护工作实践对我们提出了要求相对较高，镇江市非物质文化遗产项目代表性传承人的保护工作，迫切需要一部适合镇江市地域特点、工作实践的法律法规。综合比较各地的工作实践，关于镇江市非物质文化遗产项目代表性传承人立法保护，应当着重关注以下四个方面：

第一，明确非物质文化遗产项目代表性传承人的权利与义务。权利与义务是代表性传承人保护的重要内容。《非物质文化遗产法》对代表性传承

人的义务做出了规定，而在权利方面没有相关明确条文。各地的传承人认定与管理办法也只是规定了代表性传承人的义务，而没有对权利的规定。代表性传承人的权利义务明显失衡，不利于发挥代表性传承人的积极性。

第二，明确非物质文化遗产项目代表性传承人的资金补助。目前，各地对于代表性传承人的补助、资助的方式和额度并没有统一的规定，各地结合自身保护工作实践予以发放。镇江市目前并没有明确的法律依据，对于代表性传承人给予资金补助，为进一步提高非物质文化遗产传播、传承效果，应当用法律规范的形式，明确对代表性传承人给予资金补助。

第三，明确对非物质文化遗产项目代表性传承人开展考核评估。"重申报、轻考核"是各地非物质文化遗产项目代表性传承人保护工作普遍存在的问题。不全面履行代表性传承义务的情况也多有发生，明确代表性传承人考核评估制度，是保证代表性传承人队伍活跃的有效方式。

第四，明确非物质文化遗产项目的生产性保护。非物质文化遗产要持久地传播下去，仅仅依靠政府的扶持是远远不够的。对于有条件的非物质文化遗产项目，开展生产性保护，鼓励代表性传承人将非物质文化遗产成果推向市场，是保证非物质文化遗产项目良性发展的有效途径之一。

运用网格化管理手段
加强输油气管道运行安全管理

| 周德荣　张建成　沙振华　刘益军　智宝定　杨子玉　陈　亮　胡　伟 |

油气管道是连接油气资源与市场的桥梁和纽带，是重要的能源基础设施。企地网格化共管，以定位网格化、管理信息化为管理手段，建立责任到人、职能到位的长效管理机制，实现由粗放向精细、由静态到动态的全面转变，从而加强和提升输油气管道安全的综合管理水平。

一、管道运输经济安全

石油与天然气是我国工业生产、人们日常生活中的必需品。随着社会经济的飞速发展，市场对石油、天然气的需求量大幅增加，也对油气管道运输的安全提出了更高的要求。

1. 当前我国油气管道建设运行简况

自 1958 年我国第一条长距离输油管道——新疆克拉玛依到独山子炼油厂输油管道建成后，随着东北、华北、华东和西北地区油田的相继开发和大中型炼油厂及西气东输、川气东送等工程的建成投运，输油气管道得到了迅速发展，我国输油气管道总里程已经从 1958 年的 0.02 万公里增加到 2015 年的 11.2 万公里。目前已形成三纵四横、连通海外、覆盖全国的大型输油气管网。

2. 油气管道建设将步入高速期

根据国家《中长期油气管网规划》（以下简称《规划》），2015年底，我国油气主干管道里程已达到11.2万公里，到2020年，将达到16.9万公里，到2025年，将达到24万公里，届时，100万以上人口的城市成品油管道基本接入，50万以上人口的城市天然气管道基本接入。

3. 管道运输经济安全

石油和天然气易燃易爆，而管道运输受气候及外界影响小、运输损耗少、运输成本低、安全性高，因此逐渐成为石油天然气运输中普遍采用的运输方式，也是继铁路、公路、水路、航空之后的第五大运输方式。因此，长输管道已是当今世界油气资源运输的最主要形式之一，我国70%的石油和99%的天然气都是通过管道运输。

4. 镇江境内油气管道既多又长

镇江是国家级水路、公路、铁路交通枢纽，独特的区位交通条件使得镇江市成为国家和省级油气管道的重要通道。目前，镇江市境内的输油气管道主要有5条，合计全长约366公里（江苏省境内现有油气管道长度为3408公里）。具体情况见表1：

表1 镇江境内输油气管道情况一览表

管道名称	输送介质	运行压力/MPa	管道长度/公里
苏南成品油管道	柴油、汽油	6~7	100
西气东输天然气管道	天然气	5~9	109
川气东送天然气管道	天然气	5.4	53
甬沪宁原油管道	原油	3	60
省天然气公司天然气管道	天然气	4~5	44

二、加强输油气管道安全保护工作十分重要

油气管道是我国实施能源革命国家战略的重要基础设施，是油气上下

游衔接协调发展的关键环节，是我国现代能源体系和现代综合交通运输体系的重要组成部分。

1. 国家层面布局规划建设加快

近年来，我国油气消费迅速增长，管网建设蓬勃发展。近期，从国家层面首次制定了系统性油气管网发展规划，对今后 10 年我国油气管网的发展做出了全面战略部署，并对远期进行了展望。当前，我国油气消费总体规模仍将保持快速增长，油气在能源中的地位逐步提高，在一次能源中的占比将从 24% 增加到约 30%。今后 10～15 年仍将是油气管道建设的高峰期，预计到 2030 年，我国油气管道总里程将达到 25 万～30 万公里。

2. 强化油气管道安全保护意识

输油气管道不仅是企业的经营设施，更是国家重要的基础能源设施，其运输安全关系着能源安全与公共安全，也是保障地方经济安全和社会稳定的重要条件。然而，输油气管道运行过程中仍然存在诸多安全隐患。管道埋于地下，自然环境、技术因素、人为因素等时刻威胁着管道安全，尤其是管道高压输送，输送介质易燃易爆且具有污染性，一旦发生事故，将对人民生命财产、生态环境及能源供给造成重大危害。据相关资料统计，我国油气管网近 10 年共发生管道泄漏事故 370 余起，其中重特大事故 4 起，共造成人员死亡 75 人，直接经济损失超过 100 多亿元，重大环境污染10 次。

3. 加强管道运行安全管理十分重要

实现输油气管道运行安全，必须加强对管道运输安全问题的研究，构建一套行之有效的管道保护管理方法。目前能源发展处于转型的关键时期，油气在地方经济发展中肩负着不可替代的重要作用，保护管道安全既是确保地方经济发展的需要，也是适应国家新的管理要求的需要。国家、省和市分别成立了石油天然气输送管道保护工作领导小组，以适应国家与政府对管道安全保护的要求。另外，也是防止第三方施工破坏的需要，第三方野蛮施工、违章占压，对埋地管道的威胁非常严重，且过程快，偶然性强，防范措施难，处理难度大。

三、创新管道保护网格化管理方式

近年来，镇江市严格履行监管责任，持续推进隐患整治，在抓好各项工作落实的同时，坚持长效管理与专项整治结合，创新管理模式，不断提高输油气管道安全运行监管水平。

1. 企地共建监管平台

按照国家安监总局"五级五覆盖"要求，镇江市与中石化华东销售分公司南京输油处紧密合作，通过构建信息畅通、职责明确、执法有力的管道安全企地网格化管理平台，有效防范破坏（危及）管道安全行为的发生，确保区域内长输油气管道的安全平稳运行。"管道网格化管理"通过横向到边、纵向到底的管理构架，建立信息共享平台，创新构建管道保护网格化管理方法，科学制定网格化管理工作实施方案，并由政府以文件形式下发至各部委办局和相关乡镇街道，从组织体系上明确了输油气管道安全管理工作中网格化各成员单位的工作职责和管理范围。

2. 建立工作制度，规范网格化管理

按照实施方案，管道企业与地方政府部门签订《管道网格管理共建书》，定人员，定区域，定制度，明确各方职责，做到层层负责，真正使管道安全管理工作变被动为主动。

联防联治制度：通过信息互通、安全共享的工作平台，实现警企联防政企共建的联防机制体系，并经常性地让管道企业与乡镇、村级网格成员开展联合走线，管道企业与网格成员共同组织形式多样的管道保护宣传活动，切实有效地做好输油气管道保护联防群治工作。

网格会议制度：按工作要求，由网格领导小组定期组织召开网格化管理工作会议，传达管道保护的最新政策及文件精神，通报和分析管道保护面临的问题，安排部署下阶段工作任务，交流经验，处理反馈情况等。

信息台账制度：建立网格上报信息台账管理制度，坚持一个网格一本台账，一项工作一组数据；信息台账实行专项管理，包括资料收集、整理、归档，确保一事一闭环；信息台账实行动态管理，做到及时充实更新。

管理员管理制度：以村级小队为基础，"网格化管理员"协助当地管道巡线员，定期参与管道联合巡线工作；协助上报管道周边的第三方施工，及时联络当地巡线员或管道管理单位；协助制止第三方施工，并上报管道企业；协助宣传管道安全，帮助村民了解管道保护和管道安全重要性。

考核奖励制度：由各网格领导小组实行日常考核与年终考核相结合的方式，表彰管道网格化管理先进个人及先进集体；对于 QQ 群、微信群等交流平台上收到的各类信息，由管道企业研判其重要程度，进行分级奖励；对在管道网格化管理中成绩突出的个人，授予"管道卫士"称号，并给予奖励。

3. 积极发挥网格化管理平台作用

企地联合，把管道沿线的镇、村、企事业单位划分为横向网格和纵向网格：横向网格将管道辖区内的政府职能部门纳入网格单元，如将发改、安监、公安、规划、环保、住建、交通、城管等具有行政许可的部门纳入网格，旨在项目审批时就能提前知晓涉及管道的项目建设内容和时间节点，提前做好防控。纵向网格按辖区政府、乡镇（街道）政府、行政村、沿线企业、普通民众划分并纳入网格，从上而下，逐级管理，抓好现场，形成横向到边、纵向到底、横纵互补的格局。

4. 健全油气管道保护工作组织体系

（1）加强组织领导。2015 年市政府成立了市石油天然气输送管道保护工作领导小组，统一组织领导全市油气管道保护和安全生产工作。办公室设在市发改委，市发改委分管主任兼任办公室主任，市安监局、公安局、住建局、规划局分管领导兼任副主任。各辖市区也成立了相应的管理协调机构。

（2）出台工作意见。为切实增强各地、各部门、各管道单位对输油气管道的保护意识，提升管道保护水平，以市政府名义下发了《镇江市加强输油气管道保护意见》（以下简称《意见》）。《意见》提出了全市油气管道安全保护工作目标和主要任务，进一步理清了各地、各部门和油气管道企业的工作职责。

（3）健全运行机制。根据《镇江市石油天然气管道保护工作领导小组工作规则》和《镇江市石油天然气管道保护工作领导小组办公室工作细则》，市石油天然气管道保护工作领导小组办公室每年制定下发年度油气管道保护工作要点，明确全市油气管道保护年度工作目标和重点任务。建立全市油气输送管道保护部门联系制度，实行月度排查、季度巡查、半年小结督查、年度总结，督促各地、各部门重视和落实管道保护工作。

（4）加强保护宣传。镇江市高度重视油气输送管道安全保护宣传工作，在镇江电视台等媒体开展了油气管道保护宣传，还专门编制了《镇江市输油气管道保护工作手册》，免费发放给各管道企业、市各相关部门、沿线企业和村庄。此外，多次组织专项宣传活动，发放宣传材料，现场讲解管道保护知识。相关辖市区政府的宣传部门，还利用广播电视、报纸杂志、微博微信等各类媒体，深入开展多种形式的宣传工作，起到了良好的效果。

（5）做好协调处理工作。在管道安全运行管理中，部分施工单位不听从管道单位安全告知，强行违章建设，形成管道占压的安全隐患，市石油天然气管道保护工作领导小组办公室及时组织有关部门、单位进行协调处理，对仍不执行协调处理意见的单位，领导小组办公室及时书面通知属地区县政府，请当地政府给予限期督办整改的处理。

5. 强化管理效果

确保横向到边、纵向到底，管理无盲区，即将发改、规划、安监、公安等部门纳入网格管理体系，形成一个信息互通的横向网格；另外，从辖市区政府到乡镇到行政村，再到沿线企业形成一个逐级管理的纵向网格，通过责任主体逐级层层落实责任。管道企业切实履行企业主体责任，做到管道有巡查、定期有检测、应急有预案、管理有措施；政府部门职责明确、分工协作、监管到位；乡镇政府守土有责、监管检查、打击危害管道安全行为；村委会定人管理、定期检查、及时发现和报告并制止危害管道安全行为。同时，通过网格化管理，管道企业的主体责任得到了明确和加强，政府职能部门监管职责得到了明晰，企地主导、规范有序、职责清晰、相互配合的新机制得以真正建立。

四、管道网格化管理工作取得初步成效

镇江市输油气管道网格化管理工作得到了省能源局的充分肯定，省石油天然气输送管道保护工作领导小组专此发文（苏管保发〔2016〕2号）将镇江市作为全省油气输送管道保护网格化管理试点加以推广。油气管道网格化管理实施以来，其成效主要体现在以下几个方面：

（1）进一步强化了管道企业的主体责任。通过网格化管理，管道企业积极主动对接，细化落实相关方案，管理更加精细，进一步强化了主体责任，调动了管道企业履行主体责任的主动性，增强了管道企业在地方上的归属感，促进了油气管道完整性管理。

（2）进一步强化了政府监管。通过管道网格化管理，进一步明确了发改、安监、公安、国土、规划、城建等相关职能部门和沿线乡镇（街道）政府的管道保护职责，避免工作上的互相扯皮和推诿。尤其是乡镇（街道）政府的地方安全责任得到了落实。

（3）促进了安全防范关口前移。通过网格化管理，油气管道管理事后处理向事前预防转变。政府职能部门与管道单位能够及时发现危及管道安全运行问题，及时预防、及时处置，避免形成新的安全隐患。

（4）确保了管道安全保护信息畅通。通过QQ、微信建立了管道网格化管理信息平台，及时发布管道沿线的建设项目，做到早告知、早协调、有预案，确保管道不受施工破坏；及时发现和制止非法施工、野蛮施工，确保管道安全。

五、存在的问题

在取得工作成效的同时，镇江市在管道安全保护工作中还存在一些薄弱环节，主要表现在以下几个方面：

1. 法律法规及相关标准不完善

《中华人民共和国石油天然气管道保护法》缺乏相应的配套法规或实施细则，对管道的安全距离、防护措施等规定不够全面细致，需要进一步修订完善。同时，随着土地利用程度的提高和城市化进程的推进，原有的管道设计标准往往不能适应现时发展的需要。

2. 相关部门责任意识和相互配合还有待加强

根据国务院安委会《关于印发〈油气输送管道保护和安全监管职责分工〉的通知》（安委〔2015〕4号）要求，各成员单位和有关部门在结合职责分工、制定相关配套政策措施、建立完善工作体制机制等方面，主动履职及相互配合方面仍有待加强。

3. 执法权限有待进一步明确

管道保护工作必须法治化、规范化、常态化。但目前的管道安全保护措施主要集中在预防上，对于已经形成的隐患点在整改过程中缺乏有效的执法权限与手段，不利于快速彻底地清除隐患。

4. 油气管道保护工作奖罚不对称

油气管道保护工作责任重大，国家严格责任追究制度，一旦发生安全事故，相关管道企业、地方政府和相关部门都须承担相应的责任。但对一些管道保护工作做得好的地区和管道企业，对照现有政策文件精神，无法进行相关奖励，激励作用不明显。奖罚的不对称，一定程度上会影响在油气管道保护领域内工作的同志的积极性。

六、有关工作建议

1. 积极推广网格化管理模式

保障油气管网运行安全就是保障能源供给安全，事关经济发展和社会民生。镇江市推广网格化管理模式取得了较好的成效，建议在油气管道保护工作领域推广网格化管理，建立油气管道群治群防长效机制，管道企业应与地方各级政府积极联动，积极协调。

2. 加快完善法律法规、标准

修订完善《石油天然气管道保护法》，进一步明确政府部门的监管职能，突出企业在管道安全生产工作中的主体责任，注重涉及管道建设使用土地权益的平衡，减少因利益纠纷产生的安全隐患。加快修订和完善管道运输相关标准，为管道保护和安全监管提供科学的标准和依据。

3. 完善和强化部门安全管理职能

油气管道企业是管道安全运行的责任主体，而各级政府则承担着安全监督管理责任。各级政府与管道运营企业要明确各自的责任，统一协调解决油气输送安全管理上的重大问题，建立安全联防制度，加强网格化管理中纵横向间的联系与沟通，加强联合执法，逐步建立油气管道安全监管的长效机制。

4. 构建奖罚分明的考评机制

在严格管道保护责任的同时，制定、实施奖励细则，构建奖罚分明的考评机制。建议将其纳入年度工作目标考核，强化安全责任意识；同时，增强表彰激励作用，更有效地发挥先进典型的模范带头作用。

2017年，镇江市五家管道单位对市域内的输油气管道已实行全覆盖的网格化管理，并将进一步提升管理水平，使其成果可供兄弟城市和管道单位借鉴和使用，为提高全省输油气管道安全管理贡献力量。

后 记

2017 年，镇江市社科联、社科院围绕镇江发展大局和"两聚一高"的建设目标，聚焦镇江经济，整合科研资源，强化品牌打造，有序开展课题研究，不断创新科研管理，有效发挥智库作用。国家级重大研究任务结出硕果，省级重点研究成果得到及时转化，科研工作实现了新突破，创出了新业绩。

为有效推动研究成果的进一步转化与应用，更好地服务镇江发展，市社科联、社科院组织编写了《站位苏南 创新引领 优化发展：2017 年镇江发展研究报告》一书，供领导和各级部门参阅。本书收录了 2017 年度镇江市承担的省市部分重点应用课题、一般应用课题、智库论坛的优秀研究成果等，分为经济发展篇、社会发展篇两个专题，共计 38 篇。

本书由社科联相关同志负责主要审稿工作，江苏大学出版社给予了出版支持，在此一并表示感谢。

由于编写水平所限，书中难免存在不足之处，敬请读者批评指正。